*Mártires cristianos
bajo el nazismo*

SANTIAGO MATA

Mártires cristianos bajo el nazismo

La persecución de Hitler
y la resistencia de los cristianos

ENSAYO

SEKOTIA

© Santiago Mata, 2022
© a la edición Editorial Almuzara, S.L., 2022

Primera edición: febrero de 2022

WWW.SEKOTIA.COM

EDITOR: HUMBERTO PÉREZ-TOMÉ ROMÁN
COLECCIÓN BIBLIOTECA DE HISTORIA • ENSAYO

MAQUETACIÓN: Fernando de Miguel

Imprime: Romanyà Valls
ISBN: 978-84-17828-67-7
Depósito legal: CO-1196-2021

Hecho e impreso en España-*Made and printed in Spain*

ÍNDICE

¿SELFI CON HITLER SIN VACUNA?

—¿Qué haríais si os encontrarais con Hitler por la calle?

La pregunta de Gaspar, estudiante que hacía las veces de comisario de la exposición sobre el Holocausto organizada por el profesor de Historia, no encontró inicialmente respuesta por parte de sus compañeros de curso del instituto en el que doy clase. De pronto, escuchamos la respuesta de Carmen:

—Yo me haría un selfi con él.

Hacerse un selfi con Hitler es algo que se les ocurre a algunas de las personas que se topan con él en la película *Ha vuelto*, dirigida en 2015 por David Wnendt como eco de la novela con que el año anterior imaginó Timur Vermes la vuelta a la vida del dictador en el mismo lugar, el jardín de la Cancillería del Reich, en donde fue quemado su cuerpo. Lo peculiar de esas escenas, en las que al menos dos mujeres se hicieron selfis con el actor que daba vida a Hitler (Oliver Masucci), es que fueron, según parece, espontáneas, y por tanto se saldrían del guion de esa *comedia* o *falso documental*.

¿Significa eso que quien quiere hacerse un selfi con Hitler descubre atisbos de humanidad donde es imposible hallarlos? A poco que se conozca al personaje y al nazismo, está claro que toda precaución es poca. Esto es lo que refleja la película *La ola* (*Die Welle*, 2008), del cineasta alemán Dennis Gansel, basada en un relato del autor estadounidense Todd Strasser. Renunciar a la libertad para seguir a un líder autocrático puede llevar a conductas irracionales. ¿Hay alguna regla sencilla para evitar ser atrapado por sirenas nazis? Una puede ser tener presentes a las víctimas: no banalizar su sacrificio dejándose atraer por lo que sin duda podemos calificar de «lado oscuro».

Aunque desenmascarar al mal tenga efecto disuasorio, el hombre necesita verse atraído hacia el bien. Los cristianos llaman mártires a aquellos que llegaron hasta el extremo de la muerte a la hora de preferir sufrir el mal antes que hacerlo. Desde el comienzo del cristianismo se les venera como aquellos que mejor supieron seguir a Cristo. ¿Hubo también testigos —pues eso significa la palabra mártir— que marcaron esa senda ante el régimen nazi? ¿Vencieron al nazismo? ¿Puede resultar útil conocerlos incluso a quienes no son cristianos o saben poco de esa época?

«VOLARLO TODO»:
CONTRA EL CATOLICISMO

—Nunca había visto a nadie tan abrumado por el dolor.

Así hablaba un médico judío llamado Eduard Bloch sobre el dolor de Adolf Hitler tras la muerte de su madre, Klara, ocurrida el 21 de diciembre de 1907. El futuro canciller de Alemania contaba entonces poco más de 18 años y medio. Adolfo Hitler nació como tercero de los seis hijos del tercer matrimonio de un funcionario de aduanas austríaco, Alois Hitler (1837-1903), con Klara Pölzl. Solo Adolfo (nacido el 20 de abril de 1889) y su hermana menor, Paula, sobrevivirían a la infancia.

En Linz, capital de Alta Austria (150 km al oeste de Viena), Hitler esperaba cada domingo a su amigo August Kubizek a la salida de misa en los carmelitas, donde este iba con sus padres, sin entrar nunca pero sin polemizar al respecto, pues afirmaba que «también su madre era una mujer piadosa, sin embargo, él no dejaba que ella le obligara a ir a la iglesia» (p. 105). Kubizek refiere (p. 99) que en la atmósfera escolar de ambos chicos se ridiculizaba lo patriótico (austriaco) contraponiéndolo a lo nacional (germánico): y dentro de lo menospreciado entraban las efemérides dinásticas y las celebraciones litúrgicas, procesiones del Corpus, etc. Hitler rechazaba cualquier necesidad de educación social:

¡Escuela! Fue la primera explosión de ira que vi en él. No quería tener nada que ver en absoluto con la escuela. La escuela ya no iba para nada con él —explicaba—. Odia a los profesores y no saluda a ninguno de ellos, y también odia a sus compañeros de escuela, que allí se crían para no hacer nada.

En la noche del 20 de febrero de 1942, Hitler tuvo una charla (número 138 de las recopiladas por Martin Bormann y publicadas por Werner Jochmann) que comenzó hablando de cómo le repelían los «curas», a los que llamaba «inferioridades negras»:

El cerebro se ha dado a los hombres para pensar; ¡pero si quiere hacerlo, esos insectos negros lo quemarán!

Hitler se refirió al observatorio astronómico que proyectaba instalar en lugar de la iglesia barroca que corona la colina emblemática de Pöstling-Berg en Linz, como templo de una nueva religión, con función litúrgica dominical incluida:

Quitaré el templo del ídolo y lo pondré allí. (...) Educamos a las personas para que tengan una religiosidad, pero que sean enemigas de los curas, las educamos en la humildad. El hombre puede comprender una cosa u otra, pero no puede controlar la naturaleza, debe saber que es un ser que depende de la creación. Eso va mucho más allá de la superstición de la Iglesia. El cristianismo es el mayor retroceso que jamás haya experimentado la humanidad. (...) Es impactante ver cómo los dogmas de la Iglesia se imponen a la gente. ¡El cristianismo no tiene otra salida que no sea la sangre y la tortura! (...).

Hay que estar agradecido a la Providencia por vivir ahora y no hace trescientos años cuando la pira ardía en todos los lugares. (...) ¡Curiosamente, había algunos padres jesuitas también en la lucha contra la quema de brujas! Los rusos son puramente negativos al alejarse de la Iglesia. (...).

Hay que romper con la idea con la que opera el cura de que el conocimiento cambia con el tiempo, mientras que la fe sigue siendo la misma: ¡Oh!, ¡cómo ha cambiado el conocimiento, mientras la fe de la Iglesia sigue siendo la misma! Por supuesto: ¡la estupidez es una garantía de hierro para la Iglesia! (...).

Así como los curas han conseguido apropiarse de lo bonito de la naturaleza humana, también los judíos lograron hacerse con la música hermosa y colocar en su lugar al ruido. Una cosa es segura: cuando un griego entraba en el Partenón y veía allí a su Júpiter: ¡esa aparición divina le causaba una impresión bien diferente a la de un Cristo deforme! Yo, cuando tenía trece, catorce o quince años, ya no creía. Tampoco creía ninguno de mis compañeros en lo que llamaban la comunión. ¡Creían solo unos pocos estudiantes enchufados, los muy estúpidos! En ese momento yo solo pensaba que había que volarlo todo por los aires.

El Hitler adolescente se comportaba como líder transgresor de normas sociales y morales. Lo constata Jetzinger en su obra de 1956 (p. 116) al referir su confirmación, en mayo de 1904, quizá la última ceremonia católica en que tomó parte Hitler. Sus padrinos fueron Emanuel Lugert, que había sido compañero de trabajo de Alois Hitler, y su esposa. Tras regalarle un libro de oraciones y una cartilla de ahorro con dinero, se lo llevaron a comer y de paseo a Leonding en un carro tirado por dos caballos:

Lo curioso es que entre todos mis apadrinados no había tenido yo ninguno tan gruñón y obstinado como este. Había que estar pendiente de cada una de sus palabras. Tuve la impresión de que toda la confirmación como tal le repugnaba y que lo más que hacía era tolerarla con la mayor desgana. Ni siquiera después de la celebración religiosa se relajó. Al contrario, noté aún más su carácter cerrado. No mostró la menor alegría por los regalos. Cuando finalmente llegamos a Leonding ya lo estaba esperando una manada de chicos. Adolf se evaporó rápidamente. Aparentemente, ya estaba añorando a sus compañeros de juego.

Más directa es la mujer del padrino al juzgar al niño y a lo que entendía por divertirse:

A este chico hubiera sido imposible tenerle cariño. Tenía siempre una mirada oscura y nunca decía ni sí ni no. Y luego comenzó alrededor de la casa un espectáculo horrible. Se comportaban como indios.

Keller (p. 38) deja claro que las quejas y amenazas de expulsión por las que la madre de Hitler tenía que acudir a la escuela no eran meramente disciplinarias, sino que se referían a «provocaciones» debidas a escritos anticlericales o a invocar a Charles Darwin y su teoría de la evolución. Tuvo también choques con su profesor de Religión, Francisco de Sales Schwarz, a quien el tutor, Eduard Huemer, acusa de no haber sabido superar «con un guiño» las «travesuras tontas» de Hitler. Las bromas incluían un poema para burlarse del dogma de la Inmaculada Concepción, lo que le habría costado un castigo de «encierro».

Otro choque concreto citado por Keller se habría producido al preguntar Schwarz a Hitler: «¿Rezas por las mañanas, a mediodía y por la noche?». A lo que el muchacho habría respondido:

—No, señor profesor, no rezo, y no creo que al buen Dios le interese que un estudiante rece.

Según Slapnicka (p. 31), la actitud de los profesores de Religión (Kilizko y Schwarz) era «simplona e insensible», y Leidinger concluye que la clase de Religión de la Realschule fue «en gran medida corresponsable de la decisión de muchos alumnos de alejarse de la Iglesia católica o de la fe en conjunto».

Al pangermanismo y anticlericalismo se sumará la exaltación de una violencia muy concreta y explícita. Para Reuth (p. 54), desde fines de 1915, «la visión del mundo de Hitler —igual que la de otros millones de soldados del frente de la Primera Guerra Mundial— consistía en un darwinismo social primitivo que, sin embargo, en su caso ya no era solo la ley de la guerra, sino la de la existencia humana sin más»:

> *Entré en campaña en el más puro idealismo, pero entonces vi caer heridos o muertos a miles de hombres y llegué al convencimiento de que la vida es una lucha constante y terrible que, en última instancia, trata de la conservación de la especie: uno debe morir para que el otro siga vivo.*

En 1919 Hitler pasará de ser un soldado neutro (que incluso ha formado parte de comités soviéticos) a simpatizante del movimiento nazi de Dietrich Eckart. El resto de la historia es conocido: dirigirá el movimiento a través de un golpe de Estado en 1923 y, en los diez años siguientes, a través del proceso electoral, hasta la jefatura del Gobierno, a la que accede en enero de 1933. Cuando Hitler comience a aplicar la violencia a los judíos, hay quien pronosticará su expansión:

> *La lucha contra el catolicismo se llevará por un tiempo en silencio, y por ahora con formas menos brutales que contra el judaísmo, pero no será menos sistemática.*

Esta frase, fechada el día del primer cumpleaños de Hitler siendo jefe de Gobierno, es el augurio de una judía que morirá en el campo de exterminio de Auschwitz (30 km al sureste de Katowice, capital de la Alta Silesia polaca): Edith Stein, que por carta pedía al Papa una acción rápida.

La Iglesia católica puede dar la impresión de reaccionar de forma tardía, incompleta o lenta ante estos desafíos, hasta el punto de convertirse, según algunos, en cómplice silencioso de muchos abusos. Con todo, hay reacciones que pueden haber pasado ocultas para el gran público, pero que son suficientemente claras. Por lo que hace al antisemitismo que estaba en la raíz del nazismo, Pío XI lo condenó el 25 de marzo de 1928, en un decreto sobre la Asociación de Amigos de Israel (Amici Israel), en el que se afirmaba:

La Iglesia católica siempre ha rezado por el pueblo judío, depositario, hasta la venida de Jesucristo, de la promesa divina, independientemente de su posterior ceguera, o mejor dicho, precisamente por ella. Movida por ese espíritu de caridad, la Sede Apostólica ha protegido a este mismo pueblo de vejaciones injustas, y así como reprende todos los odios y animosidades entre los pueblos, así condena especialmente el odio contra el pueblo elegido por Dios, odio que hoy se llama vulgarmente antisemitismo.

Por lo que hace a los totalitarismos y persecuciones religiosas del siglo XX, el magisterio del Papa que los vio surgir (Pío XI) se concretó en las siguientes encíclicas:

— *Non abbiamo bisogno. No tenemos necesidad.* Sobre el totalitarismo fascista. Fechada el 29 de junio de 1931, casi nueve años después de que Mussolini fuera nombrado presidente del Gobierno de Italia (31 de octubre de 1922).

— *Dilectissima Nobis. Muy querida para nosotros.* Sobre la persecución a la Iglesia en España, publicada el 3 de junio de 1933, es decir, poco más de dos años después de proclamada la II República Española (14 de abril de 1931) y de la quema de conventos e iglesias (11 de mayo de 1931).

— *Mit brennender Sorge. Con ardiente preocupación.* Fechada el 14 de marzo de 1937, la encíclica de Pío XI sobre el nazismo llegaba cuando Hitler llevaba ya cuatro años en el poder.

— *Divini Redemptoris. La promesa de un Redentor divino.* 19 de marzo de 1937. Encíclica sobre el comunismo, publicada por Pío XI poco antes de cumplirse 20 años de la Revolución rusa.

— *Humani generis unitas . La unidad del género humano.* En junio de 1938, Pío XI encargó la redacción de una encíclica dedicada específicamente a condenar el racismo y la persecución a los judíos… Pero murió el 10 de febrero de 1939 sin haberla publicado.

Adelantándose a posibles acusaciones de reaccionar con retraso, Pío XI aclaraba al comienzo de la encíclica *Divini Redemptoris* que la Iglesia ya había reaccionado frente al comunismo en 1846 con la encíclica *Qui pluribus* de Pío IX. ¿Puede decirse lo mismo en relación al nazismo?

Los cuatro años pasados entre las elecciones de 1933 y la encíclica *Mit brennender Sorge* son la quinta parte del tiempo que había tardado el Papa en escribir frente a la revolución soviética (aunque ya había dedicado a los comunistas el punto 112 de la encíclica *Quadragesimo anno*, fechada el 15 de mayo de 1931).

La citada Edith Stein se había bautizado como católica el 1 de enero de 1922. Su propósito al escribir al Papa era «exponer ante el padre de la cristiandad lo que oprime a millones de alemanes»:

> *Desde hace semanas vemos sucederse acontecimientos en Alemania que suenan a burla de toda justicia y humanidad, por no hablar de amor al prójimo.*
>
> *Durante años los jefes nacionalsocialistas han predicado el odio a los judíos. Después de haber tomado el poder gubernamental en sus manos y armado a sus aliados —entre ellos a señalados elementos criminales—, ya han aparecido los resultados de esa siembra del odio. (...) Por noticias privadas he conocido en la última semana cinco casos de suicidio a causa de estas persecuciones. (...)*
>
> *Todo lo que ha acontecido y todavía sucede a diario viene de un régimen que se llama «cristiano». Desde hace semanas, no solamente los judíos, sino miles de auténticos católicos en Alemania, y creo que en el mundo entero, esperan y confían en que la Iglesia de Cristo levante la voz para poner término a este abuso en nombre de Cristo. ¿Esa idolatría de la raza y del poder del Estado, con la que día a día se machaca por radio a las masas, acaso no es una patente herejía? ¿No es la guerra de exterminio contra la sangre judía un insulto a la Sacratísima Humanidad de Nuestro Redentor, a la Santísima Virgen y a los apóstoles? (...)*

Todos los que somos fieles hijos de la Iglesia y que considera-
mos con ojos despiertos la situación en Alemania nos tememos lo
peor para la imagen de la Iglesia si se mantiene el silencio por
más tiempo. Somos también de la convicción de que, a la larga,
ese silencio de ninguna manera podrá obtener la paz con el actual
régimen alemán. La lucha contra el catolicismo se llevará por un
tiempo en silencio, y por ahora con formas menos brutales que con-
tra el judaísmo, pero no será menos sistemática. No falta mucho
para que pronto, en Alemania, ningún católico pueda tener cargo
alguno si antes no se entrega incondicionalmente al nuevo rumbo.

La jerarquía de la Iglesia en Alemania ya había tomado postura respecto al nazismo tres años antes de que lo pidiera Stein, y esa postura, precisamente a raíz de la toma del poder por Hitler, estaba cambiando, pero no exactamente en la dirección sugerida por la judía conversa.

Desde 1929 existía una condena eclesiástica del nacionalsocialismo en Alemania. Con Hitler ya en el poder, y a pesar de que el ataque contra los comerciantes judíos del 1 de abril lo hiciera más criticable, el portavoz de la Conferencia de Obispos Católicos, cardenal Bertram, consideraba que no debía la Iglesia enemistarse con los nazis saliendo en defensa de los judíos, y quiso creer que todo había sido un conflicto pasajero ya solucionado:

Eso no es posible en este momento, porque la lucha contra los
judíos se convertiría al mismo tiempo en una lucha contra los
católicos, y porque los judíos pueden ayudarse entre sí, como
muestra el repentino fin del boicot.

Algunos, como el arzobispo de Friburgo de Brisgovia (Baden-Wurtemberg), Conrad Gröber, se lamentarían más bien del escaso eco de su intento de defender al menos a los judíos conversos:

Intervine inmediatamente en nombre de los judíos conversos,
pero hasta el momento mi acción no obtuvo respuesta. Me temo
que la campaña contra Judá nos va a costar cara.

Fuera o no por evitar pagar ese precio, la jerarquía católica no protestó ante las leyes raciales de Núremberg (1935) y solo en 1941, cuando los judíos fueron obligados a llevar la estrella de David, protestó para pedir que los conversos pudieran dejársela en casa cuando asistieran a misa.

El golpe nazi de la cervecería Bürgerbräukeller de Múnich, el 8 de noviembre de 1923, fue presenciado por Fritz Gerlich, un periodista que escribía discursos para el jefe del Gobierno bávaro, Gustav von Kahr. Gerlich se había entrevistado tres veces con Hitler y se convenció de la perversidad que llenaba el corazón del golpista. Nacido en 1883 en una familia calvinista de Stettin (hoy Szczecin, Polonia), desde 1907 era archivero en Múnich.

En 1920, Gerlich publicó el libro *El comunismo como doctrina del Imperio de los mil años*, en el que acusaba a esa ideología de ser una religión redentorista, pero también rechazaba el creciente antisemitismo disfrazado de anticomunismo. La supuesta relación entre el «bolchevismo y el judaísmo» era falsa para Gerlich, ya que si los judíos se hacían marxistas en Alemania era porque se adaptaban a la corriente política dominante (páginas 227-228):

> *Lo que nos interesa es preguntarnos solo por los marxistas que lo son por deliberación y convicción. Aquí muestro que los judíos que se encuentran entre ellos, en su mayor parte ya no son judíos en un sentido religioso. Han renunciado a la fe judía. Quien crea en el judaísmo, aquí como en Rusia, es, por regla general, un enemigo acérrimo del bolchevismo. Para los judíos alemanes que han perdido la fe, la situación ahora es que encuentran su lugar en la idea de la vida del pueblo alemán. Y eso es milenarismo filosófico, cuyo más reciente representante es a su vez el marxismo (...).*
>
> *En Alemania, la idea de vida que guía a las masas populares no es el nacionalismo, sino la filosofía milenarista de orientación internacional. Por lo tanto, me parece natural que el judaísmo alemán, incluso el de mentalidad no marxista, muestre una fuerte tendencia hacia el internacionalismo, adaptándose a quien tiene un papel dominante en su entorno (...).*

La vieja esperanza en un mesías del judaísmo religioso toda-
vía puede activarse en su transición a la religión marxista de
salvación. Y el judaísmo alemán todavía vive en una especie de
gueto. Aunque no de hecho ni de derecho, sí hay un gueto moral
que presiona al judío occidental cultivado y que también man-
tiene en él un sentido de redención. El sionismo me parece que
es una fuerte evidencia de ese estado de ánimo. Por lo tanto, me
parece que no hay por qué buscar motivos desleales para que tan-
tos judíos participen en el movimiento marxista-comunista.

El 1 de julio, Gerlich deja su profesión de archivero para dirigir
el periódico *Münchener Neuesten Nachrichten*, el de mayor tirada en
el sur de Alemania, comprado por Paul Nikolaus Cossmann y otros
industriales de derecha de Renania-Westfalia. Gerlich dio al diario un tono antisocialista y antirrepublicano (contra la República de
Weimar, por la ciudad de Turingia, 225 km al suroeste de Berlín,
donde se firmó su constitución el 14 de agosto de 1919), apoyando en
cambio al gobierno «de funcionarios» y semidictatorial de Baviera.

Este coqueteo de Gerlich con el nacionalismo terminará tras
presenciar el 8 de noviembre de 1923 el golpe de Hitler en la
Bürgerbräukeller. Gustav von Kahr dio pie a que Hitler creyera poder
ganárselo ejerciendo solo cierta presión violenta y con el prestigio
militar de Erich Ludendorff, para establecerse él mismo como dictador en Múnich y luego en Berlín. Pero Kahr no cumplió su palabra
y en cuanto Ludendorff lo dejó en libertad, ordenó hacer frente al
golpe, con el resultado de 21 muertos (16 golpistas).

Mientras que el golpe de la cervecería supuso para Kahr el fin
de su vida como político ejecutivo —pasándose al poder judicial—,
Gerlich rompió con el nacionalismo, acercándose a la moderación de
los gobiernos centrales, en concreto al intento de entendimiento de
Gustav Stresemann (canciller en ese momento y hasta 1929 ministro
de Exteriores) con los antiguos enemigos bélicos y con la fundación
de la Liga de Naciones. Eso le costó ser expulsado de la Asociación de
la Prensa Bávara (20 de marzo de 1924). Desde su periódico apoyó la
política conservadora y federalista del gobierno bávaro de Heinrich

Held (del Partido Popular Bávaro, BVP) y la firma, en diciembre de 1924, del concordato de Baviera con la Iglesia católica y con las dos confesiones evangélicas (luteranos y calvinistas).

La crítica al nacionalsocialismo no privó a Gerlich de apoyar desde su periódico, en 1925, la investigación con que Cossmann trataba de probar que los socialdemócratas del SPD tenían parte de responsabilidad por la derrota en la Primera Guerra Mundial (teoría de la «puñalada por la espalda»). En la elección presidencial del 26 de abril de 1925, lo mismo que el BVP, Gerlich apoyó desde su periódico al general Paul von Hindenburg, candidato del bloque de derecha que ganó por menos de un millón de votos (14,6 millones frente a 13,7) al del bloque de izquierda, Wilhelm Marx (el candidato comunista, Ernst Thälmann, tuvo casi 1,9 millones de votos).

En 1927 Gerlich conoció el caso de Therese Neumann, una mujer marcada por estigmas de supuesto origen sobrenatural, a quien visitó en Konnersreuth, 240 kilómetros al noreste de Múnich, lindando hoy con la República Checa. A fines de 1929 publicó en dos volúmenes un trabajo sobre la credibilidad de Neumann, de cuya mano entrará hacia 1930 en el llamado Círculo de Eichstätt. Pero veamos entretanto cómo la Iglesia católica, por boca de la diócesis de Maguncia, condenó el nazismo.

«NO ES EL CRISTIANISMO DE CRISTO»

El partido nazi celebraba cada año, en agosto, una fiesta en Núremberg, ciudad bávara a algo más de 80 kilómetros al norte de Múnich. Era una ocasión más de pelearse con adversarios y atraer a los partidarios. El 4 de agosto de 1929 perdió la vida en las reyertas del Día del Partido en Núremberg un joven de Lorsch, localidad situada 200 kilómetros al oeste, en la orilla derecha del Rin. El joven era católico y fue enterrado en su pueblo el día 9 de agosto.

El párroco de Lorsch se negó a que participaran oficialmente los nazis en el entierro, alegando «los principios anticristianos del nuevo movimiento, manifestados en su odio racial, su lucha contra los judíos y la pretensión de (establecer) una religión nacional». Los nazis reaccionaron organizando su propia ceremonia esa tarde en el cementerio, con presencia de Hitler. Uno de los participantes, que se consideraba católico y nazi, pidió por escrito explicaciones al obispo de Maguncia.

La respuesta del obispado dejará a las claras, según el estudio de Josef Braun publicado en 2002, que tanto el obispo Ludwig Maria Hugo como su vicario general, Philipp Jakob Mayer «consideraban al nacionalsocialismo como una forma de ver el mundo profundamente anticristiana, frente a la que había que proteger a las personas. En consecuencia, la dirección de la diócesis de Maguncia adoptó una posición contra el nacionalsocialismo firme y sin cesiones» (p. 1203).

Con la respuesta del vicario general, manifestando que un católico no podía ser nazi ni se podían, en consecuencia, dar los sacramentos a los nazis, el obispado de Maguncia se convirtió en la primera institución eclesiástica que entró en conflicto con el NSDAP:

> *Como fundamento esencial señalaba la actitud del NSDAP frente a los judíos, tal como principalmente quedaba expuesta en el punto cuarto del programa del partido. Allí se negaba a los judíos la ciudadanía alemana, por lo que Mayer concluía: «La tensión del nacionalismo lleva al desprecio y al odio de los pueblos extranjeros, en particular del pueblo judío». Como segundo punto fundamental para rechazar el nacionalsocialismo señalaba Mayer su toma de postura hacia el cristianismo y en particular frente al catolicismo. El punto 24 del programa del partido enaltece los valores y sentimientos morales de la raza germánica al rango de norma de conducta ética, sin precisar en concreto qué se entiende por ello. En consecuencia, las máximas y normas de conducta basadas en el cristianismo resultan negadas y suprimidas. En el escrito de varias páginas, se enfrenta Mayer también con la visión del mundo hasta entonces manifiesta en la literatura nacionalsocialista y en sus autores.*

Un lector del *Völkischer Beobachter* (el diario de los nazis) de Múnich pidió aclaraciones al Papa, ya que, según él, el nazismo no era anticristiano ni menos anticatólico. Preguntado Mayer al respecto por la Congregación del Concilio, respondió en el sentido antes mencionado. Un año después pedía una aclaración sobre el nazismo un párroco desde la parte de la Selva de Oden (Odenwald) en el sur de Hesse. La respuesta de Mayer fue, según Josef Braun (p. 1205):

> *El Partido Nacional Socialista Obrero Alemán fundado por Hitler está comprendido, a causa del punto 24 de su programa, dentro de las sociedades prohibidas por la Iglesia. De ello se deduce 1, que no se permite a un católico ser miembro inscrito del partido de Hitler y 2, que no se puede permitir una participación*

corporativa de dicho partido en oficios religiosos y entierros católicos.

Estas reglas las confirmó el obispado al pedírselo la dirección (*Gauleitung*) del NSDAP en Hesse, y, añade Braun, los nazis se ocuparon de que la noticia de la prohibición de ser miembro del partido para los católicos «se difundiera en el tiempo más breve posible por todo el territorio nacional».

Braun resalta que no solo se condenara como «nuevo paganismo» la ideología nazi, sino que se señalaran medidas disciplinarias. Ser miembro del partido implicaba la expulsión de la Iglesia, un «automatismo» que fue «característico en la actuación del obispado de Maguncia» frente al nazismo, calificada dentro de la Iglesia como «la postura de Maguncia», y rechazada por el cardenal Michael Faulhaber, presidente de la Conferencia Episcopal de Baviera (Conferencia Episcopal de Freising, distinta de la del resto de Alemania o Conferencia de Fulda), en un escrito del 6 de diciembre de 1930 dirigido a los obispos bávaros:

> *La declaración de Maguncia, que sin prueba individual excluye de antemano a todos los inscritos como nacionalsocialistas de la recepción de sacramentos y del entierro eclesial, es inadmisible en la práctica pastoral.*

Faulhaber no negaba los argumentos doctrinales de Maguncia, pero afirmaba que cada persona tiene derecho a que se sepa qué piensa: habría que distinguir a los activistas de los meros simpatizantes. Para Braun, aunque en la primavera de 1931 se llegó a un «distanciamiento decidido y patente» del conjunto de la Iglesia católica en Alemania frente al nazismo, el radicalismo de Mayer y Hugo en Maguncia, aunque «pionero en la activación de un frente contra el nazismo», fue ineficaz porque «hizo más difícil una actuación unificada del episcopado» (p. 1206).

Un ejemplo de lo que Braun llama «distanciamiento decidido y patente» fue el del arzobispo de Breslavia (Breslau en alemán,

Wroclaw en polaco, capital de la Baja Silesia), cardenal Adolf Bertram. En una carta pastoral publicada el último día de 1930 afirmaba que el catolicismo no reconocía una «religión de la raza» y en sus indicaciones al clero publicadas el 14 de febrero de 1931 declaraba «totalmente prohibido al clero católico colaborar de cualquier manera con el movimiento nacionalsocialista» a causa de las «herejías» contenidas en el «programa cultural» de dicho partido.

Cuatro días antes que Bertram, firmaron los ocho obispos de Baviera un consejo pastoral destinado al clero titulado «Nacionalsocialismo y cuidado de las almas». En la línea de Faulhaber, este consejo trata de no limitarse a la descalificación, sino evitar un enfrentamiento con la esperanza de que posibles fisuras en el nazismo, o incluso su hundimiento, permitieran que algunos de sus miembros se acercaran a la Iglesia. El que desde 1928 era obispo de Ratisbona, Michael Buchberger, había expresado esa esperanza el 9 de diciembre de 1930 ante Faulhaber, asegurando que el NSDAP «irá a la quiebra políticamente».

Los obispos de Baviera eran más explícitos que el de Maguncia al detallar en qué era herético el nazismo: colocar la raza sobre la religión (y no solo despreciar a los judíos), rechazar el Antiguo Testamento y el Decálogo, más fundar una Iglesia nacional alemana sin dogmas y sin obediencia al Papa. Los curas no podían colaborar con los nazis, pero a la hora de decidir si un nazi podía ser admitido a los sacramentos o enterrado en cementerio católico, debían examinar cada caso. Se excluían uniformes y banderas de las iglesias, pero se podía admitir que individualmente alguno llevara insignias del partido si eso no molestaba y como gesto de buena voluntad; a condición de que los nazis no acabaran haciendo lo mismo que los bolcheviques en 1919.

El documento precisaba aún más cuestiones en que el nazismo atacaba a la Iglesia, como rechazar un concordato, la enseñanza católica y hasta el abortismo:

1. El nacionalsocialismo contiene herejías en su programa político-cultural porque rechaza puntos doctrinales esenciales de la fe católica o los malinterpreta, y porque, según declaran sus líderes, quiere reemplazar la fe cristiana con una nueva cosmovisión (...).

Los principales representantes del nacionalsocialismo colocan la raza por encima de la religión. Rechazan las revelaciones del Antiguo Testamento e incluso los Diez Mandamientos mosaicos. No aceptan la primacía del Papa en Roma porque no es una institución alemana, y juegan con la idea de una Iglesia nacional alemana libre de dogmas. En el punto 24 del programa, se establece que la ley moral cristiana eternamente válida debe subordinarse al sentimiento moral de la raza germánica. Los conceptos del derecho a la revolución, que se ve culminada con el éxito, y de la preeminencia de la fuerza sobre la ley contradicen la doctrina social cristiana. De los mítines anteriores del partido o de los líderes del partido se puede concluir: lo que el nacionalsocialismo llama cristianismo ya no es el cristianismo de Cristo. Los obispos, como guardianes de la doctrina de la fe y la moral de la Iglesia, debemos, por tanto, advertir contra el nacionalsocialismo en la medida en que expresa opiniones culturales y políticas que son incompatibles con la doctrina católica.

2. El clérigo católico tiene estrictamente prohibido colaborar de cualquier forma con el movimiento nacionalsocialista. El clérigo católico, que en virtud de su educación teológica es capaz de diferenciar entre dogma y herejía, no puede ignorar los principios y hechos anticristianos y antieclesiásticos de este movimiento, como el rechazo de cualquier concordato, la exigencia de la escuela común a todas las religiones, el radicalismo de la idea nacional, la resistencia frente a la protección de la vida en gestación. Es imposible que el sacerdote tenga al respecto una conciencia errónea sin culpa. Por la misma razón, el pastor tiene el deber de informar a la gente, en tono sobrio y tranquilo, de que el nacionalsocialismo, que por su propia naturaleza es un movimiento político-estatal dirigido contra el marxismo, en los últimos años se ha volcado cada vez más hacia el ámbito político-cultural y, de esa forma, ha emprendido una batalla cultural contra la Iglesia y sus obispos. En la prensa que dirige este partido se arremete contra las asambleas católicas, incluso contra las llamadas del Santo Padre para defenderse frente al bolchevismo, en formas que manifiestan una total falta de pericia en cuestiones de ciencias religiosas y una total falta de respeto.

3. La participación de nacionalsocialistas en funciones litúrgicas, en columnas cerradas con uniformes y banderas está y seguirá prohibida porque tales desfiles en la iglesia podrían hacer pensar a la gente que la Iglesia ha llegado a un acuerdo con el nacionalsocialismo. Si un individuo nacionalsocialista aparece por la iglesia con la insignia de su partido, esto solo puede permitirse si tal manifestación no tiene ninguna intención propagandística ni es de temer que perturbe la santa liturgia.

4. Sobre la cuestión de si se puede admitir a un nacionalsocialista a los sacramentos de la penitencia y del altar, se debe comprobar caso por caso si la persona en cuestión es solo un seguidor del movimiento que no se da cuenta de los fines religiosos y político-culturales del movimiento, o si es miembro del Parlamento, o editor, o trabaja como agente de todos los objetivos de su partido, incluidos aquellos puntos que no están en armonía con la esencia del cristianismo y la doctrina de la Iglesia. Entre las masas que votaron por los nacionalsocialistas en las últimas elecciones, no hay duda de que un gran número de ellos solo compartían los objetivos patrióticos del nacionalsocialismo (por ejemplo, la revisión del tratado de paz) o los objetivos económicos (por ejemplo, la mejora de la situación económica de los trabajadores, su mejora salarial), pero por otro lado no conocen sus contradicciones político-culturales contra el cristianismo y contra la Iglesia, o al menos no las asumen personalmente, de forma que viven subjetivamente de buena fe. En tales casos, el confesor debe formarse un juicio sobre si la pertenencia al nacionalsocialismo significa o no una ocasión inmediata de pecado. En qué medida para saberlo el confesor está obligado a hacer preguntas y a instruir a la persona, es algo que se deriva de las reglas generales de la pastoral.

5. Los principios pastorales frente al nacionalsocialismo siguen siendo los mismos establecidos por la autoridad competente en los últimos años frente al liberalismo de antaño y frente al socialismo. Incluso entre los seguidores de esas herejías hubo y hay quienes personalmente no renuncian a las promesas hechas en la confirmación y no quieren convertirse en traidores a su Iglesia. Cuando se pregunta si en casos individuales un partidario del nacionalsocialismo o socialismo que haya muerto repentinamente sin los santos sacramentos puede ser enterrado en camposanto, conforme a lo dicho, se debe a su vez preguntar si la persona en cuestión participaba en la vida de la Iglesia, si confesaba y comulgaba por Pascua, en definitiva, si vivía en paz con la Iglesia.

6. Si el nacionalsocialismo se desarrollara siguiendo los métodos del bolchevismo, lo que esperamos que no pase, entonces ya no se podría aplicar esta regla de buena fe (bona fides) a los individuos. Por lo demás, siguen siendo válidas aquí las directrices elaboradas por las Conferencias Episcopales de Fulda y Freising sobre la pastoral en relación con las asociaciones hostiles a la fe.

La esperanza de una bancarrota política del nazismo y de su apaciguamiento se mostró vana cuando en enero de 1933 Hitler fue nombrado jefe de Gobierno. Entonces, en palabras de Braun, «se tambaleó por un tiempo» la clara postura opositora de la Iglesia. No obstante, algunos perseveraron en su oposición activa al nazismo.

Fritz Gerlich llegó en 1929 a un punto de cambio en su vida tras su encuentro con la mujer estigmatizada de Konnersreuth, Therese Neumann. En el entorno de Neumann, Gerlich conoció a tres personajes: el profesor Francisco Javier Wutz, experto en Antiguo Testamento; el capuchino Ingbert Naab (ambos vivían en Eichstätt, unos cien kilómetros al norte de Múnich); y el príncipe Erich von Waldburg-Zeil, un rico propietario. Los tres, animados por Neumann, querían publicar un periódico que renovara la vida política promoviendo los principios del derecho natural.

El 16 de septiembre de 1930 fundaron la editorial Naturverlag GmbH y el príncipe compró a la editorial muniquesa Müller & Sohn el periódico *Der Illustrierte Sonntag*. Gerlich, como futuro director, recibió la mitad de las acciones. El comienzo de su nueva actividad periodística fue precedido, el 9 de junio de 1931, de su salida de la Iglesia evangélica luterana. El nuevo subtítulo del *Domingo Ilustrado* era *El periódico de la sana razón humana*.

En un artículo titulado «Hitler y Guillermo II», comenzó Gerlich el 12 de julio a argumentar acerca del nacionalsocialismo y los personajes del entorno de Hitler. Los nazis tardaron 20 días en reaccionar, acusando a Gerlich, en la edición del 2-3 de agosto del *Völkischer Beobachter*, de tener una visión antiprusiana de la historia de Alemania.

El 29 de septiembre, fiesta de san Miguel, Gerlich dio un paso más en su transformación espiritual, al convertirse al catolicismo, al que llamaba «el camino recto», recibiendo el bautismo (y en él el nombre de Miguel) y la comunión, y celebrándolo en compañía de Neumann y los tres del Círculo de Eichstätt, además de su esposa Sophie y otros amigos. El 9 de noviembre recibió la confirmación en la capilla privada del cardenal Faulhaber.

En 1932, el *Domingo Ilustrado* cambió su nombre por el de *El Camino Recto* (*Der gerade Weg*, subtitulado *Periódico alemán por la verdad y el derecho*) y criticó las leyes de excepción y la actuación semidictatorial del jefe del Zentrum, Heinrich Brüning, que desde marzo de 1930 constituyó, por decisión del presidente Hindenburg, un gobierno que por primera vez no procedía de una coalición parlamentaria.

Hasta marzo de 1933, el periódico publicó informes secretos que supuestamente procedían de la Unión Soviética y que probarían que los nazis estaban al servicio de la revolución mundial que los comunistas querían hacer estallar. Desde que el 14 de febrero de 1932 firmara Gerlich un artículo sobre los líderes y la prensa nazi titulado «Agitadores, criminales y perturbados mentales», Hitler presionó a la imprenta Müller y el periódico pasó a imprimirse en J.G. Manz. El 20 de marzo, el padre Naab firmaba un artículo titulado «Señor Hitler, ¿quién le votó a usted?» que se reprodujo por millones. El 15 de abril sufrió Gerlich un intento de atentado y a partir de entonces solicitó licencia de armas y compró dos pistolas.

En su artículo sobre los votantes de Hitler, dedicaba Naab un último párrafo a la que consideraba mayor culpa del líder nazi: dividir a Alemania. El resumen que la entradilla del artículo hacía sobre quién votó a Hitler era el siguiente:

Personas con sentimientos antirromanos. Un buen número de idealistas seducidos. La masa de los que se dejan sugestionar. Las víctimas del colapso económico. Los cobardes, buscadores de empleo y futuros empleados del partido. Personas que quieren evadirse de pagar sus deudas. El pueblo revolucionario. Una masa de jóvenes inmaduros. Los subhumanos partidarios del asesinato y de amenazar a sus vecinos.

En la conclusión titulada «su mayor culpa» decía:

Señor Hitler, sobre su conciencia recae la culpa del desgarro de Alemania. ¿Quiere unir al pueblo? ¿Cree que esas tácticas de lucha pueden unir a un pueblo? Podrá unir al pueblo si consigue que mueran todos los que piensan diferente, pero no de otra manera... Sabe que no podrá llegar al poder legalmente en un futuro previsible. Pero sus guardias se han vuelto tan locos que usted ya no puede mantenerlos a raya. ¿Qué va a hacer? ¿Está tratando de hacerles entrar en razón? Entonces está usted acabado. ¿O va a seguir impulsando a las masas hacia esperanzas fantásticas? (...).

No le predicamos el evangelio del odio, sino el del amor, a usted también. En primer lugar, amar significa decirle la verdad, incluso si es amarga. No cedemos la palabra a la mentira y la rechazamos tajantemente, tanto si se usa en contra de usted como si daña a otros. No espere que proclamemos los mandamientos divinos con menos energía si se vuelven incómodos para el Tercer Reich.

Señor Hitler, ¡no se olvide de su conciencia! Y cuando la haya examinado, preséntese ante Alemania y confiese la mayor de sus culpas, tal como la reconoce ante Dios el omnisciente.

El 12 de julio de 1932 optó Gerlich por la vía sarcástica al titular: «¿Tiene Hitler sangre mongola?». El 24 de julio repudiaba las leyes de excepción, pidiendo que se realizara un referéndum para derrocar al presidente Hindenburg por haber nombrado un plenipotenciario para Prusia violando la Constitución.

El 31 de julio pedía que la justicia depusiera al dictador-canciller Kurt von Schleicher y acusaba al nazismo de ser una «peste espiritual» que implicaba «enemistad con las naciones vecinas, tiranía interior, guerra civil y guerra internacional» acompañadas de «mentira, odio, fratricidio y miseria sin límite». A Schleicher y sus ministros los acusaba de asesinato y homicidio, porque no intervenían contra los partidos que los cometían: el NSDAP y el KPD.

El 4 de agosto, la policía muniquesa prohibió por cuatro semanas *El Camino Recto* y a Gerlich se le impuso en octubre una multa por parte de sus superiores del Archivo estatal.

De las críticas de Gerlich no se salvaban el Zentrum y el BVP, que tras la victoria nazi en las elecciones del 31 de julio de 1932 quisieron negociar con el NSDAP una coalición para derrocar al Gobierno de Von Papen. Gerlich afirmaba que debían buscar la coalición con los socialdemócratas, no para solucionar el rompecabezas político alemán, sino para resolver su causa: la enemistad con Francia. Para ello, Gerlich proponía una «Unión para la Paz y por los Estados» basándose en los derechos humanos a partir de la reconciliación con Francia.

Gerlich se metió en las tripas del NSDAP, obteniendo información sobre sus líderes de Georg Bell, que abandonó el partido y había sido uno de los hombres fuertes de Erich Röhm, jefe de la Sección de Asalto (SA). Antes de salir del partido, Bell había peregrinado precisamente a Konnersreuth, la localidad de residencia de Therese Neumann, tras de lo cual abandonó un plan de matar a Hitler que no se conoció hasta 1948, y que suponía que el intento de toma del poder por vía electoral iba a fracasar y que era necesario volver al golpismo violento de 1923.

Tras las elecciones del 5 de marzo que darían la victoria a los nazis, tampoco se amedrentó Gerlich, y con el príncipe Waldburg-Zeil presentó el 8 de marzo en Stuttgart al presidente del estado de Wurtemberg, Eugen Bolz, la petición de oponerse a que Hindenburg nombrara por decreto comisarios nazis que anularan la autonomía de los estados del sur de Alemania. Para ello habría presentado a Bolz documentos de Bell probatorios de los crímenes de Hitler. Al día siguiente tomaron el poder los nazis en Múnich y tropas de la SA asaltaron el periódico, golpearon a Gerlich y se lo llevaron a comisaría.

El de Gerlich es un caso concreto de valentía frente a la violencia y el odio creciente. ¿Pero cómo pasó Hitler de insignificante golpista en 1923 a líder del partido más votado y dictador en 1933?

Las primeras elecciones tras el golpe nazi de noviembre de 1923 fueron las del 4 de mayo de 1924, para las que el NSDAP seguía prohibido. El Zentrum, asociado al Partido Popular Bávaro (BVP), obtuvo en ellas el 13,4 % de los votos y 65 diputados, quedando por delante los socialdemócratas del SPD con el 20,5 % y 100 diputados; y los nacional-populares del DNVP Partido Popular Nacional (19,5 % y 95 diputados). El DNVP formó gobierno en solitario, pero solo duró medio año.

En las elecciones del 7 de diciembre de 1924, en las que el NSDAP no sacó nada, el Zentrum obtuvo 69 diputados, quedando por delante de él de nuevo los socialdemócratas (SPD, 131 diputados) y los nacio-nal-populares (DNVP, 103 diputados). Los partidos católicos entra-ron en el gobierno con el DNVP y el Partido Popular (DVP).

Las siguientes elecciones fueron tres años y medio después, el 20 de mayo de 1928. En ellas, el partido católico subió en votos (15,1 %) pero bajó en diputados (61), mientras ganaban los socialdemócratas (29,8 %, 153 diputados) y el DNVP quedaba relegado al tercer puesto (14,3 %) pero con más diputados (73) que el Zentrum. El NSDAP se estrenaba con solo un 2,6 % de votos y 12 diputados. Los dos parti-dos católicos volvieron a entrar en el gobierno de coalición liderado esta vez por el SPD.

Menos de dos años duró este Gobierno, ya que el canciller Hermann Müller no consiguió que su propio partido (SPD) aprobara las medidas que tras la crisis de 1929 quiso adoptar frente al creciente paro. Hindenburg lo sustituyó *a dedo* el 27 de marzo de 1930 por el jefe del Zentrum, Heinrich Brüning, pero este tampoco consiguió el apoyo del SPD y, además, en las elecciones de 14 de septiembre de 1930, el NSDAP se situó como segundo partido tras el SPD.

Nada más ser nombrado canciller, Brüning había enviado como experto para negociar las deudas de guerra con Francia a un hombre que no era de su partido: Paul Lejeune-Jung. Tras graduarse en secundaria, en 1901 empezó a estudiar Teología con idea de hacerse sacerdote católico, pero terminó por estudiar Historia en Bonn y Economía en Berlín. En 1924 fue el único miembro católico del Reichstag en el distrito de Silesia central (Breslavia) por el DNVP.

En la encrucijada en que Lejeune-Jung fue a París, su partido perdía votos hacia los nazis, y en 1929 ya habían colaborado con ellos en la organización de un fracasado referéndum «contra el Plan Young» para negarse a pagar las deudas de guerra. En lugar de esa política de separación y enfrentamiento que al final propiciará el triunfo de los nazis, en las 18 páginas de las «Impresiones de París» que Lejeune-Jung escribe a su regreso del viaje del 30 de marzo al 10 de abril de 1930, expresa la necesidad de una estrecha colaboración entre los Estados europeos en el campo económico, y que el núcleo de esa cooperación debe ser el entendimiento entre Alemania y Francia, con el objetivo último de crear una Unión económica.

Tras la toma del poder por los nazis en 1933, Lejeune-Jung fue marginado políticamente. Pero su visión acerca de las consecuencias del cambio fue igualmente certera, y así escribía a su amigo Gottfried Treviranus:

> *La violación del Estado de derecho hasta el extremo entregará el Reich a un loco, a menos que las fuerzas armadas y los tribunales alarmen frente al quebrantamiento de la Constitución y derroquen al usurpador.*

Lejeune-Jung no se iba a quedar de brazos cruzados y en 1941-42 se asociará al grupo de resistencia en torno al exalcalde de Leipzig, Carl Goerdeler, que le encargó diseñar la política económica a aplicar cuando pudiera derrocarse a Hitler. Lejeune-Jung la recogería en un memorándum en verano de 1943, año en que acogió en su casa dos importantes reuniones de miembros de la resistencia, incluido Josef Wirmer, con quien compartirá desgracia tras el fracaso del atentado contra Hitler el 20 de julio de 1944. Arrestado el 11 de agosto, fue juzgado, condenado y ejecutado con otros el 8 de septiembre. Sus últimas palabras fueron: «Mi Jesús, misericordia». Tenía 62 años y la Iglesia católica lo incluyó en 1999 entre las personas que podrían declararse mártires (*Martyrologium Germanicum*, en adelante señalados como M.G. tras la cifra que indica la edad que tenían al morir).

El éxito del NSDAP en las elecciones del 14 de septiembre de 1930 en que irrumpió como segunda fuerza, con el 18,3 % de los votos y 107 diputados, quedó matizado desde el punto de vista territorial porque solo ganó en Prusia Oriental. Le precedía el SPD con el 24,5 % (pérdida del 5 %) y 143 diputados, y le seguía el Zentrum con el 14,8 % (pérdida de solo el 0,3 %) y 68 diputados, recuperando las regiones en que había sido mayoritario. Formar un gobierno estable resultó imposible, ya que, además de los nazis, obtuvo buenos resultados otro partido antisistema, el comunista (13,1 % y 77 diputados).

El 10 de abril de 1932, el SPD y el Zentrum de Brüning prestaron a Hindenburg un último favor al hacerle ganar —frente a la candidatura de Hitler— las elecciones presidenciales. Hindenburg había perdido la paciencia con el canciller Brüning y lo sustituyó —igual que lo había puesto, *a dedo*— el 1 de junio por Franz von Papen, quien admitiendo la deslealtad que suponía haber conspirado para quitar el gobierno a su propio jefe de partido, abandonó el Zentrum. No obstante, el partido católico —a diferencia de los otros moderados que se desangraban a favor del NSDAP— no fue castigado por sus electores en los siguientes comicios.

La debacle de la democracia alemana se produjo en poco más de siete meses con tres elecciones: las del 31 de julio de 1932, las del 6 de noviembre siguiente y las celebradas, ya con Hitler en el poder, el 3 de marzo de 1933. En las primeras arrasó el NSDAP con el 37,3 % de los votos y 230 diputados, y aunque el SPD quedó el segundo (21,6 % y 133 diputados), su nueva bajada del 2,9 % dejaba como únicos partidos sin pérdida electoral al comunista (14,3 % —subida del 1,2 %— y 89 diputados), tan enemigo de la democracia como el NSDAP, y al Zentrum (15,7 % —subida del 0,9 %— y 75 diputados).

Hindenburg decidió disolver el Parlamento que no dejaba gobernar a von Papen. Las elecciones del 6 de noviembre de 1932 le dieron un respiro, con una bajada del 6,2 % del NSDAP (33,1 %, 196 diputados), pero a cambio los comunistas del KPD subían el 2,6 % (16,9 %, 100 diputados) y entre ambos partidos, más el igualmente antiparlamentario DNVP —con el 8,3 % (subida del 2,4 % respecto a las anteriores) y 52 diputados— sumaban una mayoría que, aunque no se pusiera de acuerdo para gobernar, sí lo estaba para impedir cualquier coalición de gobierno, inclusive la del Zentrum con el NSDAP. El SPD seguía bajando (el 1,2 % hasta contar el 20,4 % de los votos y 121 diputados) e incluso el Zentrum perdía el 0,7 % (15 % de los votos y 70 diputados).

Von Papen pidió a Hindenburg que lo nombrara dictador —disolviendo el Parlamento pero dejando pasar un tiempo antes de convocar elecciones—, pero el presidente recurrió por tercera vez al nombramiento *a dedo* de un canciller, y por segunda vez apuñalando al anterior, al elegir a su ministro de Defensa, Kurt von Schleicher, que aseguraba ser capaz de atraer a una coalición de gobierno al ala socialista del NSDAP, capitaneada por Gregor Strasser. Sin embargo, este quedó incapacitado al pasarse al lado de Hitler su principal propagandista, Josef Goebbels. Von Papen se vengó convenciendo a Hindenburg de que nombrara canciller… a Hitler.

Las elecciones del 3 de marzo de 1933, para von Papen, debían ratificar la fortaleza de su gobierno (y permitirle ser de nuevo canciller marginando a Hitler), pero Hitler las planeó como un plebiscito para convertirse en dictador. A pesar de las trabas que se pusieron a los demás partidos —el último mitin comunista fue interrumpido el 23 de febrero, el 27 fue incendiado el parlamento y hasta el día de las elecciones la SA patrulló las calles con la policía—, el resultado fue insuficiente y Hitler necesitó dar un auténtico golpe de Estado.

El NSDAP no consiguió la mayoría absoluta (si bien subió el 10,8 %, llegando al 43,9 % y 288 diputados), pero el mayor fracaso fue el de la coalición de apoyo a von Papen, llamada Frente Negro-Blanco-Rojo (KSWR), que perdió votos (obtuvo el 8 % y 52 diputados) respecto a los anteriores resultados del DNVP. Los demás partidos perdían aún más: el SPD un 2,1 % hasta el 18,3 % y 120 diputados; el Zentrum un 1 % hasta el 14 % y 73 diputados; el KPD un 4,6 % hasta el 12,3 % y 81 diputados.

Von Papen ya no podía deshacerse de su invitado Hitler, sino al revés. El primer paso hacia la dictadura lo dio ya antes de las elecciones, al obtener de Hindenburg la prohibición del Partido Comunista (y por tanto la invalidación de sus futuros diputados) mediante un decreto del 28 de febrero de 1933 «para la protección del Pueblo y del Estado».

El paso final sería la Ley de Plenos Poderes (*Ermächtigungsgesetz* o «Ley Habilitante»), que se presentaría el 24 de marzo de 1933, al día siguiente de que el canciller alemán ofreciera a la Iglesia católica respeto y concordatos.

En una época que parecía de revolución imparable, escribió la novelista Gertrud von Le Fort su novela *La última en el cadalso*, en la que a la historia de la ejecución de 16 carmelitas descalzas del convento de Compiègne (70 km al noreste de París), el 17 de julio de 1794, añade un personaje al que llama Blanche de la Force.

Miedosa desde su infancia, Blanche de la Force tiene un curioso parecido con el apellido de la autora (Gertrudis «del Fuerte»), pero su nombre parece haber sido elegido más bien para resaltar de dónde viene a los cristianos su fuerza, y para dejar claro que la respuesta no es otra que la unión con el amor de Cristo. De la Force adopta en el convento el nombre de hermana Blanca de Jesús en el Huerto de la Agonía. No logra superar sus miedos, hasta el punto de que la maestra de novicias, madre María de la Encarnación, aconsejará que no se la admita a la realización de los votos.

María de la Encarnación parece representar una visión del martirio como una ofrenda de la propia fuerza a Dios, más que como una gracia recibida: en todo caso hay un contraste entre la intransigencia de la maestra de novicias, que propone a la comunidad realizar un voto de martirio con el que en principio no está de acuerdo la priora, por parecerle un alarde innecesario, y la tolerancia de dicha priora con los miedos de la hermana Blanca.

Ante la perspectiva del castigo revolucionario, Blanca cede a la presión de su padre y abandona el convento. Según la versión novelada por Le Fort, que adopta la forma de una carta escrita por un noble que presencia la ejecución de las carmelitas, mientras las monjas suben cantando hacia la guillotina, aparece Blanca en medio de la multitud y se une a su canto, por lo que es ejecutada por el mismo pueblo airado.

Este fin brutal será modificado en la versión francesa de Georges Bernanos, que se llevó al cine también bajo el título de *Diálogo de Carmelitas*, donde Blanca se une al cortejo de sus compañeras y es acogida por la priora, que la cubre con su propia capa. En cambio, la maestra de novicias, por haber salido a hacer un recado el día antes de la detención de las monjas, tiene que renunciar al martirio.

Le Fort trata sobre la unión al sacrificio de Cristo de almas víctimas, como en el siglo XX fueron los niños de Fátima, el padre Pío o la propia Therese Neumann. Pero lo aplica particularmente a su momento y país, es decir, la Alemania a punto de caer en poder de los nazis, más que al que aparece en las figuras (la Francia revolucionaria).

La propia Le Fort, en el epílogo que escribió para Bernanos, afirmó que el «punto de partida» de su relato no era «el destino de las 16 carmelitas de Compiègne, sino la figura de la pequeña Blanche»:

Ella nunca vivió en el sentido histórico, pero recibió el aliento de su temblorosa existencia exclusivamente de mi interior y nunca podrá separarse de ese origen. Nacida del profundo horror de una época que se vio ensombrecida en Alemania por las premoniciones de destinos futuros, esta figura se elevó ante mí, por así decirlo, como la encarnación del miedo a la muerte de toda una época que llegaba a su fin.

Le Fort volvería a reflexionar sobre la angustia de su personaje tras asistir el 24 de septiembre de 1960 a la representación de la Ópera *Diálogo de Carmelitas* en Augsburgo:

> *Has recorrido un largo camino, mi pequeña y espantadiza Blanche de la Force, ¡nunca hubiera esperado esto de ti cuando me pediste que contara tu vida hace años! Me asombró saber que te atrevías, tú que eres el mismo miedo, a pisar estas tablas que, como dicen, representan al mundo. Y ahora incluso has podido servirte de la música para cuidar tu tierna voz. Ojalá le sea concedida a la más poderosa y profunda de todas las artes darnos a las personas de hoy, que no estamos menos rodeadas de miedo a la muerte que tú y tu tiempo, la gracia que recoge la impotencia humana, transformándola en la victoria de Dios.*

Después de haber inventado un personaje con el que explicar los miedos que el nazismo hacía surgir en los católicos, y la solución martirial a los mismos, Gertrud von Le Fort se encontró con un ser de carne y hueso que había de vivir ese ideal: Edith Stein, quien le inspiraría la obra que en 1934 publicó bajo el título de *La mujer eterna*.

Pero, antes de esa fecha (y después de 1931, cuando publicó *La última en el cadalso*), Le Fort publicaría unos *Himnos a Alemania* que reflejan la frustración de los católicos ante su propio país: perseguidos por el segundo imperio, el bismarckiano, iban a serlo de nuevo por el tercero, el de Hitler. Pero no renunciaban al ideal de una vida cristiana en una sociedad germana, y así dedicaría Le Fort esos himnos a exaltar al imperio sin adjetivo numeral ordinal, el auténtico, el cristiano, el que pudo ser adjetivado como sagrado.

La referencia a las sombras que se ciernen sobre Alemania nos permite hacer un paralelismo entre el personaje ejecutado en último lugar y la patria a la que dedica estos himnos, que fueron publicados en la revista *Hochland*, dirigida por Carl Mut y prohibida por los nazis en 1934, antes de ser editados como libro en 1932.

En la línea de Le Fort, Dietrich Bonhoeffer, profesor de Teología Luterana en Berlín predijo el 19 de junio de 1932 en un sermón que llegaría el momento de ser mártires:

> No debemos sorprendernos si vienen tiempos en que se pida a nuestra Iglesia la sangre de los mártires. Pero esa sangre, si todavía tenemos el valor, el honor y la lealtad de derramarla, no será ya tan inocente y brillante como la de los primeros testigos. En nuestra sangre ya habría una gran culpa: la culpa del siervo inútil, que es arrojado a las tinieblas.

El 1 de febrero de 1933, una conferencia de Bonhoeffer por radio fue interrumpida en el momento en que pidió que se limitara el poder del canciller (Hitler). En abril de 1933 tomó pública postura contra la persecución de los judíos con un artículo titulado «La Iglesia ante la cuestión judía» que se imprimió en junio, donde reconocía al Estado el derecho a regular la cuestión sin que la Iglesia interfiriera, y no se desmarcaba de cierta acusación de culpabilidad contra el pueblo que habría condenado a Cristo:

> En la Iglesia de Cristo nunca ha desaparecido la idea de que el pueblo elegido que crucificó al Salvador del mundo debe llevar la maldición de su sufrimiento a lo largo de la historia.

No obstante, Bonhoeffer afirmaba abiertamente el derecho a la resistencia asociado a la defensa de las víctimas:

> El Estado que pone en peligro la predicación cristiana se niega a sí mismo. La Iglesia está incondicionalmente obligada frente a las víctimas de todo orden social, aunque no pertenezcan a la comunidad cristiana. Si la Iglesia ve que el Estado se excede o por el contrario descuida el ejercicio de la ley y el orden, está en condiciones no solo de vincularse a las víctimas que caen bajo su rueda, sino de arrojarse a los mismos radios de esa rueda.

Frente al intento de convertir la Iglesia evangélica alemana (DEK) en Iglesia del Reich asociándola a los llamados Cristianos Alemanes (DC) al elegir como obispo del Reich a Ludwig Müller (27 de septiembre de 1933) e introducir un «párrafo ario» que excluyera de esa Iglesia a quienes no lo fueran, Bonhoeffer se unió a la Liga de Pastores ante la Emergencia (*Pfarrernotbund*) creada el 21 de septiembre de 1933.

Por su parte, Le Fort no puso punto final a su defensa de una sociedad cristiano-germana con los *Himnos a Alemania*. Todavía en Navidad de 1933, a petición de la dirección de la asociación juvenil católica Sturmschar, formada en 1929 a partir de la Fuerza Juvenil Alemana (DJK) y de la Asociación Masculina de Jóvenes Católicos (KJMV), escribiría para el semanario *Jungen Front* el siguiente poema a san Miguel Arcángel (patrón de Alemania y del Sturmschar, y en cuya festividad ingresaban los nuevos miembros), en el que desafiaba la ya constituida dictadura hitleriana, dando al arcángel el título de *Führer* de Alemania (y casi se diría que el de Satán a Hitler):

> *¡Arcángel, recuerda a tu pueblo elegido,*
> *al que pusiste al servicio del trono del Padre de los pueblos,*
> *cuando las naciones recibieron a quienes habían de ser sus*
>   *caudillos eternos!*
> *Tú, general nuestro del cielo, no te olvides de tu ejército,*
> *y condúcelo de nuevo, como antaño,*
> *¡tú, que ante el asalto de los paganos,*
> *fuiste su alférez llevando el estandarte triunfal!*
> *Ángel, que armaste a Alemania,*
> *que le diste el espaldarazo de Cristo,*
> *que le diste el estandarte santo,*
> *al que protegiste bajo tus alas,*
> *hasta el punto de que él mismo llegó a ser un escudo*
> *contra el dragón del abismo.*
> *¡¡¡Pues ahora tu pueblo está en el abismo!!!*
> *Ángel-caballero, ponte en camino,*
> *héroe de todos los héroes,*

armado con la luz potente
y con la verdad,
espada implacable:
¡Salva a tu propio estandarte!
Con tu nombre
nos llamará el Juez en el último día de los pueblos.
Con tu nombre
—si la burla del mundo nos concede ese honor—
ángel que destruyes a Satanás,
destruye al Satán que está en nuestras filas,
ángel victorioso al servicio del Dios invencible,
derrota a tu propio pueblo
y arrójalo en la tormenta dorada de las multitudes celestiales,
¡en su castillo eterno!

Dado que este poema se publicó a fines de 1933, será necesario retroceder para examinar los acontecimientos de ese año decisivo si queremos comprender cómo puede pedirse al ángel de Dios que derrote a su propio pueblo.

POR QUÉ EL CENTRO
HIZO DICTADOR A HITLER

La Ley Habilitante, llamada «Ley para Remediar la Miseria del Pueblo y del País», que Hitler pidió al Parlamento en marzo de 1933, fue aprobada gracias a los votos nazis, los de sus aliados del KSWR, más los del Zentrum y Partido Popular Bávaro, y los de los cinco diputados liberales del Partido Estatal Alemán. Esta ley no ponía más que un límite de cuatro años al poder cedido a Hitler para promulgar cualquier norma (incluso inconstitucional) o sellar pactos internacionales, además de aprobar presupuestos o pedir créditos. Para aprobarla, solo se exigió que estuvieran presentes dos tercios de los diputados electos y que votaran a favor dos tercios de los presentes.

Si se hubieran ausentado los diputados del SPD y del KPD, más otros 15, no se habrían alcanzado los dos tercios de electos para votar la ley. Para evitarlo, el Gobierno cambió el reglamento de la cámara, de modo que quien no hubiera presentado un certificado de ausencia, contara como presente: y así se hizo incluso con diputados encarcelados.

Es dudoso que la intervención de Hitler prometiendo respeto a la religión fuera una sorpresa para los diputados católicos del Zentrum. Esas promesas no fueron la forma de ganarse el voto del Centro, sino la expresión de que aceptaba las condiciones que el Centro le había puesto previamente para votarle. Entendiendo por el Centro al jefe de ese partido, el sacerdote Ludwig Kaas.

Para apaciguar a los conservadores, a la promesa de respeto a la Iglesia se le sumarían gestos de moderación como el de reunir al Parlamento en un cuartel lleno de banderas del antiguo imperio, con el presidente Hindenburg en uniforme y, en cambio, un Hitler que se presentó en frac realizando exagerados gestos de reverencia frente al anciano general. Pero eso no bastaba para ganar el voto del Zentrum.

El palo en la estrategia nazi consistió en arrestar a los diputados comunistas y en amenazar a los diputados del Zentrum, gritándoles miembros de las SA y SS (la Sección de Protección, uniformada de negro en contraste con el uniforme pardo de la SA) que «Exigimos la Ley Habilitante, si no, arderéis». Para el socialista Fritz Baade eso bastaba para explicar, e incluso excusar, el voto de los centristas, según la cita publicada por Rudolf Morsey (p. 163):

> *Si todo el Zentrum no se hubiera visto obligado a votar por esta Ley Habilitante mediante amenazas físicas, tampoco se habría logrado una mayoría en ese Reichstag. Recuerdo que los diputados del Zentrum se me acercaron llorando después de la votación y me dijeron que estaban convencidos de que los habrían asesinado si no hubieran votado por la Ley Habilitante.*

Lo cierto es que esas amenazas no fueron suficientes, y hubo debate en el Zentrum, ya que querían votar en contra de la dictadura Heinrich Brüning (canciller de marzo de 1930 a mayo de 1932) y Adam Stegerwald, entre otros. Pero se impuso la opinión de Kaas, para quien votar en contra solo provocaría que Hitler incumpliera sus promesas de:

—Mantener los órganos constitucionales y federales.

—Respetar la educación cristiana.

—Respetar los concordatos y los derechos de las Iglesias.

—Respetar la independencia judicial.

—Mantener el Parlamento, el Consejo Nacional y la Presidencia de la República.

Kaas dijo haber logrado además que Hitler se comprometiera específicamente con él a mantener un «pequeño comité» que deliberaría sobre las leyes. Hitler le aseguró que le entregaría esos compromisos por escrito mientras se votaba la ley, pero nunca lo hizo.

El ambiente de la votación puede conocerse en el relato de uno de los diputados que acompañaban al jefe del Zentrum aquel 23 de marzo de 1933 en su viaje a Potsdam, publicado por Becker en su artículo de 1961 (p. 208 y siguientes). No se dice quién era el diputado, aunque sí que viajaba en el automóvil de Kaas y que redactó sus recuerdos en 1945, «en las últimas semanas de la guerra, basándose en las notas de su diario de 1933».

La primera sorpresa fue ver que el 21 de marzo, de la iglesia de San Pedro en Potsdam, donde se celebrara misa para los católicos, no colgaban banderas nazis, sino albiamarillas. La sorpresa negativa fueron los abucheos de la gente (nazis), particularmente contra Brüning. Hitler y Goebbels, que eran católicos, no asistieron a misa ese domingo, aunque tenían sitio reservado (la prensa nazi lo justificó citando las condenas eclesiásticas del nazismo), y en cambio fueron a depositar coronas de flores en tumbas de caídos de la SA. Los protestantes sí asistieron a su servicio litúrgico: los no nazis, como Hindenburg, igual que Göring y otros nazis.

El 22 de marzo, se reunía Kaas con Hitler «para hablar de las cuestiones de las garantías religiosas, que nosotros queríamos obtener necesariamente. Esperábamos declaraciones vinculantes, sin las cuales no estábamos ni siquiera dispuestos a discutir sobre la aceptación de la Ley Habilitante. Ni siquiera teníamos todavía el texto de esa ley. Antes de irnos a casa, dijo Kaas: *Procurad rezar otra vez ante el Tabernáculo, pues todavía tenemos por delante horas indescriptiblemente difíciles*».

En la mañana del 23 aún no contaba el Zentrum con el texto de la ley, sino solo el de la declaración gubernamental que leyó Hitler, en cuyas palabras, según el diputado «notamos y sentimos el influjo del prelado Kaas». En su primer y único discurso como canciller ante un Parlamento democrático, Hitler echó la culpa de todos los males de Alemania a la revolución de 1918, que habría «derrocado a los monarcas», partiendo del presupuesto «consciente y objetiva- mente falso» de que Alemania era culpable de la guerra, y obligando a someterse a los 14 puntos de Wilson, etc. Quince años se borraban de un plumazo y Hitler pasaba en su discurso a imaginar que en las últimas elecciones el partido nazi había quitado el poder a unos marxistas que lo habrían detentado ininterrumpidamente:

> *Junto con las demás asociaciones nacionales, en pocas semanas ha eliminado los poderes que gobernaban desde noviembre de 1918 y, en una revolución, ha puesto la autoridad pública en manos del gobierno nacional. El 5 de marzo, el pueblo alemán dio su consentimiento a este acto.*

La palabra mágica era *Gleichschaltung*: ir todos a una. «Garantizar siempre una uniformidad de intención política en el conjunto del país (*Reich*) y en los estados». Sin violencia, pues para coordinarse bastaba «la ayuda de los modernos medios de propaganda popular». Se refería Hitler al cambio efectuado el 13 de marzo al incluir en el gobierno a Joseph Goebbels como ministro de Propaganda. Y en su propósito de educar a millones de trabajadores en los valores nacionales aparecía la religiosidad:

> *El gobierno nacional ve en las dos denominaciones cristianas los factores más importantes para la preservación de nuestra nacionalidad. Respetará los tratados celebrados entre ellas y los estados. Sus derechos no deben ser tocados. Pero espera y confía en que el trabajo de renovación nacional y moral de nuestro pueblo, que el gobierno se ha propuesto, reciba el mismo reconocimiento. Se relacionará con todas las demás denominaciones con justicia objetiva. Pero no puede tolerar que la pertenencia a una determinada denominación o una determinada raza pueda suponer la exención de las obligaciones legales generales o incluso una licencia para cometer o tolerar delitos sin castigo.*
> *La preocupación del gobierno es la sincera convivencia entre Iglesia y Estado; la lucha contra una cosmovisión materialista*

y a favor de una comunidad nacional real sirve tanto a los intereses de la nación alemana como al bienestar de nuestra fe cristiana.

Por supuesto, nada de preparación para la guerra, sino para vivir en paz y libertad con todos:

Es el deseo sincero del gobierno nacional poder abstenerse de aumentar el ejército alemán y nuestras armas, siempre que el resto del mundo finalmente se sienta inclinado a cumplir su compromiso con el desarme radical.

A pesar de las promesas de Hitler, durante las dos horas y media de pausa para la deliberación, según el anónimo testigo citado por Becker, «vivía en mí solo un *no*». Luego fueron los diputados del Zentrum al edificio del Reichstag (pues su sala de reuniones no había sido dañada por el incendio), donde Kaas hizo una enigmática metáfora:

«El cruce lo hemos dejado ya atrás. Ahora tenemos que hacer la voluntad de Dios y cumplir la voluntad de Dios, ahí donde hemos sido puestos. Por muy duro que sea el destino, nada nos puede liberar de cumplir nuestro deber. La patria está en un gravísimo peligro y no podemos fallarle». A mi alrededor, oía hablar de la amenaza de una guerra civil, de que la calle quedaría sin control en caso de que no aceptáramos la Habilitación.

Frente a esa opinión, saltó Joseph Wirth, canciller entre mayo de 1921 y noviembre de 1922, quien entre sollozos contó cómo había luchado contra la revolución espartaquista en noviembre de 1918 y cómo para él «la Constitución de Weimar era garantía de tranquilidad y orden», por lo que abandonó la sala entre lágrimas. El testigo salió tras él por orden de Josef Schmitt, que entre 1928 y 1933 fue dos veces presidente de la República de Baden, y consiguió que regresara. Kaas continuó afirmando:

Que nadie debía asumir la responsabilidad de un voto indivi-
dual. Esa responsabilidad sería demasiado grave. La votación
debía quedar despersonalizada. Solo un voto unificado podría
despersonalizar la asunción de la Ley Habilitante.

Joseph Ersing habló del peligro de que se destruyeran los sindicatos y con ellos los derechos sociales y políticos elementales. Brüning
preguntó qué pasaría con los millones de personas, entre ellos la
mayoría de los socialdemócratas, a los que había convencido para que
votaran al presidente Hindenburg como garantía de que la República
no sería destruida.

Volvió a hablar Ersing para añadir que, tras negociar con ellos,
los representantes de los trabajadores habían accedido a pedirle que
votara a favor de la Ley Habilitante «por amor al pueblo». Ante esto,
Wirth, que había regresado, cedió, llorando: «Si los trabajadores asumen ese sacrificio, también yo lo aceptaré». Brüning dijo al testigo:
«Estaré en la Krolloper», refiriéndose a que acudiría a la votación y
por tanto votaría a favor. «Kaas agradeció profundamente emocio-
nado» la decisión, según el anónimo diputado, quien anotó que al
regresar tras la votación desde la Krolloper al Parlamento, Wirth le
dijo que ese día le habían quitado el pasaporte diplomático, pero que
a pesar de ello esa misma noche se marcharía.

El relato presentado por Becker sugiere que no fueron las promesas de respeto a la religión católica, sino la situación político-social
lo que llevó al Zentrum a aceptar la dictadura hitleriana. Las promesas de Hitler fueron, todo lo más, una supuesta garantía. Solo los 94
diputados del SPD presentes votaron no a la Ley Habilitante.

Kaas marchó a Roma el 24 de marzo y volvió para explicar el
voto a favor de la dictadura en un artículo que publicó (sin firma)
el 5 de abril en la prensa de su partido bajo el título «El camino del
Centro», igualmente publicado por Becker (página 202 y siguientes). El 7 de abril, dimitió y se marchó de nuevo a Roma, pero esta
vez para quedarse allí hasta su muerte en 1950. El artículo no lo
escribió por tanto para mantenerse en su puesto, sino a modo de
testamento.

Afirma Kaas que la Ley Habilitante es totalmente excepcional y «sin precedentes», por lo que el Centro no la aprobaría por inercia de leyes extraordinarias anteriores. Añade que su postura fue votar no, mientras no estuvo seguro de que el presidente de la República sería respetado en sus prerrogativas (y su capacidad de controlar al Gobierno). Por último, afirma la credibilidad de las garantías dadas por Hitler.

Veladamente se refirió Kaas a la promesa hitleriana de que el Zentrum entraría en un comité para controlar las leyes, como algo «en un estado de desarrollo inicial». Afirmaba que su partido se sacrificó al votar la dictadura en aras del bien común, dejando de lado los resentimientos por las luchas del pasado, para dar al Gobierno y al Estado todo, excepto «su honor y fidelidad» a la fe católica.

Reconocía Kaas la inconstitucionalidad del paso que había dado el Zentrum, y lo justificaba afirmando que «las actuales formas del Estado democrático nacido en Weimar, sea por los motivos que fuere, de hecho se han vuelto inaplicables», ya que «estamos en medio si no de una crisis total del pensamiento democrático, sí al menos en un proceso evolutivo» y «de fusión» de las formas e instituciones democráticas y demoliberales, cuyo «exceso de libertades formales» en los campos político, económico, social y cultural habían causado una debilidad que ahora «el operador», a modo de médico, debía corregir.

El objetivo era una «normalización» para la que se requería un «periodo de transición, que no transcurre sin errores y excesos puntuales» con vistas a la «rápida reconstrucción de la estatalidad alemana» bajo nuevos y duraderos principios. En tales circunstancias, «solo un sí podría ser creativo».

Mencionaba Kaas que ya Brüning se había propuesto fortalecer al Estado alemán y que el Zentrum había advertido decenas de veces, sobre todo a Francia, que debía dejar de discriminar a Alemania; por ello, concluye, la actual política «no tiene ninguna tendencia agresiva contra Francia. No luchamos contra París, solo luchamos contra Versalles». A continuación citaba a Mussolini (se entiende que como autoridad), para quien Europa debía construirse como un eje sobre cuatro centros de autoridad: Londres, Roma, Berlín y París, teoría que según Kaas también apoyaría el primer ministro británico James Ramsay MacDonald.

En la decisión de convertir a Hitler en dictador no hay huella de influencia de la jerarquía católica, ni alemana ni romana. Kaas consiguió que su partido la tomara, apelando no a la obediencia a la Iglesia, sino a una confianza «despersonalizada» en una especie de fatalidad del destino. Al prelado que había dirigido el Zentrum ya no le quedaría más tarea que la de plasmar en un concordato las garantías que Hitler prometió.

Sin embargo, por muy bonitos que sonaran los discursos de Hitler, los atropellos a los católicos en Alemania iban en aumento. El 9 de marzo de 1933, es decir, a los cuatro días de las elecciones, Fritz Gerlich fue detenido en Múnich. Su principal mecenas, el barón Erich von Waldburg-Zeil, aconsejó a Bell, el exespía nazi que había proporcionado documentos sobre la corrupción de los líderes del NSDAP, que huyera a Austria. Lo hizo, pero le sirvió de poco: allí sería asesinado el 3 de abril por los nazis.

El periódico de Gerlich, *Der Gerade Weg*, fue prohibido por Heinrich Himmler, instalado como jefe de la policía de Múnich, el 13 de marzo, por tanto sin esperar a la Ley Habilitante. El 7 de abril de 1933 se le iniciaron a Gerlich procedimientos disciplinarios por periodismo «subversivo», que nunca terminaron en juicio. So capa de «custodia protectora» lo encerraron en el campo de concentración (*Konzentrationslager*, KZ) Dachau, 17 km al noroeste de Múnich, donde dos matones le dieron sendas palizas los días 16 y 17 de mayo de 1933. Allí recibía breves visitas de su esposa y amigos. Sus compañeros de prisión se mostraron impresionados por su ininterrumpida salud mental. El verano de 1933 trajo a Gerlich una serie de traslados: el 27 de julio a la prisión de Stadelheim con condiciones carcelarias más estrictas, 4 km al sureste del centro de Múnich, de donde regresó el 4 de agosto a la prisión policial. Sin haber sido formalmente interrogado ni acusado, y sin asistencia letrada, el 1 de septiembre se le comunicó el despido del servicio civil.

Dachau terminó siendo en 1941 el lugar de destino elegido (por sus captores) para los opositores por motivos religiosos. Los primeros tres clérigos llegaron el 11 de julio de 1941 y fueron el pastor Martin Niemöller (1892-1984, que tras una simpatía hacia los nazis que databa de 1923, se alineó en septiembre de 1933 con los opuestos al nazismo que en 1934 formaron la Iglesia confesante, por lo que fue detenido el 1 de julio de 1937), el canónigo catedralicio muniqués Johannes Neuhäusler (1888-1973, detenido el 4 de febrero de 1941) y el editor del periódico diocesano *Münchner Katholische Kirchenzeitung*, Michael Höck (1903-1996, arrestado en mayo de 1941, pasó también antes por el KZ Sachsenhausen, en Oranienburg, 25 km al norte de Berlín).

Los clérigos deportados a Dachau fueron 2.700 (1.780 polacos) y procedían de 138 diócesis y 25 órdenes «de todas las confesiones cristianas», según la diócesis de Múnich en la web *gedenkstaettenseelsorge. de*. De los 200 que en esa página se consideran mártires, 56 ya han sido beatificados: 47 de Polonia (solo dos de ellos fuera del grupo de 108 beatificados en 1999). Desde 2017, la diócesis de Múnich estableció el 12 de junio como fiesta de los beatos mártires de Dachau.

El mismo lunes 13 de marzo en que Gerlich fue arrestado, se llevó a cabo la «revolución nacional» en otros lugares. En Bad Godesberg, unos 8 km al sureste de Bonn, la SA tomó el ayuntamiento y despidió al alcalde y a otros tres funcionarios. Un destacamento de entre 20 y 30 personas, también mandadas por el jefe local del NSDAP Heinrich Alef, se presentó en la escuela local para despedir inmediatamente al maestro y presidente local del Zentrum, que había luchado duramente contra los nacionalsocialistas.

Se trataba de Joseph Roth (48, M.G.), de una familia católica de Colonia con tres hermanos sacerdotes. Interrumpió su formación como maestro para ir voluntario a la Primera Guerra Mundial, en la que fue herido y condecorado. Desde 1929 era presidente del Zentrum en Bad Godesberg, y desde 1924 editaba el periódico del partido, *Godesberger Volkszeitung*, criticando en repetidas ocasiones a los nazis en artículos y discursos. Después de expulsarle de la escuela, el 3 de junio de 1933 también lo expulsaron del ayuntamiento y de la presidencia del Zentrum local. No hizo el juramento de fidelidad a Hitler de los maestros, ya que le habían despedido de su puesto y aún no estaba en el lugar donde le reubicaron, Friesdorf. En 1939 lo reclutó la Wehrmacht, pero en 1940 lo licenciaron por la necesidad de maestros. Entonces se reunió en secreto con su vecino Hans Karl Rosenberg, perseguido por ser judío (aunque católico).

Roth se empeñó una y otra vez en restaurar la cruz votiva que colocaba en su casa para la procesión del Corpus Christi. Tras el atentado contra Hitler del 20 de julio de 1944, lo detuvieron el 22 de agosto y lo mandaron con otros políticos (incluido Konrad Adenauer) al KZ Deutz (en el actual auditorio Tanzbrunnen de la Feria de Colonia), y de allí, el 16 de septiembre, al KZ Buchenwald (poco más de 6 km al noroeste de Weimar), donde le asignaron el n.º 81.555. El 28 de octubre de 1944 le soltaron, no sin que antes un médico del campo lo envenenara con una jeringa de fenol (llamada «jeringa de gasolina»). Regresó demacrado a su casa, pesando 48 kilos (antes pesaba 120). Supo que la Gestapo lo iba a deportar de nuevo a fin de año, por lo que se escondió, aunque, por pedirlo su mujer, la Gestapo permitió que regresara por Navidad. Murió el 22 de enero de 1945 de resultas del veneno.

En Buchenwald terminaría sus días Paul Schneider (41, M.E.), un pastor protestante que el 21 de marzo de 1933 se negó a que sonaran las campanas de su templo, según estaba ordenado, mientras el Reichstag se reunía para convertir a Hitler en dictador. Tras combatir como voluntario, ser herido y condecorado en la Gran Guerra, realizó estudios teológicos y sucedió a su padre como pastor de la Iglesia evangélica de la Antigua Unión Prusiana en Dornholzhausen, 65 km al sur de Fráncfort, y en Hochelheim (65 km más al noreste). El 21 de marzo de 1933, tras dar la autoridad civil la orden de tocar las campanas, se reunieron los cuatro pastores protestantes de la zona, y Schneider se opuso a la campanada, para mantenerse al margen de la política «y dejar claro que no somos una Iglesia de Estado». Pero los otros tres votaron por tocar, ya que uno alegó «la importancia nacional» del día. No obstante, acordaron que en adelante «rechazarían tales inmiscusiones en el derecho de la Iglesia».

Enseguida llegaron las nuevas inmiscusiones, como prohibir la participación en actos de culto a los «no arios». En protesta contra ello, surgió en septiembre una asamblea de emergencia de párrocos (protestantes) y un sínodo reunido del 29 al 31 de mayo de 1934 en Barmen (parte de Wuppertal, 25 km al este de Düsseldorf, situada a su vez a orillas del Rin, 35 km al norte de Colonia) se convirtió en la Iglesia confesante. Schneider se unió a ambas iniciativas y, por su discrepancia con los otros sobre la forma de celebrar la cena eucarística y la confesión, unida a sus críticas a artículos de Goebbels y Röhm, sus superiores le retiraron de Hochelheim y el 8 de mayo de 1934 se hizo cargo de dos parroquias en Dickenschied y Womrath, dos pueblos algo más de 90 km al suroeste de Fráncfort.

El 13 de junio de 1934, Schneider fue arrestado por primera vez por una semana, ya que el día anterior, al insistir el jefe local del partido en el entierro de un joven de la Hitlerjugend en que el difunto había entrado «en la legión de Horst Wessel (un nazi asesinado) en el cielo», el pastor protestó:

> *Este es un entierro cristiano, y como párroco evangélico, soy responsable de que la Palabra de Dios se proclame sin falsificaciones.*

El 5 de marzo de 1935, la Iglesia confesante acordó que el 17 de marzo se predicara sobre el «nuevo paganismo» que suponía la «visión del mundo popular-racista». La Gestapo exigió a los pastores que aclararan que no iban a hablar de eso, y al no contestar Schneider, lo encarcelaron del 16 al 19 de marzo. Desde 1933 los maestros de las escuelas evangélicas en ambos pueblos, enseñaban un «credo alemán». Además, dos padres quisieron sacar a sus hijos de la liturgia infantil para llevárselos a un pueblo donde había un pastor de los llamados «cristianos alemanes» (DC), fundados en 1931 como Iglesia del partido, y que desde 1933 se pusieron al frente de la Iglesia evangélica alemana (DEK). Además de expulsar a esos padres de la celebración de la cena, Schneider quiso declarar en entredicho a los dos maestros de escuela. Solo en uno de los pueblos aprobó el comité clerical que hiciera tres advertencias al maestro, pero solo hizo dos, ya que fue detenido en marzo de 1937. Aunque tuvieron que soltarlo porque sufrió un accidente de moto, lo volvieron a encerrar del 31 de mayo al 24 de julio de 1937.

Al soltarlo, le prohibieron residir en Renania, pero con el tiempo decidió volver a casa con su mujer y seis hijos, avisando al Gobierno. Al celebrar un servicio religioso el 3 de octubre de 1937 en Dickenschied, afirmaba la separación entre Iglesia y Estado. Pero esa misma tarde no pudo ir al pueblo vecino, pues se lo llevaron de nuevo a la prisión de Coblenza. El 27 de noviembre de 1937 lo deportaron al KZ Buchenwald, trabajando en la construcción de carreteras. El 20 de abril de 1938, cumpleaños de Hitler, se negó a hacer el saludo nazi al pasar lista y ni siquiera se quitó la gorra, argumentando que «yo no saludo a ese símbolo criminal». Además de apalearlo, lo encerraron en el búnker de castigo, pero siguió predicando el Evangelio y se ganó el apodo de «el predicador de Buchenwald». Un domingo, aprovechó que había miles de presos en la plaza donde se pasaba lista para gritarles desde su celda:

> *Camaradas, escuchadme. Os habla el párroco Paul Schneider. Aquí se tortura y se asesina. Y el Señor dice: ¡Yo soy la Resurrección y la Vida!*

No pudo seguir, porque lo molieron a palos y lo metieron durante un año en una celda de aislamiento. Se retiraron los cargos contra él para el juicio previsto para el 10 de junio de 1938 en Colonia, ya que la pena que le impondrían sería tan pequeña que tendría que salir del KZ. Si hubiera aceptado no volver a sus parroquias, le habrían soltado de inmediato, pero no quiso. El consistorio de su Iglesia en Renania acordó el 15 de junio de 1939 jubilarle por «conducta antiestatal» y «negatividad frente al Estado», lo que al menos habría supuesto para su mujer tener una pensión, pero no se hizo efectivo, ya que en el KZ, dado que ya era imposible disimular las torturas a que le sometían, el médico Erwin Ding-Schuler (1912-1945) lo mató con una sobredosis del esteroide estrofantina. Se permitió enterrarlo en Dickenschied, asistiendo más de mil personas al funeral, incluyendo 200 pastores. Eran tantos que la Gestapo no pudo ficharlos. Su mujer vivió hasta 2002 y, además de ser en 1952 una de las fundadoras del Partido Popular, se dedicó a fomentar la reconciliación en las que fueron parroquias de su marido.

El 27 de julio de 1939, en una carta al director del *Times* londinense, el obispo anglicano de Chichester, George K. Allen, llamó a Schneider «mártir alemán». El 7 de mayo de 2000, el papa Juan Pablo II lo elogió en el memorial de los mártires del siglo XX celebrado en el Coliseo de Roma, recordando las palabras que gritó desde su celda en Buchenwald.

El 28 de marzo de 1933 la Conferencia Episcopal (de Fulda, es decir, la de toda Alemania) había asumido lo que podía entenderse como su parte de sacrificio en el camino hacia el concordato, retirando —según interpretaron muchos— la advertencia formal de que el nazismo era incompatible con la fe católica. Quien habló en nombre de los obispos católicos fue el cardenal arzobispo de Breslavia, Adolf Bertram, dejando claro que no se retiraba en lo esencial lo que los obispos habían manifestado sobre el nazismo:

> *Una actitud negativa a través de prohibiciones y advertencias, que deben permanecer vigentes mientras y en la medida en que persistan estos motivos. (...) Sin levantar la condena de ciertos errores religiosos y morales contenidos en nuestras medidas anteriores, el episcopado cree que puede tener confianza en que las prohibiciones y advertencias generales antes mencionadas ya no necesitan ser consideradas necesarias.*
>
> *Los cristianos católicos, para quienes la voz de su Iglesia es sagrada, no requieren una advertencia especial, tampoco en este momento, para ser leales a las autoridades legales y cumplir a conciencia los deberes cívicos con un rechazo fundamental de todo comportamiento ilegal y subversivo.*
>
> *Sigue vigente la amonestación, que a menudo se hace en forma solemne a todos los católicos, de permanecer siempre vigilantes y dispuestos a sacrificarse por la paz y el bienestar social de la gente, por la protección de la religión y de las costumbres*

cristianas, por las escuelas confesionales y por las organizaciones juveniles católicas.

Además, siguen vigentes las advertencias hechas a las asociaciones y organizaciones políticas y afines para que eviten en los lugares de culto y en las funciones eclesiásticas, por reverencia a la santidad de los mismos, cuanto aparente ser una manifestación de partido, y que, por lo tanto, podría resultar ofensivo.

Por último, sigue siendo válida la tan frecuente y urgente petición de fomentar la extensión y eficacia de las asociaciones católicas, cuyo trabajo es fuente de tantas bendiciones para la Iglesia, el pueblo y la patria, para la cultura cristiana y la paz social, siempre con una prudencia clarividente y con unidad fiel y abnegada.

Sin negar valor a las promesas hitlerianas, los obispos insistían a los católicos en que es a las obras y no a las palabras a las que hay que prestar atención. Se debía obediencia a Hitler mientras respetara la ley y cada persona debía escuchar el juicio que su conciencia hiciera al preguntarse si debía obedecer a Hitler. Pero esto es el fondo del mensaje: la apariencia pudo ser la de que se levantaba una prohibición de colaborar con los nazis.

Durante el («segundo») Imperio Alemán (desde 1871), los gobiernos de Bismarck (hasta 1890), trataron de limitar los derechos de los católicos bajo la etiqueta de la «lucha cultural» (*Kulturkampf*). Con tres estados de la República de Weimar se firmaron concordatos antes de que Hitler prometiera respetar y fomentar tales acuerdos: Baviera (29 de marzo de 1924), Prusia (14 de junio de 1929) y Baden (12 de octubre de 1932). Entre los que percibieron desde un principio la maldad de la dictadura hitleriana puede incluirse al dominico Franziskus Maria Stratmann (1883-1970), capellán estudiantil en Berlín de 1914 a 1923, que el 10 de abril de 1933 escribía al arzobispo de Múnich:

Nadie protesta eficazmente contra esta indescriptible desgracia para Alemania y los cristianos. Incluso los sacerdotes sienten satisfechos sus instintos antisemitas con esta actividad pecaminosa.

También un sencillo propietario de una tienda de comestibles en una pequeña ciudad de provincias como Butzbach en Hesse (35 km al norte de Fráncfort) podía pagar las consecuencias de contradecir la propaganda nazi. Es lo que le pasó a Hubert Timmer (54, M.G.), sindicalista cristiano y miembro del Zentrum, condenado en mayo de 1933 a tres meses de cárcel por afirmar que la declaración gubernamental de Hitler del 23 de marzo contenía mentiras y que era falsa la afirmación de que no se había tocado ni un pelo a ningún judío. En diciembre, lo volvieron a condenar, esta vez a un año de prisión, y dijo que para él esa condena era un honor. El 10 de noviembre de 1936 fue de nuevo condenado a prisión, que debía cumplir en el KZ Dachau, de donde fue liberado el 4 de junio de 1939, pero solo en teoría, ya que lo mandaron a la prisión de Fráncfort-Preunsgesheim, donde lo hicieron trabajador forzoso de la empresa automovilística Alfred Teves. Allí murió agotado el 22 de abril de 1944.

Entre los perseguidos, al poco de la toma del poder por los nazis se cuenta el diputado del Zentrum Eugen Bolz (63, M.G.), que había estudiado Derecho en Tubinga, Bonn y Berlín, fue diputado del Zentrum por Wurtemberg en el Reichstag de 1912 a 1918, y del Parlamento regional entre 1919 y 1933. Ministro de Justicia de Wurtemberg en 1919 y del Interior desde 1923, reaccionó al golpe de Hitler ese año arrestando a los miembros del NSDAP. A ese cargo añadió desde 1928 el de presidente regional (el primer católico que lo fue), gobernando en coalición con el Partido Popular Nacional (DNVP) y excluyendo al SPD a pesar de que este había ganado las elecciones.

Al conocer a Hitler en 1932 dijo que «sus opiniones en general coinciden en gran medida con las nuestras», y cuando el líder nazi fue nombrado canciller consideró que la «necesidad política» obligaba a un acuerdo entre los partidos para elegir un «dictador temporal» que fuera cristiano. Votó sí a la Ley Habilitante (ya el 15 de marzo había votado como presidente de Wurtemberg al nazi Wilhelm Murr, *derrocándose* a sí mismo), ya que, según su biógrafo Frank Raberg, consideraba «que el principal enemigo de la República estaba a la izquierda; del ojo derecho no estaba ciego, pero con él veía considerablemente menos». Comenzaría a ver mejor después de que, el 19 de junio de 1933, los nazis organizaran un tumulto «popular» como excusa para internarlo durante varias semanas en la prisión-fortaleza de Hohenasperg, 15 km al norte de Stuttgart.

Al salir de prisión, fue asesor legal de Cáritas y del monasterio de Beuron. Aprovechando viajes de negocios, hizo contactos con opositores y ya en 1934 asumió la idea de resistencia con un escrito titulado «Acción Católica y política»:

En el caso de abuso obvio y permanente por parte del poder del Estado, el pueblo tiene el derecho a la autodefensa.

Sin embargo, Bolz siempre se opuso al tiranicidio (matar a Hitler) propuesto por Carl Schenk von Stauffenberg dentro del grupo de oposición en torno a Carl Goerdeler, en el que Bolz entró contactando mediante sindicalistas cristianos y empleados de la empresa Bosch. Aunque defendía que bastaba con arrestar a Hitler, aceptó que Goerdeler proyectara nombrarle ministro (primero de Interior y luego de Educación). Tras fracasar el atentado contra Hitler del 20 de julio de 1944, Bolz fue detenido el 12 de agosto, condenado a muerte el 21 de diciembre y decapitado el 23 de enero de 1945 en Berlín-Plötzensee.

Todavía en 1933, el caso de Fritz Gerlich tuvo eco en la vecina Suiza. El 21 de diciembre, tres obispos de ese país, Laurenz Matthias Vincenz (de Chur), Joseph Ambühl (de Basilea-Lugano) y Alois Scheiwiler (de St. Gallen), escribieron al nuncio en Berlín, Cesare Orsenigo, manifestando su deseo de que Gerlich fuera liberado por Navidad, o que, «si eso pareciera imposible por razones de seguridad personal del señor Gerlich, podrían evitarse fácilmente esos inconvenientes si se le permitiera marchar a Suiza para descansar». A principios de 1934, nadie le había aún acusado de traición ante el tribunal de Leipzig, pero se alegaba que debía seguir en prisión porque «de otro modo no podían garantizar su vida».

Antes de la Ley Habilitante habían surgido fuera de Alemania voces que pedían un boicot que no iba a esperar a que Hitler se convirtiera en dictador. La primera noticia publicada en el *New York*

Times bajo el título «Exigen el boicot comercial de Alemania» procedía de un despacho de AP del 14 de marzo desde Polonia, según el cual «el periódico judío *Nasz Przegląd* dice hoy que comerciantes judíos han apelado al público judío para que no compre productos alemanes. Desde que expiró el tratado comercial en 1925, solo un volumen limitado de productos alemanes entra en Polonia, y aquí se cree que un boicot prácticamente no tendría ningún efecto».

Más peso tuvo la reunión de 1500 judíos en el Hotel Astor de Nueva York el 19 de marzo, ante los cuales el rabino Stephen Samuel Wise (1874-1949) aseguró que «el tiempo de la prudencia y la precaución ha pasado: cómo podemos pedir a nuestros amigos cristianos que protesten si nosotros, los judíos, nos quedamos callados». Allí se convocó a una manifestación de protesta que tendría lugar el día 27.

Como si se sintiera obligado a encontrar una fuerza mayor que venciera la amenaza, el anónimo autor del artículo con que el 20 de marzo el *New York Times* reportaba que «fugitivos alemanes cuentan atrocidades a manos de los nazis», invocaba lo que decía ser un «refrán anglosajón: la sangre de los mártires es la semilla de la Iglesia». En realidad, la frase *sanguis martyrum, semen christianorum*, «la sangre de los mártires es semilla de cristianos», es una mala traducción del último párrafo del *Apologeticum* escrito por Tertuliano en el año 197, donde decía al emperador romano que si quería podía seguir matando cristianos:

> *Plures efficimur, quotiens metimur a vobis: semen est sanguis Christianorum.*
> *Nos volvemos más numerosos cada vez que somos cosechados por vosotros: la sangre de los cristianos es semilla.*

El comentarista anónimo lo interpretaba así:

> *Aparentemente, ahora se está segando en Alemania y la cosecha puede que algún día sea terrible para los propios alemanes. Porque, lo mismo que el péndulo después de alejarse en una dirección, regresa inevitablemente otro tanto hacia el lado contrario, así pasará con los 17 millones de personas de diferentes*

intereses y exigencias que ahora sostienen un movimiento que promete todo a todos. Cuando el movimiento nazi fracase en el cumplimiento de los extravagantes encargos que le han hecho y se desintegre, algo que será su enemigo total tomará el poder en Alemania. Y las lecciones de crueldad y terrorismo ahora tan severamente recibidas, probablemente se aprendan con una venganza.

El augurio concluía que lo más triste era que, «en esta guerra de clases, serán los moderados decentes de Alemania quienes sufrirán más y por más tiempo». Como si diera la razón a este articulista (o quizá porque su autor fuera el mismo), un artículo que en la misma página comentaba los preparativos para la inauguración del Parlamento en Potsdam dedicaba un párrafo al «maltrato de los líderes centristas»:

Continúan los ultrajes contra miembros del partido Católico Centrista. En Landau, Palatinado, el líder local del partido centrista fue sacado de su casa y atacado por cinco o seis nazis, que le golpearon en la cabeza, brazos y espalda con porras de goma. Al editor del periódico centrista local le trataron de forma similar.

El éxito del boicot alcanzó un nivel notable en 1937, cuando las exportaciones a Estados Unidos desde Alemania se redujeron un 25 %. Goebbels desde un principio no se quedó inactivo, pero actuó solo contra quien estaba a su alcance: anunció para el 1 de abril de 1933 un día de boicot contra los judíos alemanes, amenazando con que si el boicot en Estados Unidos no terminaba, el suyo continuaría «hasta que la judería alemana fuera aniquilada».

El boicot tendría un efecto favorable para la creación del Estado de Israel, por el acuerdo llamado Haavara, que por extraño que parezca firmó la burocracia hitleriana con los sionistas el 25 de agosto de 1933, no por el deseo de los nazis de hacer daño a los judíos, sino por el de evitar ese mal, presente en alemanes de ideología contraria al nazismo pero que actuaban en su burocracia, lo que permitió que, amparados por dicho acuerdo, emigraran a Palestina 60.000 judíos alemanes, aportando una contribución humana y económica muy relevante para construir el Estado de Israel: de 1931 a 1936 la población judía del Protectorado Británico de Palestina pasó de 174.610 a 384.078: los alemanes llegados con el acuerdo Haavara supusieron el 28,6 % de ese aumento de población.

El acuerdo Haavara implicó además, entre noviembre de 1933 y el 31 de diciembre de 1937, ingresos a las empresas judías de Palestina de 77,8 millones de marcos alemanes, equivalentes a 22,5 millones de dólares en valor de 1938, llegando hasta el estallido de la guerra a 105 millones (35 millones de dólares en valor de 1939).

Esta política la organizó Werner Otto von Hentig (1886-1984), jefe de Oriente Medio en el Ministerio de Exteriores alemán. Inicialmente indiferente, Hitler apoyó este acuerdo desde septiembre de 1937 hasta 1939. Se oponían al acuerdo el Congreso Mundial Sionista y el rabino Wise, que casi consiguió que votara contra la Haavara en agosto de 1935 el noveno Congreso Sionista. Uno de los negociadores, Haim Arlosoroff, fue asesinado el 16 de junio de 1933.

Wolfgang Benz explica así la escasez de resistencia interior al nazismo (p. 7):

> *El sistema del terror, que con la Gestapo, los campos de concentración y la «voluntad del Führer» prohibió la crítica y persiguió a los críticos, no existió desde un principio. Solo la aceptación por la mayoría y el silencio de la minoría hizo posible que funcionara el aparato represivo.*

Entre los católicos que desde primera hora se enfrentaron al nazismo destaca Edith Stein, que el 12 de abril de 1933, es decir, cuando la dictadura no había cumplido 20 días, expuso en carta al papa Pío XI, como vimos, el ruego de que: *«la Iglesia de Cristo levante la voz para poner término a este abuso en nombre de Cristo».*

La carta iba presentada por otra del padre Raphael Walzer, abad del monasterio de Beuron, quien escribía a Pacelli:

Al igual que toda la Alemania católica, conozco a quien lo pide como una mujer de fe, de santidad, de vida moral y de clarísima ciencia católica (con muchas publicaciones científicas). (...) El peligro que se cierne me parece muy terrible, pues veo a numerosas personas engañadas con hechos y con palabras mentirosas.

Eugenio Pacelli había sido desde 1917 nuncio (enviado y representante) del papa Pío XI en Baviera. Al no haber nuncio en Prusia, Pacelli fue representante del Papa para toda Alemania. Desde 1930, era cardenal secretario de Estado (con un papel comparable al de un ministro de Exteriores) y a la muerte de Pío XI en 1938 lo sucedería como papa Pío XII.

Salvarani (pp. 236-240) ha publicado tanto las cartas de Stein y de Walzer como la respuesta de Pacelli, firmada el 20 de abril (44.º cumpleaños de Hitler):

Le pido que haga presente a la remitente, de la forma oportuna, que su escrito fue debidamente presentado a Su Santidad.

Ruego a Dios con usted que ponga a su Santa Iglesia bajo su especial protección en este período difícil y dé a todos los hijos de la Iglesia la gracia de un ánimo fuerte y de sentimientos generosos, que son la promesa de la victoria final.

Ese mismo 20 de abril, al regresar a su instituto en Münster, se enteró Edith Stein de que los nazis no permitirían que siguiera dando clase una judía. La presidenta de la asociación católica propietaria del centro le aseguró que seguirían pagándole y que le encontrarían trabajo en el extranjero. Llegó una oferta de Suramérica, pero Stein para entonces ya había dado los pasos para ingresar en el Carmelo de Colonia.

La relación entre Le Fort y Stein continuó, y así la segunda, en carta del 9 de octubre de 1933, compara a su madre judía con la abuela de Verónica (protagonista de la novela de Le Fort *El velo de Verónica*). Cuando se entrevistan el 1 de noviembre de 1934, Stein le habla con confianza y le dice que Dios la trata como a una niña.

Le Fort explicará que su libro *La mujer eterna* se inspira en la imagen de Stein, en quien vio «una mujer verdaderamente cristiana» (según escribía el 12 de noviembre de 1962), un «rostro de indescriptible alegría transfigurada que para mí será siempre inolvidable». Le Fort concluirá que «solo dos veces en mi vida he visto a una persona como santa»: primero fue Pío X, lo que le decidió a convertirse, y después fue Teresa Benedicta de la Cruz.

Otro de los católicos que sufrió inmediatamente las leyes antijudías fue Hans Karl Rosenberg (50, M.G.), hijo de un profesor judío converso. Profesor de secundaria y doctor en Filosofía, habló contra el nazismo en las jornadas católicas de Eupen (1927), Milán (1931) y Essen (1932). Su último trabajo desde 1930 fue en la Academia Pedagógica de Bonn, de donde los nazis lo expulsaron por ser medio judío el 5 de mayo de 1933, jubilándole al año siguiente y desde marzo de 1935 prohibiéndole escribir, como al resto de judíos, aunque siguió haciéndolo, incluso en revistas científicas, bajo seudónimo. No pudo llevarse a su familia a Estados Unidos por falta de recursos, y cada vez menos amigos se atrevían a pasar por su casa, lo que le llevó a emigrar de Friesdorf (unos 5 km al sur de Bonn) a Bad Godesberg (otros 3 km al sureste), donde cesó el acoso y lo visitó en una ocasión Joseph Roth, maestro que había sido jefe del Zentrum en esa localidad. Enfermó de angina de pecho, pero todos los médicos a los que llamó su esposa se negaron a asistirle y murió el 17 de abril de 1942.

EL CONCORDATO,
NEGOCIACIÓN PODRIDA

Claudia Prinz, en el texto que sobre el concordato firma en la web del Museo Alemán de Historia, recuerda que las conversaciones sobre el concordato, «largas pero infructuosas» durante la República de Weimar, «se reanudaron a principios de abril de 1933 por iniciativa de Adolf Hitler», interviniendo en ellas Pacelli y Kaas por parte vaticana y por parte alemana el vicecanciller Franz von Papen y otras personas, como Eugene Klee, consejero de la embajada alemana en el Vaticano.

Para Hitler, según Prinz, el concordato —firmado el 20 de julio, entró en vigor el 10 de septiembre de 1933, tras ser ratificado— debía servir al «objetivo propagandístico de apaciguar a la población católica, que tenía una actitud mayoritariamente negativa, más que para lograr un equilibrio político real entre el nacionalsocialismo y el catolicismo». El resultado le habría sido favorable:

La posición influyente de la Iglesia católica, que a menudo había aparecido como crítica del nacionalsocialismo en los últimos años de la República de Weimar, se debilitaría de esta manera. Otro motivo determinante fue romper el aislamiento internacional de Alemania después de su llegada al poder. Como acuerdo internacional, el concordato contribuyó a mejorar la reputación

del régimen nazi en el extranjero y, por tanto, fue un impor-
tante primer éxito de la política exterior nacionalsocialista. El
Vaticano esperaba que el concordato proporcionara a la Iglesia
católica cierta protección contra la uniformización y también
justificó haber dado ese paso por el inequívoco antibolchevismo
del régimen nazi.

A cambio de garantizar la libertad religiosa y de culto, más la propiedad de las iglesias y escuelas, el concordato prohibía a los clérigos
y religiosos católicos pertenecer a partidos políticos, y a las organizaciones eclesiales ejercer cualquier acción que no fuera religiosa, cultural o caritativa. Para entonces ya se habían disuelto, sin esperar a
su prohibición y la del resto de partidos, el Zentrum (5 de julio) y el
Partido Popular Bávaro (BVP). Prinz concluye que el concordato no
benefició a la Iglesia:

> *Ya en otoño de 1933 quedó claro que el Reich alemán no cum-*
> *pliría con el acuerdo. En los años siguientes, las asociaciones*
> *católicas y la prensa se vieron expuestas a un gran número de*
> *medidas restrictivas por parte del Estado. De 1935 a 1937, estas*
> *medidas escalaron, convirtiéndose en una persecución del clero*
> *católico en juicios sobre asuntos de dinero y moral.*

También el historiador Philipp Blom (*Cicero*, 20 de agosto de 2013)
concluye que Hitler pretendía con el concordato sobre todo anular al
Zentrum, y que lo consiguió:

> *Si, a cambio de su neutralidad en los asuntos de la Iglesia, el*
> *gobierno recibiera una garantía de que los funcionarios de la*
> *Iglesia ya no estarían políticamente activos, el centro quedaría*
> *prácticamente anulado.*

Blom piensa que el error, que algunos califican como traición, y
que habría «irritado» a Pacelli, estaba en «la postura nacional de la
mayoría de los obispos alemanes», con excepciones:

El «despertar nacional» de Alemania fue bienvenido por los obis-
pos, que declararon: «Quedarse al margen observando, o incluso
la hostilidad por parte de la Iglesia hacia el Estado, tendría un
efecto desastroso tanto para la Iglesia como para el Estado». Pero
no todos los príncipes de la Iglesia estaban contentos con este
nuevo curso de una Iglesia que se amoldaba. El cardenal Joseph
Schulte de Colonia dijo que «no se puede concluir un concor-
dato con una dictadura», y también el cardenal (era solamente
obispo) *Von Galen en Münster fue crítico, pero sus voces fue-*
ron ahogadas por el coro de sus colegas de orientación nacional.

El deseo de no ser espectadores ni parecer hostiles se expresó en
la Carta Pastoral de la Conferencia Episcopal de Fulda fechada el 8
de junio de 1933, tras la plenaria del 30 de mayo al 1 de junio. La
afirmación de Schulte se hizo durante esas deliberaciones, criticando
las negociaciones con lo que llamaba «un gobierno revolucionario»
para el que «de momento no existen el derecho ni la ley» (Stasiewski,
volumen I, página 232). Poco antes, el 26 de mayo, el boletín diocesano de Colonia (*Kirchlichen Anzeiger*), advertía frente a las «inter-
venciones del Gobierno destinadas a amenazar la independencia o
a unificar las asociaciones, clubes o instituciones católicas con los
órganos del NSDAP».

Entre los políticos católicos que manifestaron su disconfor-
midad se cuenta Bernhard Letterhaus (50, M.G.), trabajador textil que desde 1927 fue secretario del Movimiento Obrero Católico
(Katholische Arbeitervereine, KAB) y desde 1928 diputado del
Zentrum en el Parlamento prusiano. Desde 1933, trabajó en la oposición en secreto, y para empezar se abstuvo de asistir a la votación
de la Ley Habilitante en el Parlamento regional, además de criticar
el concordato, afirmando que no protegería a las instituciones del
«catolicismo político».

Movilizado en 1939, Letterhaus fue capitán en el departamento
de prensa del Alto Mando de la Wehrmacht (OKW), donde contactó con Beck y Goerdeler, en cuyos planes figuraba como futuro
ministro de Construcción y comisario político del distrito militar

VI (Münster). Desde 1942, facilitó que en la sede del KAB se reuniera el grupo opositor llamado Círculo de Colonia. Tras fracasar el atentado del 20 de julio de 1944, fue detenido el 25 de julio, condenado a muerte el 13 de noviembre de 1944 y ejecutado al día siguiente.

Un desenlace parecido tuvo Otto Gerig (59, M.G.), miembro desde 1907 del sindicato nacionalista de comerciantes DHV), de su «dirección cristiana» y a través de ella de la junta directiva de la Confederación Alemana de Sindicatos (DG). Fue diputado del Zentrum en el Parlamento prusiano (1921-1924) y en el Reichstag (1923-1933). La toma del poder por los nazis supuso para Gerig su despido de la DG sin derecho a pensión y con prohibición —por no ser «políticamente fiable»— de trabajar en otras asociaciones. El Banco de Alemania lo investigó por supuesta fuga de capitales y permaneció bajo sospecha por negarse a declarar un cambio en su actitud política. Durante la Acción *Gitter* (Reja) que siguió al atentado del 20 de julio de 1944, fue arrestado el 23 de agosto, enviado al día siguiente a la prisión en la central de la Gestapo de Colonia (Casa EL-DE) y de allí al KZ Deutz. El 16 de septiembre de 1944 lo deportaron al KZ Buchenwald (n.º 81.614), donde murió el 3 de octubre.

El hecho de que la Italia fascista de Mussolini hubiera firmado su concordato con la Santa Sede (11 de febrero de 1929) y la Austria del corporativista católico autoritario Dollfuß estuviera a punto de hacerlo (5 de junio de 1933) debió ser para muchos motivo de dar por supuesto que, cuanto antes se alcanzara ese grado de normalidad con el régimen nazi, mejor.

Entretanto, además de los judíos, los discapacitados entraban de lleno en el punto de mira del nazismo con la llamada ley de esterilización del 14 de julio de 1933 (publicada el día 26 como Ley para la Prevención de la Descendencia con Enfermedades Hereditarias). Para 1939, se había esterilizado a entre 300.000 y 400.000 personas, la inmensa mayoría contra su voluntad. Algunos que para evitarla aceptaron ser internados en determinadas instituciones serían después víctimas del programa de eutanasia (T4).

La necesidad de proteger frente a las leyes discriminatorias al menos a los judíos que se habían hecho cristianos apareció según

Griech-Polelle (p. 52) en la conferencia de obispos de Fulda de agosto de 1933, donde algunos clérigos pidieron que se añadiera al concordato aún no ratificado. Eugene Klee, consejero de la Embajada alemana en el Vaticano, rechazó la pretensión, pero el cardenal Pacelli escribió un memorándum que la incluía. Klee argumentó que el Papa no debía interferir en asuntos internos de Alemania. Pacelli publicó entonces la siguiente nota:

> *La Santa Sede aprovecha esta ocasión para añadir una palabra en nombre de los que han pasado del judaísmo a la religión cristiana y que por razones que el gobierno del Reich conoce, están sufriendo igualmente dificultades sociales y económicas.*

La función profética frente al nazismo quedó en manos de unos cuantos testigos. Aunque no todos los que dieran este testimonio terminaran, por decirlo así técnicamente, siendo mártires. La diócesis católica de Berlín contará entre ellos al abogado Erich Klausener, nacido el 25 de enero de 1885 en Düsseldorf y que tras ser jefe de distrito en Adenau (Renania-Palatinado), se trasladó en 1919 a Recklinghausen, en el Ruhr, donde destacó por su actividad para la promoción social de los jóvenes, parados y necesitados.

Georg Möllers considera a Klausener «representante convencido de la joven democracia». La primera prueba de ello habría sido la defensa frente al golpe de Kapp (extrema derecha) y los posteriores golpes desde la izquierda. En el consejo de distrito, caracterizado por la multiplicidad de partidos, «destacó por su voluntad de dialogar con todos los colectivos». Ekkehard Klausa (*Die Zeit*, 18 de junio de 2014) evoca el apelativo «jefe de distrito rojo» empleado para Klausener por su implicación social, confirmando que aprobó tanto la intervención del ejército en primavera de 1920 contra el «ejército rojo del Ruhr» como la huelga general contra el golpe de Kapp.

Para combatir la tuberculosis, principalmente infantil, Klausener fundó tres sanatorios y compró casas de reposo para niños en Norderney, además de abrir oficinas de salud materna, tuberculosis y bienestar infantil por todo el distrito. En 1923, 23.000 niños en situación sanitaria de riesgo pudieron asistir a los campamentos de verano organizados por Klausener, en un momento en que el Ruhr estaba ocupado (en su zona por tropas belgas) y la economía hundida por completo a causa de la «resistencia pasiva» de la población, colapso que la inflación se encargó de rematar. Por sus escritos de protesta, los ocupantes belgas arrestaron a Klausener durante dos meses en 1923.

En 1924 Klausener fue fichado como director de la sección ministerial de Juventud y Atención a los Parados (en el Ministerio de Bienestar). A propuesta del Zentrum, desde 1926 fue jefe de la Policía del Estado de Prusia, con 90.000 agentes bajo su mando, dando pruebas de resistencia frente a los que desde ambos extremos del espectro político amenazaban la paz de la República. Klausa da por cierta su intervención en la ley de administración policial:

> *Klausener dio forma de manera significativa a la ley de administración de la policía prusiana, que sigue siendo ejemplar en la actualidad, y desplegó a sus oficiales de manera decisiva contra los agitadores de la guerra civil tanto marrones (nazis) como rojos.*

En los Juicios de Núremberg, uno de sus colaboradores, Robert M.W. Kempner, declaró que Klausener había tratado de conseguir que los jueces expulsaran a Hitler a Austria —por el golpe de 1923 fue solo condenado a cuatro años de prisión y cumplió apenas nueve meses— a causa de los crímenes cometidos por el NSDAP. En el mismo juicio, Hermann Göring no se recató y calificó a Klausener como «un peligroso jefe católico».

En 1928 la Iglesia católica, dos años antes de fundar la diócesis de Berlín (Brandeburgo y Pomerania dependían entonces de Breslavia), nombró a Klausener director de la Acción Católica berlinesa. La Acción Católica era la forma corporativa y dirigida desde la jerarquía con que el papa Pío XI propuso desde 1922 que los laicos tomaran parte activa en el apostolado de la Iglesia. En Berlín, los católicos eran el 33 % y contaban con la animadversión activa tanto de los monárquicos como de los marxistas. Lejos de apocarse, en ese mismo año 1928 reunió Klausener a 5.000 católicos en el Palacio de los Deportes, bajo el lema: «Frente a la fe del nacionalismo y del comunismo, hacemos acto de fe en la Acción Católica»:

La Acción Católica es una orden para cada católico individual. Vamos a trabajar con ardiente amor por nuestra madre, la Iglesia, con profunda fe en la victoria de la idea católica.

En octubre de 1929, como jefe de la Policía, Klausener inauguró las nuevas dependencias de la policía en Recklinghausen. El diario local (*Recklinghäuser Volks-Zeitung*) daba el día 22 cuenta de los argumentos de Klausener frente a los extremistas, al asegurar que la policía republicana estaba comprometida con la libertad y la justicia, y que era «lo suficientemente fuerte para luchar contra cualquier intento de revolución». Más allá de una demostración de fuerza, su discurso contiene una profunda doctrina sobre el servicio desde el poder político al pueblo:

La policía es lo suficientemente fuerte como para luchar contra cualquier intento de revolución; nadie debería tratar de poner a prueba el poder y la capacidad de intervenir de nuestra fuerza policial. La policía está armada y preparada para cualquier eventualidad.
La sabiduría y la moderación deben acompañar a este sentimiento de poder.
La policía también debe mostrar moderación hacia la administración local, ya que la libertad del pueblo se manifiesta en la libertad de autogestión. Las disposiciones pertinentes se expresan de forma clara e inequívoca en el proyecto de nueva ley de administración policial.

Tras la toma del poder por los nazis en 1933, Klausener fue alejado de la policía, trasladándolo al Ministerio de Transportes, sección de Navegación Marítima. Göring se hizo cargo de la Policía prusiana y la convirtió en una Policía secreta al servicio del Gobierno nazi (Gestapo).

Al convocar al 31er día de la Acción Católica en Brandeburgo (*Märkischer Katholikentag*) que se celebraría el 25 de junio de 1933 en el estadio de Berlín Grunewald, Klausener adoptaba una actitud nada defensiva ni pesimista:

> *¡Ser católico significa estar activo! ¡Ser católico significa ser optimista! Si cada uno de nosotros conoce su fe, vive de acuerdo con ella y la confiesa ante el mundo, mediante nuestro ejemplo recuperaremos a los impíos para Dios.*

Y ya durante el evento, ante 50.000 personas, defendió la aportación genuina e insustituible de los cristianos a la vida social:

> *Todos debemos darnos cuenta y tener claro que el renacimiento moral de nuestro pueblo no puede lograrse únicamente por medios externos; si la revolución del levantamiento nacional no va acompañada de una revolución de renovación espiritual interior, entonces toda la fuerza y todo el trabajo y el esfuerzo serán en vano. ¡Y en esto estamos apenas empezando!*

El periódico nazi *Völkischer Beobachter*, tras calificar a Klausener como «consejero ministerial que pronto será olvidado», le amenazó con que su «insoportable forma de hablar» tendría «consecuencias». Sin embargo, según Klausa, el discurso Klausener, a ejemplo de los obispos mientras se tramitaba el concordato, evitó temas conflictivos e «intentó cerrar filas con los nazis, pero ellos vieron en él a un hombre de la resistencia».

Klausa cita dos momentos en que Klausener manifestó adhesión a Hitler: tras las elecciones de marzo de 1933 y a fines de año, cuando Alemania abandonó la Sociedad de Naciones. En el primer caso habría dicho a unos escolares:

> *Como ciudadanos de nuestra patria, sentimos la corriente caliente de entusiasmo nacional fluyendo a través de nuestro pueblo. Porque nos sentimos conectados con este pueblo. Su sangre*

es nuestra sangre, su honor es nuestro honor. La persona católica
es también en su totalidad una persona alemana.

Al salir de la Sociedad de Naciones, Klausener envió un telegrama de felicitación a Hitler:

> *En las horas decisivas de la nación, los católicos de la diócesis de*
> *Berlín, con amor inquebrantable por el pueblo y la patria, están*
> *unidos detrás del Führer y Canciller en su lucha por la igualdad*
> *y el honor de la nación.*

El vicario general de Berlín, Paul Steinmann, llegaría a dudar de que Klausener pudiera seguir al frente de la Acción Católica, por los elogios que dedicó al régimen en mayo de 1934 hablando con el obispo Nikolaus Bares y el vicario de la catedral, Walter Adolph, de quien toma Klausa el relato:

> *Klausener rompió una lanza tras otra por el Tercer Reich. El celo*
> *y devoción con que defendió la causa del régimen nacionalsocia-*
> *lista, le impidió por completo ver como el obispo se volvía cada*
> *vez más silencioso y tragaba esos himnos de alabanza como píl-*
> *doras amargas. Si Klausener continúa así, su puesto como presi-*
> *dente de la Acción Católica probablemente no será sostenible por*
> *mucho más tiempo.*

Klausener dio su último discurso el 24 de junio de 1934, en el 32.º día de la Acción Católica en Brandeburgo ante 60.000 personas en el hipódromo de Hoppegarten. No se conservan sus palabras, pero se dice que criticó la política racista. Cuando, en la llamada Noche de los Cuchillos Largos, Hitler decidió eliminar a quienes creía que conspiraban contra él dentro del NSDAP, llegó también el momento de matar a unos cuantos opositores, Klausener entre ellos.

Aunque Hermann Göring redactó con Hitler las listas de personas a detener y ejecutar, la Noche de los Cuchillos Largos (30 de junio-1 de julio de 1934) en cuanto engaño a Hitler para hacerle creer en una conspiración dirigida por Röhm, fue inventada por Heinrich Himmler y sus ayudantes de la SS, particularmente Reinhard Heydrich, jefe del Servicio de Seguridad de las SS (Sicherheitsdienst, SD) desde 1931. Desde el 20 de abril de 1934, Himmler era también jefe de la Gestapo en Prusia (desde las elecciones de marzo de 1933 lo había sido de la Policía Política Bávara, BPP), y por tanto Heydrich solo era jefe *en funciones* de la Gestapo.

Klausa dice que quien mató a Klausener fue un miembro de la SS llamado Kurt Gildisch, que a mediodía del 30 de junio de 1934 lo arrestó en su oficina del Ministerio en el número 80 de la Wilhelmstraße. En cuanto Klausener se levantó, le disparó en la parte derecha de la sien. El cuerpo fue colocado como si se hubiera suicidado y desde el teléfono de Klausener llamó Gildisch a Reinhard Heydrich para dar cuenta de que había cumplido su misión, mientras otro SS impedía el acceso a cualquier funcionario, incluido el ministro Paul von Eltz-Rübenach, quien creyó y transmitió a su empleados la versión de que Klausener se había suicidado. La rápida incineración del cuerpo, contra la voluntad de su familia, debía impedir mayores investigaciones.

El que Erich Klausener fuera asesinado por los nazis no lo convierte, para algunos, en «resistente» al régimen nazi. Así, Ekkehard Klausa, empleado desde 2003 en el centro de investigación sobre la resistencia al nazismo en la Universidad Libre de Berlín, afirma de Klausener que «alabó a sus asesinos». No obstante, para los nazis era peligroso, lo que vendría probado, según Klausa, por informes del SD que consideraban parte de la Acción Católica a 112 organizaciones y 150 periódicos, «quedando toda la labor de formación del NSDAP enfrentada a esta de carácter católico». La Acción Católica, para el SD, no era «una organización puramente religiosa», sino una «instancia de apoyo a las fuerzas de los extintos partidos políticos católicos». Como si hubiera sido constituida después de su extinción, con ella el clero «había creado un instrumento que no solo sustituye a los antiguos partidos, sino que los supera ampliamente desde el punto de vista de su organización».

El párroco de San Matías, Albert Coppenrath (1883-1960), recuerda cómo, minutos antes de ser asesinado, Klausener le comunicó la cesión de un vagón de tren para su uso durante un campamento juvenil de la parroquia. Acompañando a la esposa de Klausener, Coppenrath acudió al lugar del crimen, donde los miembros de la SS les impidieron ver el cadáver. En las seis misas del domingo 8 de julio, el párroco hizo leer un comunicado que negaba las culpas que se achacaban a Klausener:

> *El rumor que ha surgido acerca de que el fallecido estuviera involucrado en actividades subversivas y que se hubiera herido a sí mismo al ser arrestado no puede ser creído por nadie que conociera a este hombre profundamente religioso. L'Osservatore Romano, órgano del Vaticano, dice que este rumor es demasiado absurdo como para exigir una refutación, y agrega: «las palabras que pronunció el difunto el 24 de junio en la Jornada Católica en Hoppegarten permanecerán en el corazón de la juventud alemana como prueba de una religiosidad extraordinaria, un celo ardiente y un amor ejemplar por la Iglesia y la patria».*

Albert Coppenrath asegura que desde ese momento la tumba de Klausener «fue objeto de innumerables visitas, llegadas de cerca y de lejos». El 21 de julio, la mujer de Klausener escribió a Hitler una respetuosa carta, negando la acusación de suicidio o de resistencia al arresto:

> *El difunto y amado hombre calla y ya no puede defenderse, pero su mujer, que le ha sobrevivido, se levanta en su defensa, por su nombre, por su honor.*

Desde diciembre, el obispo encargó a Coppenrath erigir un monumento funerario a Klausener, motivo por el cual se colocó en todas las iglesias el 10 de febrero de 1935 una petición que consiguió recaudar 4.836 marcos (622 de ellos en San Matías). El 16 de febrero, el jefe de la Cancillería del Reich, Heinrich Lammers, «de parte del Führer» escribía al obispo aconsejándole, a la vista de las «emociones» que en el público podría suscitar tal monumento, «que no lo realizara». El 23 de febrero, el obispo pedía a Coppenrath que para evitar «mayores complicaciones» suspendiera el proyecto mientras no se aclarara la situación. Para aclararla, el obispo quería hablar con Hitler, pero no pudo hacerlo, ya que murió el 1 de marzo de 1935.

Con fecha 27 de febrero de 1935, la Gestapo confiscó 10.000 marcos de la cuenta del obispado por sospechar «que esa cantidad pudiera proceder de una recaudación legalmente inadmisible». El 4 de julio de 1938, el tribunal de distrito suspendía el proceso, cargando las costas al Estado, pero el fiscal general no soltó la presa y el 14 de agosto de 1938 consiguió que un tribunal confirmara la incautación (preventiva) de la colecta, lo que, a pesar del recurso interpuesto por el obispado, se confirmó el 6 de febrero de 1940 en Berlín.

Alcanzara o no Klausener el ideal de resistencia al nazismo, los nazis lo mataron por ser católico. Por eso, sus cenizas reposan en la iglesia que en 1963 se dedicó en Berlín a María, Reina de los Mártires. El 29 de junio de 2014 se le erigió en la parroquia de San Matías una placa que afirma que «él fue el primer mártir de la por entonces recién erigida diócesis de Berlín».

Mientras en el resto de Alemania los nazis iban aumentando la presión violenta sobre sus opositores, en abril de 1934 se fundaba en la región del Sarre, gobernada por la Sociedad de Naciones durante 15 años a partir del Tratado de Versalles, un grupo católico llamado Orden Gris (Grauer Orden), al que no afectaría la prohibición nazi de mantener asociaciones ajenas al NSDAP, ni siquiera tras la incorporación del Sarre a Alemania después del referéndum celebrado el 13 de enero de 1935.

La Orden Gris se formó en torno a Fritz Leist (1913-1974), futuro psicoterapeuta y filósofo de la religión, y alumno del sacerdote Romano Guardini (1885-1968), que fue profesor de Filosofía de la Religión en la Universidad de Berlín hasta que los nazis lo expulsaron en 1939. La Orden Gris llegó a tener cientos de miembros, que lo habían sido de organizaciones extintas como la llamada Unión

Nueva Alemania (Bund Neudeutschland, ND), y sus intereses formativos, centrados en la liturgia, el canto y los viajes, excluían la política.

Uno de sus miembros, Willi Graf (25, M.G.), se negaría más tarde a integrarse en las Juventudes Hitlerianas, a pesar de la amenaza de expulsarle del instituto de secundaria. Consiguió graduarse en 1937 y se integró en el Servicio del Trabajo (Reichsarbeitsdienst, RAD), antes de marchar en 1938 a estudiar Medicina a Bonn (165 km al norte de Saarbrücken).

Willi Graf y otros miembros de la Orden Gris fueron encarcelados en 1938 en Mannheim (100 km al este de Saarbrücken) y condenados a varias semanas de prisión por «actividades en grupo», pero les soltaron gracias a la amnistía por la anexión de Austria. En 1939 siguió sus estudios en Múnich, hasta que fue reclutado por la Wehrmacht como sanitario. Participó en la guerra en Bélgica, Francia, Yugoslavia y la URSS, escribiendo a su familia, en relación a los crímenes que presenció: «Ojalá no hubiera tenido que ver lo que sucedió a mi alrededor»; y a su hermana Anneliese: «¡Tengo que hacer algo!».

La ocasión para ello llegó después de que su compañía sanitaria fuera estacionada en Múnich en abril de 1942 y Willi retomara sus estudios, conociendo a Hans y Sophie Scholl, de cuyo grupo La Rosa Blanca (Die Weiße Rose) se convirtió en activo integrante. Entre junio y julio de 1942 distribuyeron cuatro folletos redactados por Hans Scholl (1918-1943) y Alexander Schmorell (1917-1943), con la pretensión de liberar al pueblo alemán «desde dentro». En verano regresó al frente oriental y tras volver a Múnich en noviembre, intervino en la distribución de un quinto folleto en enero de 1943.

El sexto folleto de La Rosa Blanca se copió el 15 de febrero, y tres días más tarde Hans y Sophie Scholl fueron arrestados mientras lo distribuían en la universidad. Willi y su hermana Anneliese (1921-2009) fueron arrestados horas después y él condenado a muerte por el juez Roland Freisler el 19 de abril. A diferencia de los hermanos Scholl, no fue ejecutado inmediatamente, ya que la policía confiaba en que delatara a otros. Como no lo hizo, fue decapitado el 12 de octubre de 1943 en la prisión muniquesa de Stadelheim.

Entre las 90 víctimas mortales de la Noche de los Cuchillos Largos hubo, además de Erich Klausener —asesinado a plena luz del día el 30 de junio de 1934— otras dos que lo fueron por ser católicos. Uno fue Fritz Gerlich. A última hora de la tarde del 30, fue conducido al KZ Dachau y allí ejecutado. Su mujer, Sofía, tardó casi un mes en enterarse del asesinato por los anuncios publicados en la prensa el 26 de julio. Dos días después se celebró el funeral en la iglesia de San Bonifacio con gran asistencia.

Los nazis no dieron descanso a uno de los compañeros de Gerlich en el Círculo de Eichstätt, el capuchino Ingbert Naab, que en junio de 1933 tuvo que emigrar a Suiza falsificando su identidad. De allí pasó a Checoslovaquia, Italia y Francia, hasta morir, víctima de un cáncer de hígado, el 28 de marzo de 1935 en el convento de Königshofen (Estrasburgo).

La tercera víctima de la Noche de los Cuchillos Largos elegida por su catolicidad fue Adalbert Probst (33, M.G.). Formó parte de círculos nacionalistas y antirrepublicanos, lo que pudo ser la causa de que en 1922 huyera a Austria. Tras casarse en 1925 con Katharina Fischer (1904-1997), profundizó en su religiosidad, rompiendo sus relaciones con las organizaciones nacionalistas, mientras se comprometía con las católicas.

En 1930 Probst era jefe del movimiento juvenil católico renano y escribía con regularidad en los periódicos *Die Wacht* y *Deutsche Jugendkraft* (por sus siglas DJK). Desde 1932, fue responsable de la sección denominada «Deporte al aire libre» y en diciembre de 1933 lo nombraron jefe nacional de la DJK, que agrupaba a todas las asociaciones católicas implicadas en deportes y torneos, y que en él pasaba a manos de un laico, ya que el concordato firmado en julio prohibía a los sacerdotes participar en actividades lindantes con la política.

Como razón para el asesinato de Probst, menciona Brenda Ralph Lewis la rivalidad entre la organización que lideraba y las Juventudes Hitlerianas. Por el contrario, la madre de Probst opinaba que su hijo, por conocer a muchos líderes nazis, «sabía demasiado». Una tercera opción, defendida por Edmund Forschbach, es que Probst era el contacto con el ejército del grupo de conspiradores conocido como «Hermandades de Fusileros de San Sebastián» (St. Sebastian-Schützenbruderschaften). Dado que Renania estaba ocupada y en ella no podía actuar el ejército, a estas hermandades se les encomendó atacar a las SA y SS en esa región, y a Probst le habría correspondido la misión de repartir armas cedidas por el ejército.

Mientras visitaba al sacerdote Ludwig Wolker, Probst fue detenido en Braunlage im Harz el 30 de junio o el 1 de julio, fusilado inmediatamente o el 2 de julio, su cuerpo incinerado y las cenizas enviadas a su mujer, alegando que se había dado a la fuga. El asesinato se apunta a agentes de Heydrich. Su caso no fue denunciado por la Iglesia antes del fin de la Segunda Guerra Mundial.

Otro católico fue asesinado en esta oleada de crímenes por haber negado una licencia de obras a un nazi. Se trata del arquitecto Kuno (Conrad) Kamphausen (33, M.G.). Siendo estudiante, perteneció a varias asociaciones católicas, y en 1926 ingresó en el Zentrum, aunque se dio de baja en diciembre de 1932, al ser nombrado arquitecto municipal de Waldenburg (Silesia, en polaco Wałbrzych), cargo del que tomó posesión el 15 de febrero de 1933. Negó una licencia de obra al hermano de un sargento de la SS llamado Kurt Förster, que junto con otro SS llamado Fritz Deponte aprovechó la Noche de los Cuchillos Largos para liquidar a las personas de su particular lista negra.

Además de Kamphausen, esa lista incluía al director del matadero local, apellidado Grosse, y al concejal de Finanzas, Schmidt, que no estaban en sus casas el 30 de junio, cuando fueron a buscarlos. A Kamphausen lo sacaron de su casa a las 22.30h, no detenido, sino diciendo que debía presentarse ante el jefe del partido en la ciudad. Lo mató un SS llamado Erich Szustak. Tiraron el cuerpo a una cuneta donde fue hallado a la mañana siguiente con once disparos.

El 3 de julio de 1933, el gobierno nazi emitió una Ley de Medidas de Excepción que con carácter retroactivo justificó los asesinatos de 77 de las víctimas de la Noche de los Cuchillos Largos. El ministro de Justicia, Franz Gürtner, junto con los jueces Roland Freisler y Joël, fue a visitar a Göring con una lista de seis asesinados que no estaban en esa lista. Göring pidió que se castigara a los asesinos, Himmler que no y Hitler no dijo nada. El de Kamphausen fue el único caso que llegó a juicio, si bien no público, así que no pudieron asistir sus familiares. De los ocho acusados, fueron condenados el 26 de septiembre de 1934 tres (Szustak quedó en libertad, alegando obediencia debida): el cabo primero Deponte a cinco años de prisión, el sargento Förster a dos y otro SS, llamado Hermann Jenke, a un año. Los tres estaban en la calle al cabo de un año.

Otro de los tempranamente afectados por el terror nazi fue el abogado Franz Gabriel Virnich (61, M.G.). Era hijo de un diputado del Zentrum y huyó a Holanda en julio de 1934, después de que la policía secreta registrara su casa en busca de vínculos que lo relacionaran con opositores residentes en Austria. En Holanda, Virnich redactó algunos escritos contra los nazis en colaboración con el abogado Edmund Forschbach, quien, después de colaborar con los nazis, había planeado un golpe con Edgar Jung, Herbert von Bose y otros partidarios de von Papen que, como él, fueron asesinados en la Noche de los Cuchillos Largos. Forschbach regresó a Alemania en agosto sin que le pasara nada grave, y en la posguerra fue jefe de prensa del canciller Adenauer.

En 1940, tras invadir los alemanes Holanda, la Gestapo arrestó a Virnich, llevándolo a Bonn y Berlín, donde fue sometido en 1942 a lo que el acusado definió como un juicio al catolicismo político. Lo condenaron a diez años por «traición». Murió el 5 de abril de 1943 en la prisión de Brandeburgo-Görden (60 km al oeste de Berlín).

«SOMOS IGLESIA DE MÁRTIRES»

Clemens August (*Clau*) von Galen nació el 16 de marzo de 1878 en el castillo (hoy abadía benedictina) de Burg Dinklage (Baja Sajonia, al norte de Renania). Era el undécimo de los trece hijos del conde Ferdinand von Galen (diputado del Zentrum) y su mujer Elisabeth.

En 1904 fue ordenado sacerdote y pasó a ser vicario de la catedral de Münster. Desde 1906 trabajó en Berlín, donde se hizo amigo del nuncio Pacelli. Desde 1929 fue párroco en San Lamberto de Münster, hasta que Pío XI lo nombró obispo el 2 de septiembre de 1933: era el primer obispo tras el concordato, por lo que puede vérsele como icono de lo que el Papa esperaba de la Iglesia en Alemania.

En la carta pastoral que firmó el día de su ordenación episcopal, 28 de octubre de 1933, Von Galen asumió su responsabilidad, mostrándose dispuesto a ayudar a cualquiera —en particular los judíos—, siguiendo a su conciencia y respondiendo ante Dios. Con él no funcionaba el palo ni la zanahoria de los nazis, de ahí que eligiera, parafraseando a san Pablo en la Segunda Carta a Timoteo (4,2) el lema *Nec laudibus nec timore*, «Ni llevado por las alabanzas, ni por el temor»:

> *¡No creáis que vuestros obispos dejan pasar despreocupadamente por alto los peligros, aunque permanezcan en silencio cuando les pedís orientación! Tened la seguridad de que la conciencia*

de la responsabilidad por vuestras almas pesa mucho sobre ellos a diario, y que saben que no pueden salvar sus propias almas si permanecen en silencio o hablan en el momento equivocado. Con gusto recibiré información sobre los signos de los tiempos, inquietudes y buenos consejos de otras personas, incluidos laicos e incluidas personas bien intencionadas de diferentes religiones. Pero sé que el deber de decidir qué instrucciones y advertencias son necesarias para mis diocesanos depende solo de mí y de mi conciencia, y que nadie me lo puede quitar. Ni la alabanza de los hombres, ni el temor de los hombres me impedirán siempre cumplir con este deber.

En su primera pastoral de Cuaresma, el 29 de enero de 1934, Von Galen criticó la adoración de la raza germánica al asegurar que la sangre de Cristo redime a todos los que aceptan su mensaje. El 24 de enero, Hitler había nombrado como «filósofo oficial del Estado» a Alfred Rosenberg. La respuesta del Vaticano fue inmediata, colocando el 7 de febrero a la obra de dicho ideólogo, *El mito del siglo XX,* publicada en 1930, en el Índice de libros prohibidos (pero no solo esa: también *La Iglesia nacional alemana*, de Ernst Bergmann, exponente de lo que pretendía ser una nueva religión).

Rosenberg pretendía continuar la obra *Los fundamentos del siglo XIX* (1899) del británico nacionalizado alemán Houston S. Chamberlain (basada en el *Ensayo sobre la desigualdad de las razas humanas* [1855] del francés Arthur de Gobineau), que viviendo en Viena llegó a la conclusión de que la raza alemana debía ser purificada de mezclas. Rosenberg daba un paso más al proponer una religión de la raza que sustituyera al cristianismo. Este aparecía bajo la figura de dos mitos, el católico, según el cual Dios tiene un vicario en Roma, y el protestante, basado en la Sagrada Escritura, ridiculizado como «mito de las sagradas letras».

A pesar de esa ridiculización, Rosenberg afirmaba que Martín Lutero realizó el «verdadero» cristianismo, frente al católico, que habría sido «judaizado» por los jesuitas y la Iglesia romana. Así las cosas, la historia era una lucha dialéctica entre los pueblos nórdico-atlánticos, destinados a vencer, y los judeo-semíticos. Especulando a partir de la Atlántida de Platón, creía Rosenberg que el pueblo nórdico (también llamado ario) habría aparecido bajo la figura de los indos y persas, reapareciendo en la Grecia clásica y la Roma antigua, *saltando* de ahí al pueblo alemán.

Rosenberg define al pueblo (ario) como raza no biológica, sino «espiritual», con un alma colectiva que todos los miembros del pueblo compartirían. El fin o triunfo de esa raza exigía aplastar el individualismo que amenazaba la igualdad racial, la cual debía manifestarse en la cultura, la política, el derecho, la técnica y el arte.

La religión «judía» es considerada diabólica por Rosenberg, lo que no suponía para él negar el cristianismo, ya que afirmaba que Jesús no era judío, sino una manifestación corporal del alma racial nórdica, frente a la que se habría manifestado un «principio romano-siríaco» manipulador, a cargo de los judíos, de san Pablo y de la Iglesia católica en su conjunto. De esa conspiración originaria habrían derivado todas las demás, hasta llegar a 1914, cuando el supuesto influjo de la familia judía Rothschild en Francia habría provocado la Gran Guerra.

Entre las conclusiones prácticas de Rosenberg se contaba que debía castigarse con pena de muerte cualquier relación sexual entre «arios» y judíos, y de hecho ya en marzo de 1930 presentó el NSDAP una propuesta de ley en esa dirección, que en 1935 se materializaría en las Leyes raciales de Núremberg, elaboradas por Hans Josef Maria Globke. De 1953 a 1963 este personaje fue jefe de gabinete del primer ministro Konrad Adenauer.

En la carta pastoral de Pascua, publicada el 26 de marzo de 1934, Von Galen criticó más extensamente el «nuevo paganismo», sin dejar mucho espacio para la imaginación a la hora de saber a quién se refería:

La Iglesia católica enseña que Dios es verdadera y esencialmente distinto del mundo. En cambio, los nuevos paganos declaran que Dios está vinculado al mundo y sobre todo a la sangre. Según la enseñanza de la Iglesia católica, Dios es infinito en su voluntad y entendimiento. Según los nuevos paganos, en cambio, Dios solo tiene voluntad, entendimiento y personalidad en los hombres. Dios no es ya el Señor, sino que lo es el hombre, y a Dios lo llaman precisamente siervo de los hombres.

Ataca los fundamentos de la religión y de la cultura en su conjunto quien destruye la ley moral en el hombre. Y esto lo hacen quienes afirman que la moral solo es válida para un pueblo en la medida en que la exige la raza. Obviamente, esto coloca a la raza por encima de la moralidad, a la sangre por encima de la ley.

(...) Ese ataque contra el cristianismo, que hoy sufrimos en nuestro pueblo, supera en violencia destructora a todo lo que hemos conocido en tiempos anteriores. Y se presenta con la seductora perspectiva de que debería servir para finalmente dar al pueblo alemán, dividido religiosamente, una fe común. También es asombroso observar que una serie de pensamientos e ideas que fueron despertados en la gente por el movimiento ateo bolchevique, ahora están reapareciendo bajo la etiqueta nacional.

El nuevo paganismo lucha contra el concepto y la realidad de la Revelación por medio del Hijo unigénito de Dios. Solo se debe oír la voz de cierta revelación de la sangre. Pero nosotros sabemos que el Señor le dijo a Pedro: «No es la carne ni la sangre la que te ha revelado esto, sino mi Padre que está en el cielo» (Mateo 16, 17). Rechazan que el Antiguo Testamento sea de Revelación divina, cuando por voluntad de Dios debe ser ciertamente una preparación del Nuevo y un guía hacia Cristo. Incluso el Nuevo Testamento es válido para los nuevos paganos solo en la medida en que les parezca expresión de la sangre germánica (...).

El nuevo paganismo no quiere saber nada de la realidad de que nuestros primeros padres pecaron y atrajeron sobre toda la humanidad el castigo de Dios. Una y otra vez aseguran que la raza nórdica no conoce el concepto de pecado, que procede de una cultura completamente distinta, extraña a nuestra forma de ser. Algunos llegan hasta el punto de llamar al cristianismo religión de esclavos y a su sublime enseñanza ética la llaman moral de esclavos.

Los neopaganos rechazan los frutos de la Redención, la gracia del perdón de los pecados y de ser hijos de Dios, porque ¿cómo podría necesitar la gracia quien no puede pecar? Cambian los sacramentos por la necesidad de tener una religión nacional, cuando hablan del misterio y sacramento de la sangre.

(...) Con su característico lenguaje oscuro, hablan de un nuevo mito y de la necesidad de una nueva religión (...).

Con santa alegría queremos, si Dios lo permite, sobrellevar las tribulaciones y persecuciones como los mártires. Porque ese es el espíritu heroico de nuestra Iglesia y la santidad de los que tienen que sufrir por Cristo.

En octubre de 1934, Von Galen hizo publicar como suplemento del boletín eclesiástico diocesano un folleto titulado *Estudios sobre el Mito del siglo XX*, realizado por el sacerdote Joseph Teusch, que desde el 16 de marzo de 1934 era deán de la catedral de Colonia, donde el cardenal Schulte le encargó además llevar la Oficina contra la Propaganda Anticristiana Nacionalsocialista. Las imprentas del obispado de Colonia ya habían sido asaltadas por miembros de las SA, motivo por el cual Von Galen ofreció publicar el folleto de Teusch en Münster.

La libertad de opinión se vio aún más restringida con la Ley de Traición de 20 de diciembre de 1934, que criminalizó las declaraciones críticas que dañaran el bienestar del Estado, la reputación del Gobierno o la del partido. Fingía ser una mera ampliación de una ordenanza aprobada el 21 de marzo de 1931 (entonces por Hindenburg, quien falleció el 2 de agosto de 1934 y fue sucedido por Hitler como presidente), supuestamente para terminar con los crímenes cometidos por personas uniformadas como nazis sin serlo. La ordenanza incluía un tercer parágrafo que castigaba las «declaraciones falsas o muy distorsionadas que dañaran seriamente» al Estado, Gobierno o partido.

Ahora al parágrafo 3.º se le añadía una sección segunda para castigar con prisión por tiempo indefinido no ya las afirmaciones sobre hechos, sino las opiniones «de odio, incendiarias o mezquinas sobre personalidades destacadas del Estado o del NSDAP, sobre sus órdenes o las instituciones que crearan». Eran declaraciones públicas (y punibles) aquellas de las que pudiera sospecharse que su autor «pudiera esperar que se hicieran públicas». Para más arbitrariedad, la decisión de procesar penalmente correspondía a «un representante del Führer» o del Ministerio de Justicia.

En enero de 1935, en un sermón a la asociación Kolping, Von Galen denunció que se estuviera llevando a juicio a obispos y sacerdotes, quitándoles su sueldo y calumniándolos con falsas acusaciones de corrupción económica y sexual. Coincidiendo con la procesión que conmemoraba cada año desde 1884 el regreso del exilio del obispo de Münster (en julio de 1934 había congregado a 10.000 personas), los nazis convocaron en 1935 un mitin cuyo huésped de honor fue Rosenberg, quien atacó al obispo.

Al día siguiente 19.000 asistentes a la procesión ovacionaron a Von Galen. El obispo dijo que nunca cedería ante los enemigos del cristianismo o los perseguidores de la Iglesia. Mientras tanto, Hitler, que prometió a los eclesiásticos católicos que no toleraría un *Kulturkampf* y que no tenían «que tener temores respecto a la libertad de la Iglesia», prohibió a Reinhard Heydrich tomar medidas punitivas más allá de quitar a la diócesis de Münster su asignación económica estatal, aunque el jefe de distrito de Münster, Kurt Klemm, pedía suspender o censurar la prensa católica de la ciudad.

Tras la reunión anual de la conferencia de obispos en Fulda, en agosto de 1935, Von Galen explicó que los obispos habían preparado un informe para Hitler en el que le decían que confiaban en que el concordato restauraría «un entendimiento esperanzador entre Estado e Iglesia». Hitler no respondió a la carta de Fulda, por lo que en diciembre Von Galen se consideró legitimado para alzar su voz contra «los daños y el peligro de un llamado *Kulturkampf*».

El 9 de febrero de 1936, en la catedral de Xanten, el obispo de Münster señaló que la situación que vivían era de persecución con mártires:

¿Cuántos católicos, sacerdotes y laicos han sido atacados e insultados en periódicos y reuniones, expulsados de su trabajo y cargo,

encarcelados y maltratados sin un juicio formal? El director del centro de información episcopal en Berlín y canónigo capitular de la catedral, Dr. Banasch, ha estado languideciendo en calabozos durante meses y sus empleadores, los obispos, ni siquiera han sido informados sobre de qué se le acusa. Hay tumbas frescas en tierra alemana en las que reposan las cenizas de aquellos a quienes el pueblo católico considera mártires de la fe, porque sus vidas dan testimonio del más fiel cumplimiento de sus deberes para con Dios y la patria, con el pueblo y la Iglesia; mientras, la oscuridad que se esparció respecto de su muerte es mantenida con temor. (...)

No nos sorprendamos si el Dios benévolo permite que nos sobrevengan tiempos de prueba. Nuestra santa Iglesia es la Iglesia de los mártires (...).

Si, como a esos santos, se nos pide que elijamos entre la felicidad terrenal y la confesión de la fe, que elijamos entre la idolatría y la muerte, entonces, como nuestros valientes modelos, con la gracia de Dios, queremos mantenernos firmes en la fe, entonces, como ellos, preferimos ir a la muerte que pecar.

De momento, como se ve, ni este obispo ni otros mencionan el derecho a rebelarse contra el tirano. El citado Georg Banasch (1888-1960) era sacerdote desde 1915, y desde 1919 delegado secretario diocesano en Berlín (aún dependiente de Breslavia), además de contable. Una vez establecida la diócesis fue canónigo, administrador de la diócesis y del seminario, y desde 1935 director de la Oficina de Información de los Obispos de Alemania. Detenido del 22 de noviembre de 1935 al 6 de marzo de 1936, el Papa lo nombraría prelado doméstico de Su Santidad en 1939.

De este caso se hizo eco, el 12 de enero de 1936, el periódico español *Ahora*, en el que trabajaba Manuel Chaves Nogales (de izquierda entonces tan moderada que en el editorial de la página 1 afirmaba ese día que el anunciado Frente Popular español era «un abrazo infecundo y perturbador» y que sería preferible que «el bloque antirrevolucionario no sea fulanista ni cominero, sino tan extenso y compacto como pueda formarse»).

La persecución a personajes eclesiásticos en 1936 se concretó en una serie de juicios que comenzó el 26 de mayo en Coblenza y duró 35 días. Suspendidos en agosto por los Juegos Olímpicos, los juicios siguieron después hasta que en julio de 1937 Hitler ordenó cancelarlos porque necesitaba paz interior, enfrascado como estaba en sus planes de guerras de agresión exteriores.

Entre los protestantes, uno de los promotores de la Iglesia confesante (BK), Martin Albertz (1883-1956) había atraído hacia su postura crítica con el régimen a dos pastores de la Iglesia de San Nicolás en Berlín-Spandau, pero tenía en su contra a los dos pastores restantes y a la mayoría del consejo parroquial. Fue denunciado y de 1934 a 1936 se le prohibió predicar. Al levantarse la prohibición, asistieron más de 650 feligreses al primer servicio que ofició el 5 de abril de 1936. Con fecha 2 de julio publicó una charla que dio a pastores de la BK que habían sido arrestados, titulada *El martirio como señal de identidad de la Iglesia*, comparando la Alemania de 1936 con las persecuciones romanas:

> *El propio Señor Jesús es de la opinión de que la Iglesia de Cristo se reconoce principalmente por la persecución a la que es sometida. Y el Señor nos profetiza a nosotros, su Iglesia, que nos dará su Espíritu Santo para que podamos decir lo que tenemos que decir. La prohibición de hablar, la cárcel, la flagelación, el boicot económico, el terror espiritual y todas las formas posibles de muerte han sido predichas en la Sagrada Escritura para quienes abrazan el servicio testimonial de los mártires, es decir, el testimonio con la sangre.*

En la noche del 9 al 10 de noviembre de 1936, un grupo de nazis destruyó el monumento al compositor judío Mendelssohn en Leipzig. En protesta, dimitió el alcalde Carl Friedrich Goerdeler (del Partido Nacionalista Popular —DNVP— y partidario en 1933 de la toma del poder por los nazis, si bien nunca quiso ingresar en el NSDAP). Del 5 de noviembre de 1934 al 1 de julio de 1935 había sido comisario imperial de control de la prensa. En adelante, realizaría viajes al extranjero para aconsejar a políticos occidentales medidas contra el nazismo.

El grupo de resistencia formado en torno a Goerdeler culminó en el atentado del 20 de julio de 1944 y el intento de golpe de Estado que pretendía declarar canciller a Goerdeler. Este fue detenido, condenado a muerte y ahorcado el 2 de febrero de 1945 en Berlín-Plötzensee, con 60 años de edad. Goerdeler es, probablemente, el más significativo de los que, según la recopilación realizada por Schultze, Kurschat y Bendick, pueden llamarse mártires evangélicos del siglo XX (en adelante M.E.). Antes de su ejecución, escribió una carta de despedida que terminaba así:

> *Pido al mundo que acepte nuestro martirio como disculpa hacia el pueblo alemán.*

Su hermano Fritz Goerdeler (58, M.E.) captó partidarios para el golpe en Königsberg, donde vivía, fue condenado a muerte el 23 de febrero de 1945 y ahorcado en Plötzensee el 1 de marzo.

Por esta misma época se convirtió en opositor a Hitler el contralmirante Wilhelm Canaris (58, M.E.), jefe del servicio secreto de la defensa (*Abwehr*), quien organizó una visita de oficiales de su departamento al KZ Sachsenhausen en el invierno 1936-37 para mostrar la inhumanidad de los nazis, según el testimonio de Friedrich Wilhelm Heinz. En otoño de 1937, Canaris diría a su predecesor en el cargo, Conrad Patzig, que el único objetivo de su actividad al frente de la Abwehr era contrarrestar el daño que hacía Heydrich:

> *Se ha convertido en mi destino. Si me voy, vendrá Heydrich y entonces todo estará perdido. Tengo que sacrificarme.*

Volviendo a los procesos contra eclesiásticos católicos en 1936-1937, pueden sintetizarse con el dato de que la fiscalía de Coblenza realizó 2.500 instrucciones previas, la mayoría de las cuales se abandonaron por falta de pruebas. Los 250 procesos que llegaron a juicio terminaron en 40 absoluciones, más 64 condenas a entre uno y dos años para sacerdotes y 170 para religiosos.

Uno de los casos más sonados fue el de Leohard Roth (1904-1960), sacerdote dominico desde 1931 cuyas críticas al régimen se cortaron acusándole de conducta homosexual, lo que afrontó huyendo a Suiza el 29 de enero de 1937. Condenado en septiembre de 1937 a dos años de prisión, las autoridades suizas lo entregaron a los alemanes el 5 de marzo de 1941. Cumplió la pena de dos años en Rotemburgo del Néckar (10 km al suroeste de Tubinga) y, poco después de salir, el 21 de mayo de 1943, lo deportaron al KZ Dachau (n.º 47.968), con el triángulo negro de preso antisocial, que rara vez se adjudicó a un sacerdote, y que lo exponía a mayor escarnio. Con su dedicación a los otros presos, se ganó la estima de muchos, y del grupo de 14 clérigos que se ofrecieron voluntarios a cuidar a sus compañeros enfermos de tifus en noviembre de 1944, fue uno de los dos que no se infectaron y sobrevivieron.

Tras la liberación del campo, Roth se quedó para cuidar a los presos enfermos y después para atender espiritualmente a los SS encarcelados, a muchos de los cuales confesó antes de que fueran fusilados. Se calcula que reconcilió con la Iglesia a 1.300 personas en ese período. La orden dominicana, que lo expulsó en 1937, no lo rehabilitó hasta 1947.

Exactamente siete meses después de su anterior mención a las tumbas frescas de mártires, hecha en Xanten, el 9 de septiembre de 1936, el obispo Von Galen volvió a predicar en esa ciudad con motivo de la procesión que cada 25 años se realizaba en honor del mártir local san Víctor (llamada *Viktortracht*). Entonces sí hizo una reflexión sobre la rebelión, precisando que la obligación de obedecer expresada en Romanos (13, 1) está condicionada a que la autoridad sirva a Dios, y que se puede reclamar la libertad frente a los abusos. Mencionó a san Agustín para afirmar que sin justicia la sociedad humana se convierte en una cuadrilla de bandidos, y a los Hechos de los Apóstoles (5,29) para recordar que hay que obedecer a Dios antes que a los hombres:

> *¡Cuánto agradecimiento debe la humanidad a estos testigos de sangre, no solo testigos de la fe cristiana, sino también de la*

dignidad humana, a la que defendieron con su sangre y su vida!
Porque en el momento en que la autoridad humana en sus man-
datos contradice la voluntad claramente reconocida de Dios, que
cada uno reconoce en su propia conciencia, entonces deja de ser
sierva de Dios, destruye su propia dignidad, pierde el derecho a
mandar, abusa de su propio poder de recompensar y castigar, e
intenta de forma criminal estrangular la libertad dada por Dios
a la personalidad humana, ¡la imagen de Dios en el hombre!

En enero de 1937, Von Galen y otros obispos alemanes viajaron a Roma para pedir a Pío XI una encíclica condenando el nazismo. Redactada por Faulhaber y Von Galen, se centraría en la ideología, sin condenar las prácticas antisemitas ni abordar el derecho de rebelión frente a la tiranía: se recomendaría la resistencia pasiva frente a las leyes injustas, dejando a la conciencia de cada cual cómo actuar.

En febrero de 1937, algunos católicos se adelantaron, publicando en Viena una reflexión sobre *La Iglesia de Cristo y la cuestión judía.* La iniciativa parecía ser del excanciller Joseph Wirth (1879-1956) y la firmaban 14 autores: Jacques Maritain, Dietricht von Hildebrand (filósofos), Edgar de Bruyne (medievalista flamenco), Charles Journet (teólogo suizo, más tarde cardenal), Eduard Pant (presidente del Partido Popular Cristiano Alemán en Polonia), Cyrill Fischer (franciscano alemán conocido por su antinazismo), Basilius Lang (benedictino de Praga), cuatro dominicos (el más famoso, Franziskus Stratmann, detenido en 1933 y desde entonces exiliado en Roma), y los tres auténticos responsables: Waldemar Gurian, Karl Thieme y M. Oesterreicher.

Thieme había sido expulsado por los nazis de la Academia Pedagógica de Elbing (Elbląg, 50 km al sureste de Gedán, Danzig en alemán, Gdańsk en polaco). En 1934 se convirtió al catolicismo y en 1935 emigró a Suiza.

Waldemar Gurian era un teórico del catolicismo político que en 1931 publicó un libro sobre el bolchevismo en el que caracterizaba al sistema soviético no tanto por ser marxista-leninista, sino por pretender ser un «Estado total», frente al cual la Iglesia se erguía como un arca de Noé de las libertades sociales. Gurian veía que comunismo y fascismo tenían en común ese totalitarismo, pero veía una diferencia en que el fascismo dijera respetar a la Iglesia:

> *El concordato prueba que, al menos en teoría, reconoce un ámbito para la religión, cuyo contenido no pretende determinar.*

Esto fue antes de la Noche de los Cuchillos Largos, cuando también Gurian tuvo que huir con su familia a Suiza. En Lucerna publicó con el periodista Otto Michael Knab unas hojas informativas sobre la persecución a la Iglesia tituladas *Cartas alemanas* (*Deutsche Briefe*). Además de a Thieme, Gurian quiso involucrar al centrista Joseph Wirth (que fue canciller de 1921 a 1922, siendo criticado por su colaboración con los vencedores de la guerra) en su campaña para animar a los obispos alemanes a hablar contra el antisemitismo.

El memorando publicado en Viena por Pauluswerk en su revista *Die Erfüllung* (*El cumplimiento*) se dividía en una parte teológica y otra práctica. En la primera se recuerda que tanto Jesús como sus discípulos eran judíos, pero que con el tiempo, también «en círculos cristianos», se había desarrollado «desde hace décadas, pero sobre todo en los últimos años, consciente o inconscientemente, un antisemitismo anticristiano», convertido en «cuestión judía», «especialmente en las regiones de habla alemana».

Después se critican las medidas tomadas por el Gobierno alemán con vistas a hacer de los judíos «un chivo expiatorio» y presentarlos como enemigos del pueblo. Lo que ahora sucede con los judíos, añaden, podría pronto pasar con los católicos y con cualquier otra minoría impopular.

Se critican a continuación las doctrinas pseudocientíficas a las que califican de «herejía del racismo», basada en una imagen del hombre «absolutamente incompatible con la fe cristiana en Dios», y que conduciría a un modo «naturalista» de vida, «a la destrucción de las vidas que se consideran sin valor, y también al asesinato de los incurables y los débiles, introduciendo una religión y moral propia, con lo que el racismo se convierte en enemigo mortal del Evangelio y de la Iglesia». Para fundamentar esta doctrina, el documento se remite a lo expresado por Pío XI al disolver la asociación *Amici Israel* en 1928 condenando el antisemitismo.

Gurian y Thieme opinan en el escrito que no solo el antisemitismo de argumentación racista debe ser radicalmente condenado, sino todo intento de justificar el antisemitismo con supuestos argumentos de base «cristiana» o «eclesial», o siquiera «populista-conservadora», por mucho que quienes los propaguen sean cristianos convencidos, ya que en la práctica esto conduce a callar frente a las consecuencias del antisemitismo racista. Los antisemitas «moderados» muestran compasión por las víctimas inocentes, pero también comprensión hacia las leyes y medidas antijudías, «o al menos numerosos motivos para disculparlas». En estos casos, el lugar de las teorías racistas es ocupado por leyendas sobre sacrificios rituales (de cristianos a manos de judíos) o creencias en una conspiración de los judíos.

El excanciller Wirth envió este memorándum en marzo al cardenal Pacelli, con el ruego de que se lo entregara al papa Pío XI. El propio Wirth viajó varias veces al Vaticano y se entrevistó con Pacelli para pedir que el Papa protestara públicamente contra el antisemitismo.

Cuando el 14 de marzo de 1937 se publicó la encíclica de Pío XI bajo el título *Mit brennender Sorge* (*Con ardiente preocupación*), el obispo Von Galen puso particular empeño en difundirla. En la siguiente reunión de obispos en Fulda aparecieron dos corrientes al respecto. Von Galen proponía protestar públicamente frente a la ideología nazi. El cardenal Bertram quería evitar la confrontación directa con el gobierno y pedía que la Jerarquía presentara un frente unido. Se acordó no mostrar discrepancias en público y «adoptar la posición que fuera menos ofensiva para todos ellos», es decir, la del silencio.

Con todo, Von Galen protestaría en un sermón de julio de 1938, al denunciar el asalto a la casa del obispo Johannes Baptista Sproll, y que este fuera expulsado de su diócesis (Rotemburgo del Néckar, en Wurtemberg) por haberse negado a tomar parte en el referéndum sobre la anexión de Austria a Alemania. Von Galen lo lamentaba como algo que no ocurría «desde el *Kulturkampf*» y calificaba a Sproll de «campeón de los intereses religiosos». Igualmente denunció el arresto de varias personas que habían defendido en Münster el derecho a que siguieran existiendo escuelas católicas, recordando que no habían hecho nada ilegal.

Sin embargo, tras la gran persecución contra los judíos que recibirá el nombre de Noche de los cristales rotos, según la siempre crítica estudiosa del Holocausto Beth A. Griech-Polelle, von Galen no denunció lo sucedido. En la presentación de su obra de 2002 (pp. 5 y 22), Griech-Polelle rechaza llamar resistente a Von Galen, porque opina que no manifestó una oposición al régimen de Hitler en bloque y mucho menos al Estado.

«SU OBJETIVO ES ANIQUILAR»

El teólogo Klaus Kühlwein comienza su análisis de la encíclica *Mit brennender Sorge* recordando que se publicó con tal secreto que solo la víspera por la noche advirtió Reinhard Heydrich a Goebbels de lo que se avecinaba: «Mañana por la mañana se leerá en las iglesias una declaración de Roma». Gestapo y SD recibieron orden de asistir a misa el domingo 21 de marzo de 1937 y, fuera de los templos, confiscar los ejemplares del escrito en cuestión.

En la encíclica, fechada el 14 de marzo, Pío XI instaba a los alemanes a oponerse a un mensaje que predicaba un nuevo Cristo y un nuevo reino que, según acababan de reportar los obispos al Papa, había causado «infinita maldad y amargura». Entre esas amarguras, destacaba el concordato que, «a pesar de algunos graves recelos», el Vaticano firmó con Alemania en 1933, respecto al cual el Gobierno alemán habría «convertido en norma de actuación no escrita la reinterpretación, elusión, socavamiento y finalmente incumplimiento más o menos público de lo acordado».

Pío XI acusa a Hitler de «maquinaciones (...) contra Cristo y su Iglesia (...), que desde el principio no tendrían otro objetivo que la lucha por la aniquilación», crímenes de tal gravedad que parecía al Papa necesario insistir en que por su parte había hecho todo lo posible por lograr la paz:

Ellos, y solo ellos, así como quienes silenciosa o ruidosamente les escudan, son responsables de provocar que, en lugar del arcoíris de la paz, en el horizonte de Alemania se vea la nube de guerras religiosas desintegradoras.

Según Kühlwein, el Vaticano se habría convencido de la necesidad de esta denuncia radical, a la vista de un informe secreto de 18 páginas de la Gestapo en el que se señalaría a la Iglesia católica como principal enemigo. Este informe fue enviado a Roma por Von Galen y se conserva en el Archivo Secreto Vaticano (hoy Archivo Apostólico Vaticano), en la sección de Asuntos Extraordinarios, Alemania, bajo la signatura Pos. 743, Fasc. 46, Bl. 56r-76r.

Kühlwein asegura que los obispos alemanes actuaban como si solo les interesara lo que afectase a la Iglesia: de ahí que, por miedo a la Gestapo, nunca apareciera en sus escritos la palabra *judío*. Entre los que hablaban más abiertamente, menciona Kühlwein al príncipe Hubertus zu Loewenstein (1906-1984), que tras ser recibido por Pacelli en mayo de 1935, le escribió asegurando que «millones de protestantes y judíos están esperando la palabra de Roma»; pero también a una modesta mujer que escribió en un amarillento papel una carta sobre la que Pacelli informó al Papa, en la que afirmaba:

¿Cómo puede un mundo cristiano civilizado quedarse mirando los actos satánicos e inhumanos de Hitler? Porque Hitler no es más que una herramienta del Diablo.

El cardenal de Múnich, Michael Faulhaber, redactó el texto base de la encíclica. Frente al intento de Hitler de crear una nueva Iglesia nacional basada en la «higiene» racial, Faulhaber había defendido la fe cristiana, incluido el Antiguo Testamento, al que dedicó sus sermones de Adviento de 1933 (publicados en el libro *Judaísmo, cristianismo, germanismo*). El primer sermón lo pronunció el 3 de diciembre, es decir, 20 días después de que el «fundador» de los Cristianos Alemanes, Reinhold Krause, exigiera en un discurso en el Palacio de los Deportes Berlinés «liberar» del Antiguo Testamento al cristianismo.

Antes de publicarse la encíclica, aceptó Faulhaber conversar con Hitler, pero constató que era inútil. El dictador le convocó el 4 de noviembre de 1936 al Obersalzberg para un diálogo confidencial. Quería que la Iglesia católica le apoyara frente al peligro bolchevique. Horas después, Faulhaber envió a Roma un informe, según el cual Hitler no entendía nada sobre la Iglesia, pero el cardenal creía que «el canciller sin duda vive en la fe en Dios». Faulhaber aceptaba sin ambages la legitimidad del Gobierno y aun el 6 de noviembre de 1938 recordará a los fieles que, como dice el catecismo, «debemos reverencia y obediencia a las autoridades mundanas, incluso cuando los subordinados piensen que han sido agraviados». Ni hablar de rebelión, tres días antes de la Noche de los Cristales Rotos.

La encíclica se gestó a mediados de enero (días 15 y 16) de 1937, invitando a Roma a los cardenales de Múnich (Faulhaber), Colonia (Schulte) y Breslavia (Bertram), más los obispos de Münster (von Galen) y Berlín (Konrad von Preysing). Pacelli encargó a Faulhaber un borrador, que este entregó esa misma noche (11 páginas manuscritas). Pacelli lo condensó. Respecto a esa fe en Dios que según Faulhaber tenía Hitler, aseveraba el punto 10 de la encíclica:

> *Quien, con una confusión panteísta, identifica a Dios con el universo, materializando a Dios en el mundo o deificando al mundo en Dios, no pertenece a los verdaderos creyentes.*

La encíclica se mantiene en un nivel teológico, sin descender a puntos concretos, de modo que lo grave del racismo es la idolatría. No aparece la esterilización forzosa, sobre la que sí habló Faulhaber con Hitler en Obersalzberg, ni se menciona la persecución a los judíos: solo a la Iglesia. Kühlwein concluye que la encíclica, de esa forma, «hizo un flaco favor a la propia Iglesia», porque no se pueden poner límites a la lucha por los derechos humanos.

Que la encíclica leída el 21 de marzo en los púlpitos de Alemania no puso fin a la persecución contra la Iglesia, sino lo contrario, lo experimentó, entre otros, Franz Boehm (64, M.G.), sacerdote desde 1906. Puesto que sabía polaco, sus primeras capellanías en el Ruhr fueron con obreros de esa nacionalidad. Su abierta crítica al nazismo provocó que ya en 1934 el alcalde de Sieglar (20 km al sureste de Colonia), Jakob Hörsch, lo hiciera perseguir penalmente. En 1935 se le prohibió enseñar religión. El 4 de julio las autoridades nacional-socialistas lo expulsaron hasta mayo de 1936 y el 4 de abril de 1937 definitivamente, alegando «predicación enemiga del Estado» y que organizaba fiestas de carnaval para los jóvenes. El 8 de noviembre del mismo año fue multado por no presentarse ante las autoridades en el plazo impuesto.

En una carta a un compañero, Boehm se mostraba «decepcionado con las autoridades eclesiásticas, porque no recibió reconocimiento ni ayuda». Al tiempo, estaba «orgulloso humildemente en conciencia» por haber empleado en Sieglar «sus últimas fuerzas, luchando con constancia por la fe y el Evangelio sin dejarse intimidar de ninguna manera por la oposición encontrada». En carta a la vicaría, pidió que se compadecieran «de la presión física y mental» a que estaba sometido y «le asignaran un nuevo lugar de trabajo lo antes posible». Hasta 1938 no le asignaron la parroquia de San Gedeón en Monheim, 15 km al norte de Colonia, donde continuó hablando con claridad. No había terminado el año cuando recibió su primera multa.

En 1941, Boehm fue amonestado por predicar en polaco. En 1942, nuevamente multado, con 3.000 marcos, por un sermón sobre Cristo Rey. En la Pascua de 1944, criticó ante los niños de primera comunión las películas que distribuían los nazis, por lo que fue arrestado. Tras el atentado contra Hitler del 20 de julio de 1944, fue detenido al terminar una misa y el 11 de agosto deportado al KZ Dachau, sin que una carta del obispo pudiera impedirlo. Allí murió a causa de una infección el 13 de febrero de 1945.

También en abril de 1937 fue arrestado el párroco de Heisterbacherrott, 10 km al sureste de Bonn, a causa del éxito de las peregrinaciones mensuales para rezar ante la imagen de Judas Tadeo en esa parroquia. Theodor Helten (45, M.G.), ordenado en 1923, fue acusado, tras una supuesta denuncia anónima, de malversación de fondos y evasión de impuestos. Pasó 18 meses en prisión provisional. El mismo día en que regresó fue amenazado por los nazis, así que la Conferencia Episcopal lo trasladó a lo que en 1934 se constituyó como «Iglesia migrante». Aun así, la Gestapo lo arrestó y lo deportó al KZ Sachsenhausen, donde uno de los presos jefes (*kapos*) comunista lo mató el 18 de mayo de 1942.

Poco más de un mes desde la publicación de la encíclica bastó a los nazis para organizar el llamado «proceso a los católicos», que comenzó el 28 de abril de 1937 y en el que el principal acusado era Joseph Cornelius Rossaint (1902-1991), sacerdote de la iglesia de la Inmaculada (*Marienkirche*) de Düsseldorf. Ordenado en 1927, perteneció a la Unión de Católicos Alemanes por la Paz (FDK), creada en 1919 en Múnich por Max Josef Metzger. No dudó en aceptar la colaboración con comunistas y en mayo de 1931 fundó la «Juventud Católica contra el Nacionalsocialismo». El 23 de marzo de 1933 se salió del Zentrum tras votar ese partido la dictadura hitleriana.

La Gestapo detuvo a Rossaint el 29 de enero de 1936. En el proceso, se hizo cargo de la defensa de tres acusados Oswald Freisler, cuyo hermano Roland sería el más famoso de los jueces nazis. Rossaint fue condenado a 11 años y estuvo preso en Remscheid-Lüttringhausen (30 km al este de Düsseldorf) hasta el 19 de abril de 1945, cuando los funcionarios de prisiones lo liberaron al saber que la Gestapo iba a ejecutarlo.

No solo los sacerdotes notaron en 1937 el recrudecimiento de la persecución. Al escritor Heinrich Ruster (58, M.G.) le condenaron a cuatro meses de prisión por haberse negado, en un restaurante de Bonn, a aceptar que se equiparara a Hitler con Cristo. Al encontrar la Gestapo en su casa material crítico con el nazismo, le sumaron otros diez meses de prisión, y como no dejaba de criticar al régimen, lo enviaron en 1942 al KZ Sachsenhausen, donde murió el 23 de octubre de 1942, según el médico del campo por debilidad consecuencia de malos tratos, y según el recluso Franz Ballhorn, asesinado. Su mujer escribió en su esquela:

> *Su pensamiento y trabajo los dedicó al hogar, al pueblo y a la patria. Su fe católica y Dios le dieron a su vida un rico contenido.*

Entre los que hicieron frente al nazismo antes de la guerra ha sido beatificado (el 3 de mayo de 1987, no como mártir) el padre jesuita Rupert Mayer, a quien el 7 de julio de 1937 acusaba el fiscal especial de Múnich, Alfred Resch, de:

> *Haber seguido haciendo comentarios públicos incendiarios sobre las principales personalidades del Estado y sus órdenes, comentarios que probablemente socavarán la confianza del pueblo en el liderazgo político (...), discutiendo los asuntos del Estado de una manera que pone en peligro la paz pública.*

Tras ser encarcelado por la Gestapo, el padre Rupert volvió a predicar contra la escuela única, que no respetaba la diferenciación religiosa, calificándola de «fraude del Estado», y contra el periódico *Der Stürmer* de las SA, calificándolo como «lo más repugnante que se pueda encontrar». El odio de los nazis hacia Mayer venía de muy atrás: de antes del golpe de 1923.

El que llegaría a ser calificado como «apóstol de Múnich», nació el 23 de enero de 1876 en Sttutgart (capital de Baden-Wurtemberg) y se ordenó sacerdote el 2 de mayo de 1899. El sacerdote que predicó en su primera misa, Dr. Waal, le propuso como lema: «Nunca he callado cuando debía hablar, ni he hablado cuando debía callar». En octubre de 1900 ingresó en el noviciado jesuita, para lo cual, a causa del *Kulturkampf*, tuvo que emigrar a Austria y Holanda.

Desde 1912 era capellán de emigrantes en Múnich, en una época en la que mucha gente llegaba a la ciudad en busca de trabajo. Mayer ayudaba en la alimentación, el alojamiento y a rezar. En la Gran Guerra se ofreció como capellán militar. Por su valor para acompañar a los soldados en las trincheras le dieron la Cruz de Hierro en 1915. Tras sufrir una herida en Rumanía el 30 de diciembre de 1916, le tuvieron que amputar la pierna izquierda.

En la posguerra, insistió a todos en la necesidad de cambio interior, para lo cual asistió a reuniones de todo tipo de partidos. Uno de sus compañeros explicaría el valor que mostraba:

El padre Rupert Mayer asistía a las reuniones políticas semana tras semana. No solo escuchaba, sino que fue uno de los pocos que tuvo el valor en ese momento de hablar sin tener en cuenta el peligro para su vida. Vi cómo una vez lo derribaron con su pie zanco, cómo una mujer le rasgó la sotana y le gritó en la cara: ¡Vete al diablo! *Otra mujer levantó a su hijito frente a su cara y gritó:* ¡Nunca caerá mi hijo en tus garras! *Otra vez, un hombre fanático amenazó con bajar a tiros del púlpito al P. Mayer. Yo quería retenerlo por su seguridad personal, pero me decía:* ¡Si nadie tiene el valor de hablar, tengo que hacerlo yo! ¡Dios está con nosotros!*».*

En 1921, el cardenal Faulhaber le nombró presidente de la Congregación Mariana Masculina, que llegó a tener 7.000 miembros. Tomó parte en un evento en honor a los caídos en la guerra: el Día de luto popular (*Volkstrauertag*), celebrado por primera vez el domingo 14 de enero de 1923, y que congregó en Múnich a 100.000 personas. Harold Gordon (p. 186) llama a Mayer «el ardiente jesuita», por el entusiasmo con que debió hablar en esa ocasión.

El NSDAP y su Sección de Asalto (SA) habían sido aceptados en la Agrupación de Asociaciones Patrióticas (VVVB en Baviera) fundada en noviembre de 1922 en torno a Erich Ludendorff (el 20 de enero se constituiría siguiendo ese ejemplo la «rama» alemana, VVVD), consumando la división de los movimientos patrióticos en un bando «radical-popular» (nacionalista), que admitía a Hitler, y otro «conservador-nacional» que no aceptaba integrarlo. En realidad, como mostraría el golpe de Hitler (y el caso de Fritz Gerlich), había en el Partido Popular Bávaro quien estaba dispuesto a colaborar con Hitler, pero era este quien consideraba «no-alemán» a todo el que no estuviera dispuesto a obedecerle (expresión que Barry Jackisch cita —p. 75— hablando de la negativa de Hitler a participar en el *Volkstrauertag*).

H. Geyer (p. 331) señala al padre Mayer, que hablaba por haber sido «capellán de la división», como figura central de la gran manifestación de protesta del 14 de enero de 1923 en la Königsplatz de

Múnich —ante la que habló el presidente del Parlamento regional, Heinrich Königbauer (del BVP), pero también un personaje de las VVVB, el profesor Bauer—, donde con la mano alzada tomó a los asistentes «juramento por el pueblo y la patria». Con relativa moderación, el jesuita afirmó que el lema no debía ser «Abajo Francia» sino «Abajo los traidores de noviembre». Mucho más contundente fue su rechazo de la violencia callejera:

> *Nuestro pueblo no puede ser sanado por el revólver, por la fuerza bruta, por las porras de goma, por asesinos. Nuestro pueblo solo puede ser sanado por el amor cristiano. ¡Abramos paso al amor cristiano! ¡Actos de amor quieren ver nuestros hermanos muertos! Quien ahorra, quien se sacrifica por el pueblo, es quien mejor protege la memoria de los muertos. Entonces también aseguramos nuestra propia felicidad, que está indisolublemente ligada a la felicidad del Estado y del pueblo. Y finalmente, ¡no olvidemos la hora de rendir cuentas! Nos llegará a todos, tarde o temprano. ¡Y ay de aquel que no haya tenido misericordia, porque entonces tampoco encontrará misericordia!*

En abril de 1937 prohibieron los nazis a Mayer predicar y hablar en público, pero como siguió predicando con permiso de sus superiores, lo detuvieron el 5 de junio. El 4 de julio el cardenal Faulhaber subió al púlpito de San Miguel y «lanzando llamas» ante la reunión principal de la Congregación Masculina alabó los méritos de Rupert Mayer.

A pesar de la condena del 7 de julio de 1937, Mayer fue puesto en libertad, pero a raíz de otras prédicas, de nuevo lo encerraron el 5 de enero de 1938. Una amnistía lo liberó el 3 de mayo, y esta vez se ciñó, por consejo de sus superiores y del cardenal, a respetar la prohibición de predicar. Sin embargo, fue detenido de nuevo el 9 de noviembre de 1939, por negarse a revelar lo que supiera en razón de su cargo de consejero espiritual. Al empeorar su salud en el KZ Sachsenhausen, y para evitar hacer de él un mártir, las autoridades lo confinaron en Ettal (70 km al suroeste de Múnich) desde agosto de 1940 hasta el final de la guerra. En el protocolo de su detención declaró:

> *Declaro que, en caso de ser puesto en libertad, seguiré predicando en las iglesias de Múnich y en el resto de Baviera, por razones de principios, a pesar de la prohibición de hablar.*

Al entrar en prisión, escribió en el protocolo:

> *De ninguna manera estoy insatisfecho con esta suerte: no lo veo como una vergüenza, sino como la culminación de mi vida.*

Y, antes de ser enviado al KZ, resumirá así su estancia en prisión:

> *Cuando la puerta de la prisión se cerró de golpe y me quedé solo en la habitación donde había pasado tantas horas, se me llenaron los ojos de lágrimas, lágrimas de alegría por recibir el honor de ser encerrado a causa de mi profesión y de afrontar un futuro muy incierto.*

Pensamiento que completaba en una carta a su anciana madre:

> *Ahora realmente no tengo nada ni a nadie más que al buen Dios. Y eso es suficiente, sí, más que suficiente. Si la gente fuera capaz de verlo, habría muchas más personas felices en la Tierra.*

Aunque ya se consideraba un «muerto viviente», terminada la guerra regresó a Múnich, trabajando en la reconstrucción de la ciudad hasta que el 1 de noviembre de 1945, mientras predicaba, sufrió un infarto, del que poco después murió. En 1950 empezó su proceso de canonización y el 3 de mayo de 1987 fue beatificado en Múnich por Juan Pablo II, quien citó algunos de sus pensamientos:

> *Sin trabajos extraordinarios, sin sucesos religiosos extraordinarios, sin apariciones. Solo una cosa: virtud heroica.*

*Debemos desprender calor, de modo que las personas a nues-
tro alrededor se sientan a gusto y experimenten que la razón de
ello está en nuestra unión con Dios.*

*Quienes no se manchan nunca, es que no han hecho nunca
nada bueno.*

*Los tiempos actuales son un recordatorio terriblemente serio
para que los pueblos de la Tierra regresen a Dios. ¡Sin Dios no
funciona!*

Alfred Rosenberg, que ya en 1935 había publicado una nueva obra
(*A los hombres oscuros de nuestro tiempo*) para atacar a los críticos católicos de su *Mito del siglo XX*, publicó en agosto de 1937, a petición de
Hitler, un panfleto de 86 páginas destinado a combatir a los luteranos, titulado *Peregrinos protestantes a Roma. La traición a Lutero y el
«Mito del siglo XX»*. Abogaba por que los alemanes abandonaran el
cristianismo, pues la doctrina sobre el pecado y la gracia le parecían
una exaltación de la «inferioridad».

Para reforzar la posición de Rosenberg, el 1 de julio Goebbels
prohibió cualquier crítica a su obra, pero el nuevo ataque no quedó
sin respuesta. La reacción más contundente fue la *Declaración de 96
líderes de la Iglesia protestante contra Alfred Rosenberg*, cuyo primer firmante era Otto Zänker (1876-1960), obispo de Silesia en el Consejo
Luterano (Sínodo de Naumburgo, del que había excluido a los «cristianos alemanes»). Los nazis forzaron su retiro en 1941 y su expulsión de la Iglesia en 1945.

Entre los firmantes había un militar, Friedrich von Rabenau
(60, M.E.), que cuando los nazis tomaron el poder era coronel en
Breslavia, donde entró en conflicto con la SA y recibió amenazas
de muerte que solo cesaron tras la Noche de los Cuchillos Largos.
De 1934 a 1936 lo trasladaron a Münster, donde hizo amistad con el
obispo Von Galen. Apoyó a un primo suyo, pastor de la Iglesia confesante, Eitel-Friedrich von Rabenau, y al obispo Von Galen para
conservar la abadía de Maria Laach. Hizo de enlace entre Beck y
Goerdeler, y estuvo en el Círculo de Kreisau. En 1942 fue pasado a
la reserva por sus críticas a la inhumanidad de la guerra y en 1943 se

licenció en Teología, convirtiéndose en capellán militar. Por reparos de conciencia, no quiso participar en intentos de asesinar a Hitler, pero fue arrestado, enviado el 11 de agosto de 1944 a la cárcel de Berlín-Moabit, el 13 de enero de 1945 al KZ Sachsenhausen y de allí al KZ Buchenwald, donde compartió celda con Bonhoeffer. Fue asesinado el 15 de abril en el KZ Flossenbürg (100 km al noreste de Núremberg).

Rosenberg quiso seguir peleando por aniquilar a las Iglesias, elaborando en 1939 un nuevo texto titulado *Visión del mundo y religión*. Pero tanto sus proyectos como los de Hanns Kerrl, que desde 1935 era ministro para las Iglesias, fueron declarados obsoletos en 1940 por Hitler, quien prometió arreglar cuentas con las Iglesias después de la «victoria final».

«SOMOS ESPIRITUALMENTE SEMITAS»

Después de tratar en cuatro encíclicas sobre las persecuciones a la Iglesia en Italia, España, Alemania y la Unión Soviética, Pío XI se propuso condenar en otra encíclica específica el racismo, cuyas víctimas más visibles eran los judíos. El encargo de la encíclica nonata *Humani generis unitas* lo hizo en junio de 1938 el Papa al jesuita norteamericano John LaFarge —en 1937 había publicado su libro *Justicia interracial*—, a quien, por decisión del general de su orden, Wlodimir Ledóchowski, ayudarían otros dos: el alemán Gustav Gundlach y el francés Gustave Desbusquois. Según Frank J. Coppa, Pío XI quería un texto «que demostrara la incompatibilidad del catolicismo y el racismo».

El borrador tenía 100 páginas y estaba listo para ser presentado en el Vaticano en septiembre. El texto «no permitía que un católico permaneciera en silencio ante el racismo», consideraba que la pretensión de pureza racial «a fin de cuentas no era más que una lucha contra los judíos», una «persecución a resultas de la cual millones de personas están privadas de los derechos más elementales y los privilegios ciudadanos en su propio país de nacimiento», contra la raíz del mensaje cristiano:

> *La Redención abrió las puertas de la salvación a toda la raza humana, estableció un Reino universal, en el que no habría distinción de judío o gentil, griego o bárbaro.*

¿Por qué precisamente en junio de 1938 tomó Pío XI la decisión de redactar esa encíclica? Probablemente, por los resultados de la visita que Hitler hizo a la Roma fascista desde el 2 de mayo. Según los documentos diplomáticos italianos publicados por Gianluca André, Pio XI habló sobre ella con Bonifacio Pignatti, embajador italiano ante la Santa Sede, el 7 de abril de 1938. La complacencia de Mussolini hacia Hitler, menos de dos meses después de la anexión de Austria, era particularmente enojosa para el Papa, que en 1934 elogió al dictador italiano por evitar que Alemania invadiera Austria tras el golpe en el que los nazis austríacos mataron al canciller Engelbert Dollfuß (25 de julio). Según informó Pignatti, Pío XI comparaba a Hitler con un anticristo:

> *La persecución contra la Iglesia católica en Alemania fue obra suya, toda y solo suya; se sabía ya bastante sobre ella para poderlo afirmar sin temor a un desmentido.*

Para que Hitler pudiera visitar el Vaticano, el Papa exigía que pidiera previamente perdón por esa persecución. El Papa cerró los Museos Vaticanos, que Hitler quería visitar, se ausentó de Roma y se recluyó en Castel Gandolfo mientras duró la estancia del líder nazi. En la audiencia general del 3 de mayo de 1938, según documenta Cianfarra (p. 122), Pío XI lamentó las «cosas malas que están ocurriendo, cerca y lejos. Entre esas malas cosas sin duda se cuenta el hecho de que no se haya considerado fuera de lugar e inoportuno levantar en Roma el emblema de una cruz que no es la cruz de Cristo».

Tras su visita a Roma, Hitler envió una comisión de asesores a Milán para que Italia copiara las leyes raciales alemanas. El detonante de la primera intervención papal habría sido el *Manifesto della razza* del 14 de julio de 1938, en el que supuestos científicos italianos —aplaudidos incluso por eclesiásticos— se manifestaron a favor de dichas leyes raciales. Como reacción, según resumió el *New York Times* en su edición del 17 de julio de 1938 (páginas 1 y 23). Pío XI habló a religiosas de muchos países sobre «un asunto importante que actualmente agita al mundo bajo el nombre de nacionalismo, un nacionalismo en muchos sentidos exagerado, un nacionalismo mal entendido, que ya hemos tenido dolorosa ocasión de denunciar como erróneo y peligroso»:

> *Dijo que había escrito a todos los superiores generales de órdenes misioneras y de todas las órdenes «para prevenirles del flagelo del nacionalismo excesivo, que produce esterilidad apostólica; para que se guarden de ese nacionalismo exagerado que daña la salud de las almas y levanta barreras entre los pueblos (...). Católico significa universal, e Iglesia católica significa Iglesia universal. Así que el contraste entre el nacionalismo exagerado y la doctrina católica es evidente. El espíritu de este nacionalismo es contrario al espíritu del Credo y es contrario a la fe. (...) Ahora ha adoptado la forma de una auténtica apostasía. Ya no es cuestión de tal o cual idea errónea, es todo el espíritu de una doctrina que es contraria a la fe de Cristo».*

Se entiende que el Papa hablara de apostasía al leer en ese mismo diario cómo apoyaron las leyes raciales incluso eclesiásticos:

> *L'Avvenire d'Italia, un diario católico, publica hoy un artículo del padre jesuita Bruccoleri, en el que expresa su aprobación de las teorías raciales fascistas desde el punto de vista científico. (...) El mayor mérito de la actitud italiana hacia el problema racial, sostiene el padre Bruccoleri, es que es diferente de la alemana. La teoría racial alemana, dice, es de poco valor, dados sus métodos inadecuados y porque «lo único que ha hecho es juntar material insuficiente y anticuado, para exaltar y deificar a la raza alemana (...)».*
>
> *Los científicos italianos, concluye, limitan su investigación al campo biológico y así escapan al error de atribuir a las distintas razas un nivel moral diferente, lo que implícitamente condena la unidad fundamental de la ética. No han negado las virtudes éticas de otros pueblos, y se han acercado al problema racial desde una base estrictamente científica, piensa.*

El 28 de julio, Pío XI hablaría a jóvenes misioneros, según Coppa, «denunciando el racismo y recordando a los estudiantes que la humanidad consistía en una gran familia universal. Ese era precisamente el tema de su encíclica inédita. Lamentó que Italia hubiera sentido la necesidad de imitar el ejemplo alemán al abrazar una forma de racismo contraria a las creencias y enseñanzas de la Iglesia. El conde Ciano, yerno y ministro de Relaciones Exteriores de Mussolini, describió el discurso del Papa como violentamente antirracista».

De nuevo el *New York Times* se hizo eco el 30 de julio, mediante una crónica en la que Arnaldo Cortesi afirmaba que con ese discurso papal había comenzado «la inevitable batalla entre la Iglesia católica y el régimen fascista sobre las nuevas teorías racistas italianas». Pío XI habría revelado que las autoridades amenazaban con declarar incompatible ser miembro del partido fascista y de la Acción Católica, a lo que contestaba que quien ataca a las asociaciones de Acción Católica ataca a la Iglesia, y que golpearlas es golpear al Papa, «y quien golpea al Papa muere»:

> *El Papa volvió a establecer la doctrina de la Iglesia católica sobre el problema racial. Toda la humanidad, dijo, es una única raza humana. Se pueden observar ciertas variaciones en esta raza humana, pero en conjunto deben ser tomadas como partes de una única gran familia, aseguró.*

El corresponsal recuerda que el 21 de julio, dirigiéndose a miembros de la Asociación Italiana de Acción Católica, Pío XI recordó que «católico significa universal, no racista o separatista» y rechazó en bloque lo que denominaba racismo-nacionalismo-separatismo:

> *¡No, no al separatismo! No queremos separar nada en la familia humana. Miramos el racismo y el nacionalismo exagerado como barreras que se levantan entre hombre y hombre, entre pueblo y pueblo, entre nación y nación.*
>
> *Se olvida de que la humanidad, el conjunto de la humanidad, es una raza humana única, grande y universal. Todos los*

hombres son, ante todo, miembros de la misma gran especie. Todos ellos pertenecen a la única gran familia de los vivientes.

La humanidad es, en consecuencia, una única raza universal, católica. Sin embargo, no se puede negar que, en esta raza universal, hay espacio para razas especiales, formadas por las diversas variaciones y las muchas nacionalidades que están aún más especializadas.

En cuanto a no atacar a la Iglesia y al Papa, aseguraba que lo aconsejaba «por vuestro propio bien», ya que lo de que quien ataca al Papa muere «es verdad y la historia lo prueba».

La intervención más conocida de Pío XI relativa a las leyes raciales italianas fue improvisada ante peregrinos belgas el 6 de septiembre de 1938. Fue transcrita por el presidente de la radio católica belga, monseñor Louis Picard, siguiendo instrucciones del Papa. El texto publicado en 1938 por *La Documentation Catholique* (pp. 1.459-60) decía:

Fijaos que Abraham es llamado nuestro patriarca, nuestro antepasado. El antisemitismo no es compatible con el pensamiento y la realidad sublime que se expresan en este texto. Es un movimiento ajeno a nosotros, un movimiento en el que los cristianos no podemos participar. La promesa fue hecha a Abraham y a sus descendientes. Se realiza en Cristo y, por Cristo, en nosotros que somos miembros de su cuerpo místico. Por Cristo y en Cristo somos descendientes espirituales de Abraham. No, no es posible que los cristianos compartan el antisemitismo. Reconocemos a todos el derecho a defenderse, a tomar medidas de protección contra lo que atente contra sus legítimos intereses. Pero el antisemitismo es inadmisible. Nosotros somos espiritualmente semitas.

El 8 de octubre la nueva encíclica sobre el racismo estaba lista para enviarse al Vaticano, pero el general de los jesuitas, Ledóchowski, retrasó la entrega para consultar el texto con Enrico Rota, de la revista *La Civiltà Cattolica*. Cuando, en la noche del 9 de noviembre, se produjo el asesinato de 91 personas judías conocido en Alemania como Noche de los Cristales Rotos —una represalia organizada desde el partido nazi por el asesinato de un diplomático alemán en París, a manos de un judío cuya familia había tenido que huir de Alemania—, el Papa no hizo declaraciones (tampoco los obispos alemanes), pero sí lo hicieron, invocando las palabras de Pío XI contra el racismo, los cardenales arzobispos de Milán (Schuster), París (Verdier), Lisboa (Manuel Gonçalves) y el primado de Bélgica (cardenal van Roey).

El comisario estatal y ministro del Interior de Baviera, Adolf Wagner (1890-1944), un nazi de primera hora que había tomado parte en el golpe de 1923, reaccionó de todos modos como si el Papa hubiera hablado. En presencia de 5.000 nazis, dijo:

> *Cada expresión que el Papa hace en Roma es una incitación a los judíos en todo el mundo para agitar contra Alemania.*

Y así se comprende que la Noche de los Cristales Rotos, derivara en Múnich en un ataque a los católicos, no por lo que hubiera declarado el cardenal Faulhaber —nada—, sino por enviar al rabino de la sinagoga Ohel Jakob un camión para que salvara los objetos sagrados antes de que dicho templo fuera quemado.

El *New York Times* constataba esta persecución el 13 de noviembre (pp. 1 y 38) con un cable transmitido desde Múnich el 12:

> *La ola de ilegalidades antisemitas ha sido suplantada aquí por una campaña de violencia contra la Iglesia católica.*
>
> *Tras el discurso de anoche de Adolf Wagner (...), una turba marchó esta mañana temprano al palacio del cardenal y lanzó piedras contra las ventanas.*
>
> *40 ventanas de las plantas baja y primera quedaron destrozadas y solo las de las plantas superiores, que estaban fuera de su alcance, no fueron dañadas. (...)*

Los protestantes no se habrían librado de la represión, ya que el mismo día 12 se habría emitido «una orden eliminando a todos los líderes confesionales protestantes de las nóminas controladas por el Gobierno».

También en Austria, el líder nazi local, Hugo Jury, amenazó al cardenal Theodor Innitzer de Viena, cuyo palacio ya había sido apedreado el 8 de noviembre por defender el matrimonio y la escuela católicos, acto que el Papa denunció como «persecución», comparándola con la llevada a cabo por el emperador Juliano el Apóstata. El *New York Times* copió de la agencia AP las palabras del Papa el 13 de noviembre pidiendo oración contra las «fuerzas que están tratando de arruinar a las almas»:

> *Es necesario, queridísimos hijos, hacer todo lo que podamos y todo lo que esté a nuestro alcance para reaccionar contra esos poderes del mal.*

El Vaticano envió mensajes a los arzobispos del mundo para que facilitaran visados a los judíos alemanes para salir del país. Se estima que 200.000 personas lograron usar esos visados para salir de Alemania.

Una semana después de la Noche de los Cristales Rotos, con motivo de la jornada de penitencia celebrada el 16 de noviembre de 1938 por los protestantes, el pastor Julius von Jan, de 41 años, predicó en su iglesia de Oberlenningen (Wurtemberg) contra el antisemitismo. En su oración final pidió a Dios que diera «espíritu de penitencia al Führer y a todas las autoridades». Miembros de las SA le dieron una paliza, y luego fue detenido y condenado a 16 meses de cárcel.

Para otros, la Noche de los Cristales Rotos sería aún más decisiva, como para el jurista y economista Johannes Popitz (60, M.E.), que hasta 1937 había colaborado con los nazis, incluso recibiendo la insignia de oro del Partido (lo que implicaba ser miembro, en su caso con el número 3.805.233). El recrudecimiento de la persecución a los judíos le hizo rebelarse, como otros miembros de la prestigiosa Sociedad de los Miércoles, a la que convirtió en una célula de resistencia y ayuda a los perseguidos, según el testimonio de Paul Fechter. Pasados los años, elaboró para Goerdeler una «Ley de Estado provisional», que debía entrar en vigor al deponer a Hitler con un golpe de Estado. En verano de 1943, por medio del abogado Carl Langbehn, quiso persuadir a Himmler de que negociara la paz con los occidentales. Los conspiradores lo querían de ministro de Finanzas y Educación, pero Popitz no quería derramamiento de sangre y se alejó de ellos. No obstante, fue detenido tras el atentado del 20 de julio de 1944, condenado a muerte por el juez Roland Freisler el 3 de octubre de 1944 y ahorcado el 2 de febrero de 1945 en Berlín-Plötzensee.

El 19 de noviembre de 1938, las autoridades nazis prohibían definitivamente uno de los pocos medios de comunicación católicos restantes: *Kettelerwacht*, título que habían obligado a adoptar en 1935 al *Periódico de los Trabajadores de Alemania Occidental* (*Westdeutschen Arbeiterzeitung*), órgano del sindicato KAB cuyo redactor jefe era, desde 1927, Nikolaus Groß. Como su padre, Groß fue minero de 1915 a 1919, cuando ingresó en el sindicato católico y el Zentrum. Como periodista, se enfrentó al nazismo, como muestra lo que publicó el 14 de septiembre de 1930:

> *Como trabajadores católicos rechazamos decidida e inequívocamente el nacionalsocialismo no solo por motivos políticos y económicos, sino también y principalmente desde nuestra postura religiosa y cultural.*

Desde 1933, Groß continuó de forma discreta esa oposición en el Círculo de Colonia y desde 1942 apoyando a Goerdeler. Aunque no estuvo implicado en el atentado del 20 de julio de 1944, fue detenido el 12 de agosto siguiente y condenado a muerte el 15 de enero de 1945 por el juez Roland Freisler. Al despedirse de su mujer, le dijo que no buscara su cuerpo: «Nos quemarán a todos. Y sin embargo, el Señor nos resucitará».

Fue ahorcado el 23 de enero de 1945 en la cárcel de Berlín-Plötzensee y la familia hubo de pagar los gastos de la ejecución. Dos días antes se despidió de su mujer y siete hijos por carta: «Hasta la vista en un mundo mejor». Tenía 46 años. Fue beatificado como mártir por Juan Pablo II en Roma el 7 de octubre de 2001. Su hijo mayor,

Alexander (1931-2019), que pasó cinco años en cautiverio soviético (1943-1948), afirmó que su padre fue «no solo un piadoso mártir del tiempo del nazismo, sino un hombre de la resistencia contra Hitler», opinando que la beatificación no debía servir para maquillar lo que él consideraba «cobardía» del Vaticano durante los años de la guerra.

Volviendo a 1938, el 21 de noviembre Pío XI afirmó que «existe una sola raza humana». Si el nazi Adolf Wagner le atacó sin necesidad de que hubiera dicho nada tras la Noche de los Cristales Rotos, ahora la reacción correspondió a Robert Ley, ministro de Trabajo nazi, quien dijo al día siguiente:

No se tolerará la compasión hacia los judíos. Negamos la afirmación del Papa de que no hay más que una sola raza humana. Los judíos son parásitos.

El Papa sufrió dos infartos el 25 de noviembre. Sus audiencias se limitaron a cinco minutos. A fines de diciembre recibió al ministro plenipotenciario británico ante la Santa Sede, Francis D'Arcy Godolphin Osborne (1884-1964) para decirle que «La Alemania nazi ha tomado el puesto del comunismo como el enemigo más peligroso de la Iglesia». Osborne actuaría en 1940 como transmisor a su gobierno de las noticias del grupo opositor en torno al general Beck.

Mientras tanto, la hermana Teresa Benedicta de la Cruz (Edith Stein) se trasladaba el 31 de diciembre de 1938 del Carmelo de Colonia al de Echt en Holanda, 78 km al oeste, para evitar la persecución nazi. Le acompañaría más tarde su hermana Rosa, que había esperado a la muerte de su madre (septiembre de 1936) para bautizarse (lo hizo en la Nochebuena de ese año).

En Roma, solo después de que LaFarge escribiera directamente al Papa por sugerencia de Gundlach, Ledóchowski entregó en enero de 1939 a Pío XI el borrador de la encíclica. Walter Abbot asegura que Pío XI recibió el 21 de enero el borrador, pero no se sabe si lo pudo leer antes de morir en la noche del 9 al 10 de febrero. Lo más probable es que no, ya que entonces estaba trabajando, según Coppa, en un discurso cuyo borrador quería presentar a los obispos italianos, con un catálogo de abusos del fascismo, y tampoco este pudo entregarlo. Cuando Juan XXIII lo publicó, se supo que hacía referencia a abusos del fascismo y del nazismo, y que los rebatía insistiendo en la unidad de la familia humana: el mismo tema de la encíclica, cuyo borrador se encontró tras su muerte en su mesa de trabajo, con una nota de monseñor Domenico Tardini indicando que el Papa reclamaba el texto sin más retrasos.

Pacelli se convirtió el 2 de marzo de 1939 en el nuevo papa Pío XII y la encíclica sobre el racismo no se publicó. Según Coppa, Pacelli no había sido informado de los preparativos de la encíclica y los autores recibieron de vuelta sus borradores, con la indicación de que podían publicarlos con su firma, sin ninguna referencia a la encíclica. Ninguno lo hizo.

Mientras tanto, en Alemania y Austria continuaba la persecución arbitraria de clérigos críticos. El 15 de diciembre de 1938 la Gestapo detuvo al sacerdote tirolés Otto Neururer (58), porque desaconsejó a una joven que se casara con un nazi que, además de haber abjurado de su fe, estaba divorciado. De la prisión de Innsbruck fue deportado el 3 de marzo de 1939 al KZ Dachau y el 26 de septiembre al KZ Buchenwald. En abril de 1940 un preso le dijo que quería bautizarse, y aunque todo acto religioso estaba estrictamente prohibido, Neururer le instruyó en la fe con ayuda de otro sacerdote, también austríaco, Matthias Spanlang. Al enterarse, los jefes del campo los colgaron boca abajo, envolviendo sus piernas en piel de cordero para no dejar huellas en caso de tener que entregar los cadáveres. El sacerdote Alfred Berchtold (1904-1985) testificó que Neururer no se resistió ni gritó al ser colgado, sino que rezaba en voz baja mientras estuvo consciente. A las 34 horas murió por exceso de presión arterial en la cabeza. Era el 30 de mayo de 1940.

El 5 de junio de 1940, al pasar lista, los guardas de Buchenwald dieron cuenta de la muerte de Spanlang. Las cenizas de Neururer se enviaron a Innsbruck, donde el vicario Carl Lampert, al convocar al funeral para el 30 de julio de 1940, indicó que Neururer había muerto en el KZ Buchenwald, sugiriendo su muerte violenta al afirmar que «nunca olvidaremos su muerte». Por ello, Lampert fue arrestado el 5 de julio de 1940 y deportado al KZ Dachau. Aunque lo soltaron el 1 de agosto de 1941, Lampert fue finalmente ejecutado el 13 de noviembre de 1944.

Neururer fue beatificado en Roma el 24 de noviembre de 1996 como primer sacerdote austríaco víctima de los nazis en el KZ Buchenwald. Spanlang tenía 53 años al morir y era de Kallham, 45 km al oeste de Linz. Desde 1925 era párroco en Sankt Martin im Innkreis, otros 20 km al oeste, donde ya desde 1931 se la tenían jurada los nazis por las prédicas y artículos de prensa que escribía contra ellos. Detenido el 24 de mayo de 1938, lo deportaron a Dachau, donde en diciembre de 1938 todo estaba listo, incluso el billete de viaje, para soltarlo, pero finalmente no salió. El 26 de septiembre de 1939, junto con Neururer, fue trasladado al KZ Buchenwald. El cisterciense Konrad Just testificó que a Spanlang lo llevaron al búnker de presos junto con Neururer para castigarle por catequizar al converso. Varios testigos vieron a ambos colgados boca abajo. Pero los nazis inscribieron la muerte de Spanlang como natural («insuficiencia cardíaca»), por lo que no ha sido beatificado, aunque podría serlo, ya que para ser mártir no se requiere ser asesinado, sino que la vida se acorte notablemente en razón de la persecución por odio a la fe.

Carl Lampert (50) había nacido en Göfis, 150 km al oeste de Innsbruck y junto a Feldkirch, en Vorarlberg, extremo occidental de Austria. Sacerdote desde 1918, estudió en Roma de 1930 a 1935, regresando el 1 de octubre para ayudar al obispo auxiliar Sigismund Waitz en la administración de Innsbruck-Feldkirch, que tras haber sido separada de la capital diocesana del Tirol que se anexionó Italia (Brixen), no sería diócesis independiente hasta 1964. El 15 de octubre de 1938 Waitz fue sucedido por Paulus Rusch y no por Lampert, quien siguió siendo solo vicario, y por tanto no estaba protegido por la orden de Hitler que prohibía criminalizar a los obispos.

En febrero de 1939 fue detenido Everhard Richarz (36, M.G.), sacerdote de la parroquia de Santa María de Oberhausen (unos 30 km al norte de Düsseldorf) ordenado en Colonia en 1930, que se distinguió por sus críticas al nazismo junto con tres de sus hermanos.

Pasó por las prisiones de Klingelpütz en Colonia y Moabit en Berlín, de donde lo soltaron en febrero de 1941 tan enfermo que murió el 13 de ese mes ya en casa de sus padres.

PÍO XII Y LA CONSPIRACIÓN DE BECK

Schenk y Cárcel Ortí afirman que el mismo día de su coronación, 12 de marzo de 1939, Pío XII dejó escrita ante notario su renuncia para el caso de ser secuestrado por Hitler. A ese u otro documento se refirió el cardenal Pietro Palazzini al declarar a la revista *30 Giorni*, según el diario *La Repubblica* (28 de enero de 1988), que Pío XII entregó a su chófer Mario Stoppa una carta de dimisión que «se haría ejecutiva en cuanto Hitler lo hiciera arrestar», o, más exactamente, para evitar un secuestro como el de Pío VII por Napoleón, «que en el caso de que fuese arrestado y conducido fuera de los muros de Roma, se consideraría inmediatamente que renunciaba a la Sede de Pedro. Si me llevan, pensaba el pontífice, será Eugenio Pacelli y no el Papa quien esté prisionero». De esa forma la Iglesia podría elegir otro Papa.

Si el argumento para redactar esa carta fue, como sugiere Palazzini, que Pío XII conocía «la orden de Hitler de arrestarlo», tal documento no habría sido necesario hasta julio de 1943, cuando fue detenido y depuesto Mussolini. Hitler ordenó entonces el secuestro o asesinato tanto del Papa como del rey de Italia, pero el plan se frustró porque el jefe del contraespionaje alemán (Abwehr), Canaris, y otros dos miembros del círculo de resistencia en torno a Stauffenberg, Wessel Freytag von Loringhoven (1899-1944) y Erwin von Lahousen (1897-1955), se reunieron en Venecia los días 29 y 30 de julio con el jefe del contraespionaje italiano, general Cesare Amè, para prevenirle. El diario *Il Tempo* reveló esos detalles el 17 de junio de 2009.

La colaboración del nuevo Papa con círculos que pretendían derrocar a Hitler sí puede fecharse en su primer año de pontificado. De lo que relata Chadwick (páginas 88 y siguientes) queda claro que Pío XII quiso que el grupo del general Beck pudiera comunicarse con el Reino Unido a través de la Santa Sede, pero sin implicar al secretario de Estado, Luigi Maglione.

Pío XII conocía a Beck desde sus tiempos de nuncio en Baviera (1917-1920) y Berlín (1920-1929). El Papa mismo actuaba como eslabón de una cadena de comunicación que iba desde Beck, pasando por el coronel Hans Oster, a Josef Müller, quien, sin tener cargo oficial, desde septiembre de 1939 llevaba a Roma mensajes al jesuita alemán Robert Leiber (1887-1967), secretario privado de Pacelli, quien a su vez pasaba los mensajes al ministro plenipotenciario británico Osborne, este al ministro de Exteriores Edward Wood (conde de Halifax, 1881-1959) y este al primer ministro Neville Chamberlain. Osborne obtuvo otra línea de comunicación que no pasaba por el Papa, sino que desde Müller pasaba al exjefe del Zentrum, Kaas, con quien Osborne podía reunirse.

Con esta red no tuvieron contacto ninguna de las dos embajadas francesas en Roma, ya que los generales alemanes estaban convencidos de que Francia aceptaría cuanto le exigieran los británicos, según Chadwick. Tampoco supieron nada ni Maglione ni sus colaboradores estrechos Tardini y Montini (futuro papa Pablo VI). Chadwick supone que fue así para ahorrar responsabilidades a algunos personajes, pero también porque Pío XII y Leiber sabían «que en el departamento de la Secretaría de Estado trabajaba un agente secreto de las potencias del Eje».

Antes del 1 de diciembre de 1939, Osborne recibió de Kaas el mensaje de Müller (quien permanecía anónimo), según el cual, a cambio de una «paz honorable» un grupo de militares expulsaría del poder a los nazis, algo que Osborne consideró «muy nebuloso». Kaas también tenía «un sano escepticismo», pues consideraba que Müller debía presentar pruebas, la negociación era prematura y sería difícil involucrar al Vaticano. La reticencia de Kaas hizo a los conspiradores buscar el contacto directo con el Papa. El propio Osborne dijo a Kaas que no había que excluir un futuro contacto a través del Vaticano, lo qué Chadwick interpreta como «una invitación directa a los conspiradores alemanes para que usaran al Vaticano».

El 8 de enero de 1940 Kaas se mostró irritado ante Osborne por la imagen de desunión entre los alemanes que daban los conspiradores. Quizá ante la falta de sintonía de Kaas, estos probaron la otra vía: el 12 de enero el Papa invitó a Osborne a una audiencia privada y dijo conocer los nombres de los generales conspiradores, pero que prefería no decírselos. Le avisó de que se planeaba una invasión alemana de Holanda en febrero, para invadir desde allí Francia. La ofensiva se suspendería si se garantizaba a esos generales una paz honorable: entonces derrocarían a Hitler y restaurarían Polonia y Checoslovaquia, aunque Austria se quedaría en Alemania. La iniciativa del Papa era clara pero, al mismo tiempo, limitada:

> *Esta comunicación se le hizo a él, pero sin pedirle que la transmitiera. En todo caso sintió que su conciencia no estaría tranquila si no me lo decía. Quiso pasarme la comunicación con fines puramente informativos. No quiso en la menor medida apoyarla o recomendarla.*

Ante las pegas que puso Osborne, el Papa se retractó:

> *Quizá, después de todo, no valga la pena seguir adelante con el asunto y en consecuencia me pedía que tuviera esa comunicación que me hizo como si no la hubiera hecho.*

Osborne rechazó que el Papa pudiera «cargar sobre mi conciencia las responsabilidades de Su Santidad» y preguntó a Pacelli si garantizaba la buena fe de los generales y que cumplieran lo prometido, a lo que el Papa contestó que no. Añadió que si Osborne tenía una respuesta para los alemanes, podía ir a verle en todo momento. El juicio de Chadwick sobre este episodio es radical (p. 91):

Nunca en toda la historia se ha implicado un Papa de forma tan delicada en una conspiración para derrocar por la fuerza a un tirano.

El 26 de febrero Osborne recibió una carta de Halifax para el Papa fechada el 17. Entre febrero y marzo, alguien (según dice Chadwick, p. 94) dio pruebas al Foreign Office de que Kaas no era de fiar y de que esta supuesta conspiración podría haber sido organizada por el propio Hitler. Y es que sabían que el espía hitleriano en la Secretaría de Estado vaticana se apellidaba K. Pero no era Kaas, sino el estonio Alexander Kurtna (1914-1983), converso de la ortodoxia, que desde 1936 trabajaba en el Archivo Vaticano.

Para comprender mejor esta conspiración, conviene retrotraerse al 5 de noviembre de 1937, cuando Hitler desveló a los principales jefes militares sus planes de guerra, que preveían para 1938 la ocupación o guerra contra Austria y Checoslovaquia.

Ante la oposición encontrada, Hitler y los suyos trataron de controlar el ejército forzando la dimisión de los generales Werner von Blomberg (ministro de la Guerra, dimitió el 28 de enero de 1938) y Werner von Fritsch (comandante en jefe del Ejército, dimitió el 3 de febrero). Al día siguiente, Hitler unificó el mando militar creando el Estado Mayor de las Fuerzas Armadas (Oberkommando der Wehrmacht, OKW), a las órdenes del general Wilhelm Keitel. Este, junto con Jodl (jefe de la sección de Defensa Territorial) presentó el 21 de diciembre una nueva directiva para el Caso Verde (Fall Grün): el plan de invasión de Checoslovaquia.

La oposición a los planes bélicos de Hitler se centró en torno a Ludwig Beck, jefe de Estado Mayor del Ejército desde 1935, a quien el ayudante militar de Hitler, coronel Friedrich Hossbach, mostró el 11 de noviembre de 1937 sus notas sobre los planes expuestos por Hitler el 5 de noviembre.

Beck propuso a Walther von Brauchitsch, (sucesor de Fritsch al frente del ejército) la dimisión en bloque del generalato, y en una reunión de 12 generales en casa de Von Brauchitsch el 4 de agosto de 1938, casi todos los presentes calificaron de catastrófico el plan de

Hitler (dado que entonces ya se había anexionado Austria, solo podía referirse a la guerra contra Checoslovaquia, que desde el 30 de mayo se proyectó para el 1 de octubre).

La excepción fueron los generales Busch y von Reichenau. Este contó a Hitler lo sucedido, y el dictador exigió la dimisión de Beck, que la presentó el 18 de agosto. El 1 de octubre de 1938 pasó a la reserva y fue sustituido en su cargo por el bávaro Franz Halder.

La llamada conspiración de septiembre (o también de Zossen), que pretendía derrocar a Hitler para evitar una guerra contra Checoslovaquia, fracasó a causa de la Conferencia de Múnich y el correspondiente acuerdo firmado en la noche del 29 al 30 de ese mes por Hitler, Chamberlain, Daladier y Mussolini, que acabó con la integridad del Estado checoslovaco.

El gestor de la conspiración de Beck había sido Hans Oster, hijo del párroco de la iglesia reformada francesa de Dresde, y en esa época recién nombrado jefe de la sección central del Servicio de Inteligencia Militar (Abwehr) por su jefe, el almirante Canaris. Oster fue quien fichó al abogado Müller, enrolándolo como alférez en la Abwehr al estallar la guerra. Desde el primer momento, Oster le fijó la misión de establecer relaciones en el Vaticano en pro de la conspiración, bajo la tapadera oficial de investigar en Roma las intenciones del enemigo y de los propios italianos.

Según Hoffmann, ya el 18 de octubre de 1939 Müller habría informado de que el Gobierno británico estaba dispuesto a negociar siempre y cuando el negociador alemán tuviera el aval del Vaticano, aspecto que aparecía ya el 20 de octubre en el diario del oficial de la Abwehr que apoyaba a Müller en Roma, Helmuth Groscurth (1898-1943). Al sucesor de Beck, general Franz Halder, se le presentó como prueba del apoyo papal una tarjeta de visita de Leiber y una hoja de papel con marca de agua del Vaticano que llevaba escritas las condiciones de los británicos.

La respuesta británica afirmativa a los sondeos de Müller llegó el 29 de enero de 1940, dos días después de que el obispo luterano noruego Eivind Berggrav visitara a lord Halifax y «primariamente gracias a los esfuerzos del Papa y al respeto que a él le tenían».

Hoffmann (p. 160) precisa que el 11 de enero de 1940 Pío XII habría asegurado a Osborne que los negociadores alemanes no tenían relación con el NSDAP y que la negociación haría también referencia a Rusia. Las señales de fracaso, sin embargo, habrían aparecido ya aquel 13 de enero, cuando Halder le dijo a Groscurth que consideraba necesario combatir contra Inglaterra y que no había base en Alemania para un golpe de Estado. El 16 de enero, el gabinete de guerra británico adoptaba la opinión de Osborne de que el proyecto era demasiado borroso, y que los alemanes debían comenzar por deponer a su gobierno y después negociar la paz. También decidieron informar al Gobierno francés (algo que Chadwick fechaba en torno al 25 de enero).

La siguiente conversación entre Pío XII y Osborne, según Hoffmann (161) tuvo lugar el 7 de febrero. El Papa le mostró cuatro páginas escritas en alemán por los conspiradores, hablando de un futuro gobierno democrático, conservador, moderado, descentralizado y federal, que pedía como garantía de paz solo mantener la unión entre Alemania y Austria. El Papa dijo sentirse a disgusto al transmitir esa información, pero que su conciencia le impulsaba a seguir hasta la menor oportunidad de salvar vidas humanas.

Esta vez, Chamberlain y Halifax respondieron comunicando a Osborne el 17 de febrero:

> *El Gobierno de Su Majestad se fijará ante todo en que, además de reparaciones por los daños hechos a los vecinos menores de Alemania, se presenten garantías para el futuro. En conexión con esto, es interesante la sugerencia de una Alemania descentralizada y federal. (...) Bajo cualquier plan federal, bajo nuestro punto de vista sería correcto que a Austria se le permitiera decidir si quiere o no formar parte de la Federación.*

El 20 de febrero, el Papa recibió de Osborne el resumen de la postura británica, y la transmitió a Müller (por medio de Leiber, nunca se vieron directamente). Además, Pacelli habló con los representantes diplomáticos de Francia y Estados Unidos ante la Santa Sede (los

121

días 13 y 18 de marzo) para decirles que contaba con que el golpe contra Hitler se llevara cabo a mediados de marzo. Pasada esa fecha, el Papa perdió la esperanza y expresó a Osborne su comprensión de que también los británicos la perdieran (el 30 de marzo, según Hoffmann, p. 162):

> *Temía que cualquier perspectiva de desarrollo favorable a partir de la aproximación que se había hecho por medio de él se viera viciada por el hecho de que se hubieran hecho otras aproximaciones similares con el Gobierno de Su Majestad por medio de otros canales. Añadió que, según su forma de entender, el Gobierno de Su Majestad no tendría mucha esperanza en los resultados que pudieran tener esas comunicaciones, ni tendría mucho entusiasmo al recibirlas.*

Müller dijo a Leiber que sus jefes estaban tan satisfechos con el resultado que iban a actuar dentro del mes de febrero. Pero Halder no recibió el informe de Müller y otros detalles sobre la negociación en Roma hasta el 4 de abril. Para entonces, Hans Oster ya había tirado la toalla. Antes, trató de advertir el 3 de abril, mediante Müller y el Vaticano a los británicos, y mediante el espía holandés Berth Sas a los daneses y noruegos, de la invasión de Dinamarca y Noruega que empezaría el día 9. Los daneses recibieron el aviso, pero no pudieron defenderse. Los británicos y noruegos ni siquiera lo recibieron.

A la pregunta sobre por qué no se realizaron los planes, responde Hoffmann (p. 164) con la suposición de que quizá Beck, Oster y Dohnanyi confiaron en una solución diplomática por mediación de Benjamin Sumner Welles, vicesecretario de Estado norteamericano, y a que posiblemente las divergencias entre Beck y Halder eran tan graves que les impidieron actuar.

En descargo de los conspiradores en torno a Beck, asegura Hoffmann que su fracaso «seguramente no fue porque no se tomaran en serio la ofensiva en el oeste y la situación de la guerra en general. Por el contrario, los crímenes cometidos en Polonia, sobre los

que seguían llegando a la oposición nuevos informes, particularmente desde fines de enero, seguían demostrando que era esencial
derrocar al régimen».

¿De qué crímenes se trata?

1939 Y LA AGRESIÓN A POLONIA

Sobre los crímenes cometidos en Polonia durante y al terminar la agresión militar alemana (1 de septiembre-6 de octubre de 1939), informó el propio general encargado de la ocupación, Johannes Blaskowitz, en varios memoranda a Hitler. Uno de ellos estaba sobre la mesa del dictador el 18 de noviembre, otro fue dirigido el 27 de noviembre al jefe del Ejército, Von Brauchitsch, y uno más fue escrito en los primeros días de febrero de 1940. Los memoranda fueron rechazados por Hitler y Blaskowitz cayó en desgracia.

En el memorando del 27 de noviembre de 1939, Blaskowitz acusaba a los oficiales alemanes de cobardía frente a esos crímenes, y percibía en la Iglesia católica simpatía hacia los judíos perseguidos. Los soldados alemanes rechazaban «identificarse con las atrocidades de la Policía de Seguridad», pero solo pasivamente, según afirmaría Canaris ante Halder apoyando el juicio de Blaskowitz (p. 320 del libro de Mueller):

> *No tienen ningún gesto humano en defensa de los injustamente perseguidos.*

La referencia de Blaskowitz a la reacción que podía esperarse del pueblo polaco y de la Iglesia católica, está en el memorando fechado el 6 de febrero de 1940, publicado como documento 655 por Noakes y Pridham (pp. 938-941):

> *Las consecuencias son:*
>
> *a) La propaganda enemiga recibe material que de ningún otro modo podría haber elaborado con mayor eficacia. (...)*
>
> *b) Los actos de violencia contra los judíos que ocurren a la vista del público inspiran entre los polacos, que son religiosos, no solo un profundo disgusto, sino también una gran compasión por la población judía, a la que hasta ahora los polacos eran más o menos hostiles. En muy poco tiempo llegaremos al punto en el que nuestros archienemigos de la esfera oriental —el polaco y el judío, que además recibirán el apoyo particular de la Iglesia católica— en su odio contra sus verdugos, cerrarán filas contra Alemania.*
>
> *c) No es necesario volver a mencionar el papel de las fuerzas armadas, que se ven obligadas impotentes a observar este crimen, de forma que su reputación, sobre todo entre la población polaca, sufre un daño irreparable.*
>
> *d) Pero el peor daño que sufrirá la nación alemana por la situación actual es la brutalización y la degradación moral que, en muy poco tiempo, se extenderá como una plaga entre la valiosa mano de obra alemana.*
>
> *Si los altos funcionarios de la SS y la policía exigen actos de violencia y brutalidad y los elogian públicamente, en muy poco tiempo nos habremos convertido en meros matones. (...)*
>
> *La única forma de afrontar esta epidemia es subordinar a los culpables y sus cómplices a la dirección militar y a los tribunales lo antes posible.*

Pero los criminales ya estaban sometidos a disciplina, en el marco de lo que los nazis llamaron *Intelligenzaktion*, cuyo fin era destruir todo rastro del Estado y la cultura polacos al menos en las zonas destinadas a formar parte del Reich alemán, particularmente Pomerania. El asesinato de 100.000 polacos en el marco de esa acción debía aterrorizar a la población polaca y provocar que huyera de esas regiones. Los asesinos formaban parte de grupos «de intervención» (*Einsatzgruppen*) y grupos formados por habitantes de etnia alemana (*Volksdeutscher Selbschutz*).

La *Intelligenzaktion* era la segunda parte de la llamada Operación Especial Tannenberg (la primera parte fue el asesinato, en el mes anterior al comienzo de la guerra, de 2.000 polacos en Alemania), a su vez parte del plan general de colonización del Este (*Generalplan Ost*).

De las 100.000 personas asesinadas, 61.000 eran «intelectuales» cuya eliminación había previsto Heydrich desde 1937 anotándolos en el *Libro Especial de Procedimiento para Polonia* (*Sonderfahndungsbuch Polen*). Tan solo en Pomerania y dentro de 1939, asesinaron a unos 40.000 polacos. Una vez terminada esta acción, en la primavera de 1940, sus objetivos continuaron con otra que recibió el nombre de AB-Aktion (*Ausserordentliche Befriedungsaktion*, Acción Extraordinaria de Liberación).

El asesinato de estas personas lo pretendía justificar Hitler basándose en el darwinismo social, para convertir los restos de Polonia (el Gobierno General) en «un enorme campo de trabajo»:

> *Debemos estar implacablemente en guardia para evitar la aparición de cualquier líder polaco. Los polacos solo pueden tener un maestro, y ese es el alemán. Por tanto, todos los representantes de la intelectualidad polaca deben ser eliminados. Esto suena duro, pero así son las leyes de la vida.*

Estas palabras, dichas por Hitler y anotadas por Martin Bormann, aparecen en un documento presentado por los soviéticos (USSR-172) y comentado por el fiscal británico Hartley W. Shawcross en la sesión del Juicio de Núremberg del 27 de julio de 1946. Ya en *Mein Kampf* había definido Hitler su «política polaca» o «germanización del Este» como pura y dura liquidación:

> *Aquí también se pensó que se podría llegar a la germanización de los elementos polacos mediante una integración puramente*

lingüística dentro de la nacionalidad alemana. Y aquí también el resultado habría sido desafortunado, el de un pueblo de una raza ajena expresando su pensamiento ajeno en lengua alemana, comprometiendo la altura y dignidad de nuestra propia nacionalidad con su propia inferioridad.

La política genocida era una de las competencias de la Oficina Central de Seguridad del Reich (RSHA), creada el 27 de septiembre de 1939 como fusión de la Gestapo, SD, Policía de Seguridad —SiPo— y Policía Criminal —KriPo— y puesta en manos de Reinhard Heydrich (hasta su muerte el 4 de junio de 1942, después la dirigiría transitoriamente el propio Heinrich Himmler), cuyo objetivo primordial era el control absoluto del Estado desde la SS himmleriana.

Según Browning (p. 17 de su libro de 2007), las 200 personas ejecutadas al día en Polonia durante el avance alemán parecían muy pocas a Heydrich, quien además subrayaba la importancia de elegir bien a las víctimas:

> *Hay que fusilar o colgar a la gente inmediatamente, sin juicio. Ahorrémonos la gente sencilla, pero a los nobles, los sacerdotes y los judíos, hay que matarlos.*

Un episodio llamativo de estos crímenes fue la ejecución pública de sacerdotes y civiles polacos en Bydgoszcz (Bidgostia, 140 km al sur de Gedán y 250 km al noroeste de Varsovia), el 9 de septiembre de 1939, después del episodio divulgado por la propaganda de Goebbels como «Domingo Sangriento». La lucha entre soldados polacos en retirada y civiles armados (o agentes nazis) dentro de la ciudad (3 y 4 de septiembre) dejó un saldo en torno a 45 soldados polacos y 110 alemanes muertos. Paweł Kosiński, historiador del Instituto Nacional del Recuerdo (IPN) polaco, elevaría el balance tras terminar la retirada el 4 de septiembre a 254 muertos de religión evangélica (supuestamente alemanes) y 86 católicos (polacos).

Durante la primera semana de ocupación, la *Wehrmacht* y los *Einsatzgruppen* ejecutaron en esa ciudad a entre 600 y 800 personas.

A esa cifra se añadieron entre 1.200 y 1.300 más, ejecutados en el llamado Valle de la Muerte (en Miedzyń cerca de Fordon) en los meses siguientes, a cargo de la milicia local y del *Einsatzkommando 16* de la operación Tannenberg. El alcalde Leon Barciszewski, que regresó a la ciudad para defenderse de las acusaciones de propaganda, fue fusilado el 11 de septiembre. El total de habitantes de la ciudad muertos en la guerra se estima en 10.000.

Los nazis organizaron un tribunal que el 11 de septiembre dictó las primeras tres condenas a muerte y que hasta el final de la guerra procesaría a 545 acusados, dictando 243 penas de muerte (solo uno de los condenados fue alemán). Dentro de los ejecutados estaban 50 soldados polacos del batallón de defensa de la ciudad, ejecutados el 22 de septiembre en Boryszewo por su presunta participación, aunque dicho batallón no se encontraba en Bidgostia durante los sucesos.

Solo 17 de los 75 sacerdotes católicos de la ciudad permanecieron en sus cargos. Los asesinatos se definieron abiertamente como «exterminio de los párrocos radicales polacos». Una de estas víctimas fue el sacerdote Józef Henryk Szuman (57), en proceso de beatificación con otras 121 personas de la diócesis de Pelplin (50 km al sur de Gedán). Sacerdote desde 1908, desde junio de 1932 era párroco de San Mateo en Stargard, cerca de Gedán. El 6 de septiembre de 1939, Szuman fue llevado ante el alcalde alemán J. W. Fast, que según los recuerdos de W. Szumiato (*Przewodnik Katolicki* n.º 11, 14 de marzo de 1971), había cometido asesinatos en masa en Szpęgawsk, cerca de Starogard. Fast le ordenó abandonar el pueblo, argumentando que «no podían dos mandar en un mismo lugar». Szuman se despidió con una carta a su hermana en la que aceptaba el martirio:

> *Debes saber que tu hermano se alegrará si me dan ocasión de morir por la fe y la patria. Pero le pido a Dios que el tormento no dure mucho, porque estoy físicamente débil y tengo los nervios destrozados.*

Szuman se dirigió a Fordon, ciudad entonces de 4.721 habitantes, cuyo párroco, su amigo Józef Szydzik, de 67 años, fue detenido por los alemanes el 20 de septiembre y encarcelado en el cuartel de artillería de Bidgostia hasta que el día 29 lo asesinó un médico alemán con una inyección letal. Szuman se propuso sustituir a su amigo. Los nazis decidieron castigar a Szuman con una ejecución pública a cargo de un piquete de la milicia local el 2 de octubre de 1939 frente a la puerta principal de la iglesia de Fordon. Con su último aliento, el padre Szuman gritó:

¡Viva Cristo Rey! ¡Viva Polonia!

Junto a Szuman ejecutaron a uno de los vicarios de la parroquia, el padre Hubert Raszkowski, de 33 años y sacerdote desde 1930. Lo detuvieron el mismo 2 de octubre personas a las que la revista *Przewodnik Katolicki* (n.º 11) llamaba «soldados de la SS» que a las 11 de la mañana lo arrastraron brutalmente fuera de la iglesia mientras rezaba arrodillado. El fusilamiento fue entre las 4 y las 5 de la tarde y, además de a los sacerdotes, mataron al alcalde, Wacław Wawrzyniak (nacido en 1894), y a cinco civiles: el farmacéutico Benon Kaszewski (nacido en 1918), el estudiante de secundaria Albin Piotrowski (16 años), el carnicero Waldemar Podgórski (nacido en 1885), el industrial Polikarp Ziółkowski (nacido en 1902) y el obrero Stefan Zalesiak (nacido en 1903). Durante la guerra, otro medio centenar de residentes de Fordon, entre ellos 26 judíos, fueron asesinados.

La persecución religiosa se manifestó en la prohibición de misas («servicios separados en polaco») y de confesar desde el 1 de febrero de 1940. Los alemanes mataron a 356 sacerdotes de la diócesis de Chełmno (a la que pertenecían las localidades antes citadas), 110 km al sur de Gedán, incluidos casi todos los canónigos de la catedral, del seminario y del Collegium Marianum de Pelplin, donde estaba la catedral, que fue asaltada y profanada, estableciendo allí una escuela de policía. En ausencia del obispo Wojciech Okoniewski, que huyó al extranjero, el Papa nombró administrador de la diócesis al obispo alemán de Gedán, Karl Maria Splett (1898-1964). Este caso, según Browning (p. 32) muestra las «líneas generales seguidas en todas partes»:

Intelectuales polacos, nacionalistas, sacerdotes católicos, judíos, gitanos, e incluso alemanes católicos, alemanes étnicos casados con polacos y cualquier persona denunciada al menos por dos alemanes por cualquier motivo personal, eran reunidos en campos que iban surgiendo en Prusia Oriental.

Entre los mártires polacos del nazismo, destacan los 108 beatificados el 13 de junio de 1999 por san Juan Pablo II en Varsovia, y cuya fiesta se celebra anualmente el 12 de junio. Como las del resto, presento sus semblanzas (indicando entre paréntesis la edad de cada uno al morir) ordenadas en función de una fecha biográfica relevante.

Aunque la guerra contra Polonia supuso también la explosión de la violencia antirreligiosa, como hemos visto, esta comenzó en Alemania en el mismo momento de la toma del poder por los nazis, de modo que incluiré del mismo modo a los mártires alemanes y austríacos ya beatificados, así como algunos del *Martirologio Germánico*, M.G., recopilado desde 1999. Además, a un beato mártir francés y a otro medio centenar de la misma nacionalidad cuyo proceso de beatificación y canonización está incoado (todos formaron parte del Servicio de Trabajo Obligatorio, STO).

Entre las personas consideradas mártires de la Iglesia evangélica (M.E.) está el conde Friedrich-Werner von der Schulenburg (68), que había sido en 1915 oficial de enlace del ejército alemán en Erzurum (Turquía), donde no consta que denunciara el genocidio de los armenios. Desde 1931 era embajador de Alemania en Rumanía y se afilió al NSDAP en 1934, pasando como embajador a la URSS. Apoyó el Pacto de no agresión firmado entre ese país y Alemania el 23 de agosto de 1939, pensando que sería un instrumento de paz, a pesar de conocer el protocolo secreto sobre las esferas de influencia, que incluía el reparto de Polonia. Trató de evitar el ataque alemán a la URSS advirtiendo que sería imposible vencerla. El 28 de abril de 1941 habló sobre ello durante media hora con Hitler, quien se despidió diciendo: «No pretendo una guerra con Rusia». De regreso a Moscú, dos días después, Schulenburg dijo a sus colegas de la embajada alemana: «Me ha mentido a la cara». El 5 de mayo advirtió al embajador soviético en Berlín, Vladimir Dekanózov, de que Hitler atacaría y que Stalin debía hablar con el dictador alemán. Pero Stalin no le hizo caso.

Tras el ataque alemán a la URSS, Schulenburg fue canjeado en Turquía el 13 de julio de 1941 y a su regreso a Berlín colocado en un puesto irrelevante. En verano de 1943, Goerdeler —que consideró nombrarle ministro de Exteriores en su gabinete— le pidió que preparara una paz separada con la URSS y él trató el asunto con Tresckow. Tras el fallido atentado de Stauffenberg, aparecieron documentos de Schulenburg, que fue detenido el 19 de octubre de 1944 y condenado a muerte por Roland Freisler cuatro días después. Lo ahorcaron el 10 de noviembre en Plötzensee.

Bronisław Komorowski (50) fue ordenado sacerdote en 1914 y en 1915 trasladado a la parroquia de San Nicolás de Gedán, donde enseñó Historia y Lengua Polaca a los niños, promovió la construcción de iglesias para los polacos, como la de San Estanislao, consagrada en 1925, y entre 1933 y 1934 fue el único concejal polaco, incluso fue parlamentario suplente por la ausencia de Erazm Czarnecki. En 1937 promovió la fusión de entidades políticas polacas de la Ciudad Libre de Gedán en la Comunidad Polaca.

Con permiso de Pío XI y ayudado por el padre Franciszek Rogaczewski, erigió en la ciudad dos parroquias polacas personales, cuyos miembros seguían perteneciendo también a una parroquia alemana, pero eran atendidos por sacerdotes polacos. El 10 de octubre de 1937 Komorowski fue nombrado párroco de una de esas parroquias por el obispo Edward O'Rourke (1876-1943), pero tres días después las autoridades anularon ese nombramiento, por lo que el obispo dimitió. El nuevo obispo, el alemán Karl Maria Splett, no permitió las parroquias personales.

El mismo 1 de septiembre de 1939 en que comenzó la guerra, Komorowski fue encarcelado y golpeado. Enviado al KZ Stutthof (30 km al este de Gedán), lo asesinaron el Viernes Santo 22 de marzo de 1940 junto con decenas de activistas.

También el 1 de septiembre, pero en Düsseldorf, fue detenido el sociólogo Benedikt Schmittmann (67, M.G.), deportado al KZ

Sachsenhausen el 8 de septiembre. Doctor por la Universidad de Erlangen en 1897, se involucró en el trabajo social en Renania, organizando el seguro de discapacidad y la salud rural, la lucha contra los accidentes laborales y contra la tuberculosis. Al tomar el poder los nazis, le sometieron a arresto domiciliario y le expulsaron de la Universidad de Colonia, donde daba clase desde 1919. Los nazis y hasta su propio amigo Konrad Adenauer le aconsejaron emigrar, pero no quiso irse. En Sachsenhausen, los SS lo mataron a patadas el 13 de septiembre de 1939.

Franciszek Dachter (33), sacerdote desde 1933 y desde 1935 profesor de Religión en un instituto de Bidgostia, antes de estallar la guerra fue movilizado como capellán de un regimiento, siendo capturado el 17 de septiembre de 1939 y detenido desde el 10 de diciembre en el campo para oficiales Oflag IX C Rotenburg (en Hesse). El 25 de abril de 1940 se le privó de la condición de prisionero de guerra, fue deportado al KZ Buchenwald y el 7 de julio de 1942 a Dachau, con el número 31.199. Los prisioneros lo apodaron «Querubín» por su apariencia alegre y equilibrio espiritual a pesar del trabajo, el hambre y el acoso. En diciembre de 1942 fue elegido para los experimentos pseudomédicos del doctor Klaus Schilling, que le infectó la malaria. Lo mataron el 22 de agosto de 1944, probablemente con una inyección venenosa de piróforo.

El 19 de septiembre los alemanes hicieron prisionero al capellán naval Władysław Miegoń (50), sacerdote desde 1915. Los alemanes le ofrecían inmunidad, pero quiso «llevar la carga del cautiverio con los soldados» y fue transportado en el barco *Wilhelm Gustloff* desde Gdynia a Flensburg y al Stalag IX C en Bad Sulza, Turingia, 27 km al este del KZ Buchenwald. Como castigo por celebrar la fiesta de la independencia polaca el 11 de noviembre, fue deportado —contrariando la Convención de Ginebra sobre prisioneros de guerra— al KZ Buchenwald. El 8 de julio de 1942 lo enviaron a Dachau, con el n.º 21.223 y allí murió el 15 de octubre de 1942 de tifus y neumonía.

En Płonkówko, 30 km al sureste de Bidgostia, unos «bandidos» irrumpieron el 5 de octubre de 1939 en la iglesia, acusando al vicario, Marian Skrzypczak (30), sacerdote desde 1935, de haber instigado a matar a los alemanes. Tras golpearle y clavarle una bayoneta en una pierna, lo arrojaron por una escalera y le ordenaron huir hacia el pueblo. Cuando se acercó cojeando a la puerta, lo mataron de tres tiros. Skrzypczak fue el primero en morir de los 108 mártires beatificados el 13 de junio de 1999.

Leon Nowakowski (26) era sacerdote desde 1937 y estudiaba en Roma. Por estar de vacaciones al estallar la guerra, se hizo cargo de la parroquia de Bytoń, unos 260 km al oeste de Varsovia, al arrestar los alemanes al párroco. El 24 de octubre, cuando iba a oficiar el rosario, lo detuvo la Gestapo y lo llevó a Piotrków Kujawski, 6 km al oeste, donde en la noche del 31 al 1 de noviembre de 1939 lo fusilaron con otros 7 sacerdotes y 14 laicos. Los más de 800 judíos de Piotrków Kujawski fueron confinados en un gueto hasta que en abril de 1942 los exterminaron (solo sobrevivieron 14) en el KZ Kulmhof, el primer campo de exterminio, establecido el 8 de diciembre de 1939 junto a la aldea de Chełmno nad Nerem, 150 km al oeste de Varsovia (no confundir con la ciudad de Chełmno, situada 130 km al norte).

El 27 de octubre de 1939, la Gestapo confiscó la casa de la Sociedad del Verbo Divino (SVD) en Górna Grupa (casi 100 km al sur de Gedán) y detuvo a sus habitantes, entre ellos a Stanisław Kubista (41), que había hecho sus votos perpetuos en 1926 y era sacerdote desde 1927. Divulgador de las misiones, organizó un museo etnográfico y publicó tres novelas, además de muchas revistas. El 5 de febrero de 1940 lo llevaron con el resto de supervivientes de su casa al KZ Neufahrwasser, campo de tránsito para civiles junto al faro norte del puerto de Gedán, y de allí al KZ Stutthof, donde celebraron misa en secreto el Jueves Santo, 31 de marzo. El 9 de abril de 1940 lo llevaron al KZ Sachsenhausen (n.º 21.154). Durante el transporte enfermó de neumonía. Al desfallecer por el trabajo, los alemanes lo arrojaron a una letrina, donde uno de sus hermanos de congregación lo cubrió con una manta durante tres días y noches hasta que lo sacaron. El 26 de abril de 1940 pudo confesarse antes de que un capataz alemán lo matara aplastándole el pecho y la garganta con sus pies.

El 2 de noviembre de 1939 los alemanes encarcelaron en Inowrocław (160 km al sur de Gedán) al sacerdote Władysław Demski (55), que vivía allí desde 1922, cuando los alemanes le expulsaron de Prusia por haber participado en el comité del plebiscito para la incorporación de Warmia a Polonia. Era profesor de instituto cuando le detuvieron, deportándole el 8 de febrero de 1940 al KZ Stutthof. Trabajó en la construcción del campo, donde por su corpulencia fue elegido jefe del grupo de trabajo de sacerdotes polacos. Además de romper piedras, fue guía espiritual y a pesar de la prohibición celebró misa el 21 de marzo de 1940, Jueves Santo. El 10 de abril lo deportaron al KZ Sachsenhausen (n.º 9.103), donde el 26 de mayo, en una inspección de ropa antes de mandar a los sacerdotes a Dachau, a alguien se le cayó un rosario o una cruz que Demski se negó a pisar, diciendo mientras lo torturaban:

> *Todo lo que necesitas es polvo, reza al Señor y no te quejes de nada.*

El 28 de mayo de 1940 desfalleció mientras pasaban revista, cayéndose. Lo arrastraron a la alambrada y lo mataron en medio del grupo de sacerdotes.

Franciszek Drzewiecki (34) ingresó en 1930 en la Congregación de Don Orione, marchando a estudiar a Italia, donde fue ordenado sacerdote en 1936. Regresó a Polonia en diciembre de 1937, fue profesor de Religión y la guerra le sorprendió en Włocławek, 150 km al oeste de Varsovia, donde los alemanes hicieron el 7 de noviembre de 1939 una redada de sacerdotes a los que aislaron en el convento salesiano de Ląd, 230 km al oeste de Varsovia. Drzewiecki no aceptó ser liberado y prefirió quedarse con los presos. El 15 de diciembre de 1940 lo deportaron a Dachau con el número 22.666. Trabajó plantando hierbas, lo que aceleró la congelación de sus miembros. Por su mal estado de salud fue enviado el 10 de agosto al castillo de Hartheim (Alkoven, Austria, 13 km al oeste de Linz), especializado en eutanasia, donde lo gasearon el 13 de septiembre de 1942.

Otro detenido el 7 de noviembre de 1939 fue Henryk Kaczorowski (53), sacerdote desde 1914 y en 1922 doctor en Teología por la Universidad Católica de Lublin (150 km al sureste de Varsovia). De 1928 a 1939 fue rector de la Universidad de Włocławek y era prelado papal. El 3 de abril de 1941 fue transferido al KZ Dachau con el número 24.547. Allí lo gasearon el 6 de mayo de 1942. Su despedida, señalando al cielo, fue:

> *No nos engañamos. Sabemos lo que nos espera. El Señor es mi pastor, nada me falta. Aceptamos lo que nos espera de las manos de Dios. Ore para que perseveremos y también oraremos por usted allí.*

El mismo 7 de noviembre fue detenido Józef Straszewski (57), constructor y primer párroco de la iglesia de San Estanislao en Włocławek. Enviado a Dachau, lo mataron en Hartheim, el 12 de agosto de 1942. También ese día fue detenido el seminarista Tadeo Dulny, transferido el 16 de enero de 1940 de la prisión de Włocławek al convento salesiano de Ląd y de allí el 26 de agosto de 1940 al KZ Sachsenhausen y al KZ Dachau (15 de diciembre de 1940, n.º 22.662), donde ayudó a sus compañeros hasta morir de inanición el 7 de agosto de 1942, víspera de su 28.º cumpleaños. Según los recuerdos del obispo F. Korszyński, destacó por su espíritu de oración, en particular hacia la Virgen:

> *No dejó de ser él mismo. Sus virtudes, apreciadas y practicadas hasta entonces, se desarrollaron maravillosamente, llevándole hasta el extremo del heroísmo. Su piedad y su confianza de hijo de Dios profundizaron y se avivaron aún más.*

A las 21:20 h del 9 de noviembre de 1939 estalló en el Bürgerbräukeller de Múnich una bomba, colocada por Georg Elser (42, M.E.), con la intención de matar a Hitler en pleno aniversario del golpe de 1923. Hitler había abandonado el local unos minutos antes para regresar a Berlín en tren y no en avión, por el mal tiempo. De las cerca de dos mil personas que habían presenciado el discurso de Hitler, quedaban en el momento de la explosión menos de 150. Ocho de ellas murieron: siete nazis y una camarera de 30 años que dejó marido y dos hijos pequeños.

Elser fue detenido a las 20:45 h tratando de pasar a Suiza en Constanza, 190 km al suroeste de Múnich. Los agentes de aduana sospecharon de él porque su pasaporte estaba caducado, llevaba una postal del Bürgerbräukeller, partes de un detonador y propaganda de la milicia comunista en la que estuvo inscrito (*Roter Frontkämpferbund*), aunque nunca tuvo ni siquiera uniforme. Hitler quiso dejar su juicio para después de la guerra y solo el 5 de abril de 1945 ordenó al jefe de la RSHA, Ernst Kaltenbrunner, que mataran al «preso especial» (Elser) y al almirante Canaris. La orden llegó el día 9 al KZ Dachau, donde Elser estaba desde 1941. Debían esperar a matarlo coincidiendo con un bombardeo aliado cerca de Múnich, para que pocas personas se enterasen, pero lo mataron ese mismo día a las 23:00 h.

«Lástima», comentó, refiriéndose al fallido atentado contra Hitler, Karl Leisner, diácono de la diócesis de Münster, que se encontraba en un sanatorio de St. Blasien, al pie de los Alpes (260 km al oeste de Múnich, pero solo 45 al noreste de la ciudad suiza de Basilea). Eso bastó para que la Gestapo lo detuviera.

El obispo de Münster, Von Galen, había puesto en 1934 al cargo de las actividades con la juventud a Leisner, que acababa de terminar el bachillerato, comenzaba sus estudios de Teología, y que tras un retiro en la Semana Santa de 1933 se había asociado a la Federación de Schönstatt. El joven seminarista organizó grupos juveniles católicos en la clandestinidad, a los que llevaba a campamentos en los vecinos países del Benelux. Leisner fue ordenado diácono por Von Galen el 25 de marzo de 1939 y el 17 de diciembre de 1944 se convertiría en el único hombre que fue ordenado sacerdote en un campo de concentración nazi.

Deportado al KZ Sachsenhausen, el 14 de diciembre de 1940 pasó al barracón de clérigos del KZ Dachau, donde ya estaba su director espiritual, el jesuita Otto Pies. Este organizó la ordenación sacerdotal gracias a la colaboración de la monja Josefa Mack (entonces ni siquiera era novicia), que compraba flores en el KZ y, al ver el lamentable estado de los presos, decidió llevarles comida, o sacar cartas de ellos para sus familias, a pesar de que estaba penado con la muerte. Esto se lo pidió el sacerdote Ferdinand Schönwälder, quien más tarde acudió también a ella para que consiguiera todo lo necesario para celebrar misas y la ordenación de Leisner. El obispo ordenante fue el francés Gabriel Piguet (1887-1952), prelado de Clermont-Ferrand, que desde agosto de 1942 protegió a judíos y partisanos, por lo que fue detenido el 28 de mayo de 1944 (Pentecostés) y deportado primero el 20 de agosto de 1944 al KZ Natzweiler-Struthof, 40 km al sureste de Estrasburgo, y el 6 de septiembre a Dachau (n.º 103.001).

El nuevo sacerdote celebró el 26 de diciembre de 1944 su primera y única misa. Cuando Dachau fue liberado el 29 de abril de 1945, Leisner estaba tan débil que tuvo que ser llevado al sanatorio para tuberculosos Planegg, 15 km al oeste de Múnich, en el que murió el 12 de agosto de 1945 a los 30 años de edad. Fue beatificado por san Juan Pablo II en Berlín el 23 de junio de 1996.

Alicia (en el siglo María Eduvigis) Kotowska (39) fue enfermera en la Gran Guerra y en la posterior invasión soviética de Polonia. En 1922 ingresó en las Hermanas de la Resurrección y en 1929 defendió su tesis en Química, trabajando como maestra y superiora de las Hermanas en Wejherowo (40 km al noroeste de Gedán), a cuya prisión la envió la Gestapo el 24 de octubre de 1939. El 11 de noviembre fue vista por última vez en el patio de la prisión subiendo a un camión con un grupo de niños judíos, a los que animaba tomándoles de la mano. Fue ejecutada ese mismo día con otras 313 personas en el bosque de Piaśnica, 8 km al norte de la ciudad.

El 17 de noviembre de 1939, en el marco de la Acción especial Lublin, la Gestapo arrestó en el obispado de esa ciudad al obispo auxiliar Władysław Goral (46) y a otros 11 sacerdotes. Tras ser condenados el 27 de noviembre a muerte por un tribunal alemán (condena que fue conmutada por cadena perpetua), 13 clérigos terminaron deportados el 4 de diciembre en el KZ Sachsenhausen. Goral, sacerdote desde 1920, llevaba poco más de un año de obispo auxiliar.

Le asignaron el número 5.605 (13.981 desde 1943) y le colocaron en completa soledad en una celda de hormigón con el número 11, sin compañía, sacramentos ni periódicos que no fueran nazis. Murió en fecha incierta entre febrero y abril de 1945, por enfermedad o fusilado.

El sacerdote Stanisław Mysakowski (46) se presentó voluntariamente en el castillo-prisión de Lublin para defender a los clérigos presos, lo que le valió ser incluido en el grupo. Ordenado en 1920, había creado un refugio para ancianos en Lublin, otro para niños, un cine, campamentos de verano, la sala de lectura Wiedza y la asociación Caballero del Corazón de Jesús. El 14 de diciembre de 1940 lo enviaron al KZ Dachau (n.º 22.591), donde sufrió muchas torturas. El 14 de octubre de 1942 lo mandaron en un transporte de «inválidos» al castillo de Hartheim, donde lo gasearon el 30 de octubre.

El comandante alemán Hellmuth Stieff (43, M.E.) se convirtió en opositor al nazismo al ver los crímenes cometidos durante la campaña de Polonia. El 21 de noviembre de 1939 escribió a su esposa desde Varsovia:

> *La imaginación más fuerte sobre la propaganda de atrocidades se queda corta frente a las cosas que aquí comete una banda organizada de asesinos, ladrones y saqueadores, supuestamente contando con la tolerancia desde lo más alto. Este exterminio de linajes enteros, incluyendo mujeres y niños, solo pueden hacerlo seres subhumanos que no merecen el nombre de alemanes. Me avergüenzo de ser alemán.*

Stieff se integró en la oposición activa en verano de 1943. Aunque tenía acceso a Hitler, siempre se negó a matarlo él mismo porque según escribió a su esposa quería «permanecer sin mancha», pero en noviembre de ese año, guardó los explosivos con que el capitán Axel von dem Bussche (1919-1993) trató de matar a Hitler en noviembre de 1943 en el cuartel general de los bosques polacos (*Wolfschanze* o Guarida del Lobo). El 7 de julio de 1944 no se atrevió finalmente a cometer el atentado previsto en una exposición de uniformes en el castillo de Kleßheim, cerca de Salzburgo (Austria), por lo que Carl Schenk von Stauffenberg decidió que tendría que ser él en persona quien pusiera la bomba a Hitler el 20 de julio de 1944. La misma noche del atentado fue arrestado Stieff en la *Wolfschanze*, pero a pesar de las torturas no consiguieron sacarle ni un nombre.

En prisión, Stieff escribió un memorándum para Hitler, probablemente diciéndole unas cuantas verdades, ya que Himmler no se lo transmitió al dictador. El 8 de agosto de 1944 se convirtió en el primer condenado a muerte por el tribunal presidido por el juez Roland Freisler para reprimir el atentado. En el corredor de la muerte, se convirtió a la fe católica (que era la de su esposa) en presencia de un capellán de prisión. Menos de una hora después de terminar el juicio, ya había sido ejecutado en la prisión de Berlín-Plötzensee.

1940: LA AGRESIÓN A OCCIDENTE

Friedrich Olbricht (55, M.E.) fue ascendido el 15 de febrero de 1940 a general y nombrado jefe de la Oficina General del Ejército (*Allgemeines Heeresamt*, AHA) en el alto mando del ejército (OKH). Su amigo Hans Oster lo integró en el grupo de conspiradores en torno al general Beck en 1938 y desde su nuevo empleo pudo agregar nuevos miembros al equipo. En 1943 sumó al grupo a Claus Schenk von Stauffenberg y a Albrecht Mertz. Con este último, Olbricht activará el plan Valquiria, que al controlar el Gobierno en caso de emergencia debía permitir arrestar a los principales mandatarios nazis después de que Stauffenberg pusiera la bomba el 20 de julio de 1944. Olbricht, Oster y Stauffenberg, junto con Werner von Haeften, fueron fusilados en la madrugada del 21 de julio por el general Friedrich Fromm, que de esa forma trató de disimular su participación en el complot, sin mucho éxito, ya que a él lo fusilaron el 12 de marzo de 1945 acusándolo, a falta de pruebas, de «cobardía».

Los crímenes contra el clero católico en Polonia fueron mencionados por el general Brauchitsch en una reunión con Hitler el 20 de febrero de 1940, al día siguiente de que Heydrich informara al general Eduard Wagner de que la tarea de los *Einsatzgruppen* sería «la limpieza general de judíos, intelectuales, clero y nobles». Hitler se limitó a precisar que expulsar a los polacos de los territorios que antes de 1918 pertenecieron a Alemania era una tarea de «limpieza» que, como había pedido Wagner, no realizaría el ejército, sino la administración «civil».

Franciszek Rogaczewski (47), sacerdote desde 1918, en 1924 estableció con otros sacerdotes la Liga Católica en Gedán, donde el obispo Edward O'Rourke lo nombró párroco de Cristo Rey. En 1935 le correspondió una de las dos parroquias personales para polacos que estableció dicho obispo, quien tuvo que dimitir tras anular las autoridades civiles esa decisión. El mismo 1 de septiembre de 1939 en que estalló la guerra, Rogaczewski fue arrestado, deportándolo al día siguiente al KZ Stutthof, donde fue golpeado y maltratado, y por último fusilado el 11 de enero de 1940 con destacados polacos de Gedán, donde en la actualidad una calle lleva su nombre.

Ese mismo día fue detenido en Lublin el sacerdote Kazimierz Gostyński (58), por haber celebrado una misa por la patria en el aniversario de la independencia (11 de noviembre). Sacerdote desde 1908, en 1915 estableció una asociación de maestros y en 1918 recibió al nuncio apostólico Achilles Ratti, futuro Pío XI, que en 1922 lo nombró prelado doméstico papal. Desde 1935 era rector de la iglesia de Nuestra Señora de la Victoria. Después de meses apresado en el castillo de Lublin, fue deportado a Sachsenhausen y Dachau, donde tras torturas y arduos trabajos, fue gaseado en el transporte de inválidos del 6 de mayo de 1942.

Ludwik Mzyk (34) ingresó en 1918 en el seminario de los padres de la Sociedad del Verbo Divino (SVD), ordenándose sacerdote en 1932 en Roma. En 1939 era superior en la Casa de la Misión en Chludowo, 19 km al norte de Poznan (o Posnania, en polaco Poznań y en alemán Posen, 300 km al oeste de Varsovia). Arrestado el 25 de enero de 1940, el 1 de febrero lo enviaron al KZ Fort VII de Poznan, donde el 20 de febrero de 1940, tras torturarle dos oficiales en su celda, un suboficial llamado Dibus lo mató de un tiro en la nuca.

También el 25 de enero de 1940 fueron arrestados 23 capuchinos del convento de Lublin, confinados en el castillo hasta que el 18 de junio los deportaron a Sachsenhausen. Entre ellos estaba Henryk (en el siglo Józef) Krzysztofik (34), que se hizo capuchino con 17 años en 1927. Estudió en Holanda y Roma, donde fue ordenado sacerdote

(1933) y se licenció en Teología, pasando al convento de Lublin, de cuyo estudio teológico fue rector, y también guardián cuando los alemanes expulsaron al holandés Gesualdo Wilem. En otoño de 1940 Krzysztofik, con el primer dinero que recibió del exterior, compró dos panes grandes en la panadería del KZ y los partió en 25 porciones, una para cada capuchino, diciendo: «Adelante, hermanos, alimentémonos de los dones del Señor. Sírvanse de lo que tenemos». El 14 de diciembre de 1940 fue deportado con su comunidad a Dachau, donde le tatuaron el número 22.637. Completamente extenuado, en julio de 1941 lo enviaron al hospital. Murió el 4 de agosto de 1942. Desde el hospital mandó esta carta a sus hermanos religiosos:

> *Estoy pavorosamente flaco... Peso 35 kilos. Me duelen todos los huesos. Estoy tirado en la cama como en la cruz con Cristo. Pero estoy contento de estar y sufrir con él. Ruego y ofrezco a Dios mis sufrimientos por vosotros.*

Otro de los presos del 25 de enero de 1940 fue Florian (en el siglo Józef) Stępniak (30), capuchino desde 1931 y sacerdote desde 1938, cuando comenzó estudios bíblicos en Lublin. Deportado al KZ Sachsenhausen el 18 de junio y a Dachau el 14 de diciembre de 1940 (n.º 22.738), a pesar de su altura y fortaleza se debilitó rápidamente. A mediados de 1942 fue declarado incapaz y trasladado a un bloque especial, donde según el testimonio de Kajetan Ambrożkiewicz, supo combatir el desánimo:

> *Quien no estuvo en el campo, no tiene idea de lo que para esas personas, para esos esqueletos que vivían en el bloque de inválidos, que vivían para siempre en una atmósfera de muerte, supuso la alegre palabra de consuelo, lo que significaba la sonrisa de alguien que estaba tan demacrado como ellos, de un capuchino que no se dejaba llevar por la psicosis generalizada de horror y miedo, porque no temía a la muerte, porque extendía hacia ella sus brazos secos, quizá con tanto amor como san Francisco, cantando su canción sobre el sol y la muerte en el último momento de su vida.*

Al padre Florian lo llevaron el 12 de agosto de 1942 en un transporte de inválidos al castillo de Hartheim, lo gasearon, quemaron su cuerpo y esparcieron las cenizas por el campo.

El 28 de febrero de 1940 los alemanes detuvieron al arzobispo de Płock (100 km al noroeste de Varsovia) y a su obispo auxiliar. Antonio Julián Nowowiejski (83) era sacerdote desde 1881 y desde 1908 obispo de Płock. El 25 de noviembre de 1930 Pío XI lo nombró arzobispo. Los alemanes lo encerraron en Słupno, pueblo 10 km al sureste de Płock, durante un año, hasta el 7 de marzo de 1941, cuando lo llevaron al sótano del ayuntamiento de la ciudad. Por último lo enviaron al KZ Soldau (en Działowo, 125 km al norte de Varsovia) y lo fusilaron, probablemente el 28 de mayo de 1941, en el bosque de Białuty, 12 km al sureste del campo.

A Nowowiejski lo acompañó el que desde 1927 era su obispo auxiliar, Leon Wetmański (55), quien le sobrevivió unos meses en el campo de concentración, encerrado en una celda con sacerdotes, con los que procuraba celebrar misa, animándoles al martirio. Probablemente lo fusilaron en el bosque de Białuty tras una epidemia de tifus en julio o agosto de 1941, aunque los alemanes dieron como fecha de su muerte el 10 de octubre. Desde 1939 presidía la Unión Nacional Apostólica de Sacerdotes y tras la rendición polaca siguió dando comida a los necesitados, hasta su primer arresto el 11 de noviembre de 1939. Tras unos días preso, fue puesto en libertad hasta su detención definitiva el 28 de febrero de 1940.

El 15 de marzo de 1940 fue detenido Włodzimierz Laskowski (54), sacerdote desde 1914 y decano del clero de Lwówek, 50 km al oeste de Poznan, donde fue encerrado en la prisión Fort VII antes de ser deportado a Dachau (n.º 11.160). Por último, el 2 de agosto de 1940 fue deportado con otros sacerdotes al KZ Gusen, donde lo torturaron brutalmente y murió el 8 de agosto, según el testimonio del padre Zygmunt Ogrodowski:

> *Todavía hoy puedo ver ese espectáculo terrible. El padre Laskowski, inconsciente sobre las piedras y ensangrentado, hinchado, con la cara torcida por una patada y delirando. De vez en*

cuando salían de su boca suspiros: Jesús, Jesús. Esto irritó a otro miembro de la SS, que se acercó al sacerdote que seguía tumbado inconsciente, y poniendo cara de héroe, pateándole de nuevo, terminó la obra satánica.

El 21 de marzo de 1940, Jueves Santo, se celebró misa por primera vez en el KZ Stutthof, pero no tan en secreto como para que no se enteraran los nazis. Marian Górecki (36) fue uno de los que asistieron y comulgaron, y también uno de los 66 fusilados al día siguiente en represalia (otro fue el ya citado Bronisław Komorowski). Con 17 años había sido voluntario en la guerra polaco-soviética, y se ordenó sacerdote en 1928. Desde 1933 asistía espiritualmente a fieles polacos de la diócesis de Gedán. El mismo 1 de septiembre de 1939 lo detuvieron y al día siguiente lo encerraron en el KZ Stutthof, asignándole a un grupo de 40 sacerdotes y maestros que trabajaban para agrandar el campo.

El 7 de abril de 1940 fue detenido el sacerdote Michał Piaszczyński (55), ordenado en San Petersburgo en 1911, que en los años de la Primera Guerra Mundial ejerció su ministerio en Francia, pasando luego a ser subdirector del seminario de Łomża (125 km al noreste de Varsovia) y director de un instituto en Sejny (250 km al noreste de Varsovia, hoy en la frontera con Lituania). Tras su detención lo llevaron a la prisión de Suwałki (25 km al oeste) y el 13 de abril al KZ Soldau. Allí se hizo famoso por su actitud hacia un abogado judío al que un mando había dejado sin su porción de pan. Cuando el padre Piaszczyński compartió la suya con el castigado, este dijo conmovido:

Ustedes los católicos creen que en sus iglesias Cristo está vivo en el pan. Yo creo que fue Cristo vivo quien le dijo que compartiera su pan conmigo.

El sacerdote solo estuvo 20 días en este campo, ya que fue deportado el 3 de mayo al KZ Sachsenhausen, donde murió agotado y enfermo el 18 de diciembre de 1940. Al transmitir estos datos biográficos en

2001, el obispo auxiliar de Włocławek, Roman Andrzejewski (1938-2003), citó el poema *La vida*, donde Piaszczyński «se esfuerza por alcanzar la cima de la vida perfecta, que ve en la contemplación de la Verdad, la Belleza y el Bien en Dios mismo»:

¡Escuchad! La vida: es el sol en la humanidad azul,
En él está oculto el objetivo de lo elevado, de lo insondable, de Dios:
Calienta, ilumina y crea el pensamiento de Dios.
Y empuja a la humanidad a las cimas: porque su objetivo en la cima es
la Verdad, la Belleza y el Bien, en el deleite de Dios.
La Vida ¡es un rayo en la tierra de esta aurora celestial!

El 8 de abril de 1940 fue detenido Emil Schramek (54), sacerdote desde 1911, cuyo nombre estaba en el libro-base de la persecución (*Sonderfahndungsbuch Polen*), y que trató sin éxito de defenderse apelando a las leyes del III Reich. Había trabajado con el sacerdote y político polaco Jan Kapica (1866-1930), diputado del Zentrum en el Parlamento prusiano (1908) y partidario de la unión de Silesia a Polonia tras la Primera Guerra Mundial. Schramek colaboró en el establecimiento de la diócesis de Katowice y la construcción de su catedral, encomendándole Pío XI la parroquia de la Inmaculada en 1926. Era científico (desde 1927 presidente de la Sociedad de Amigos de las Ciencias de Silesia) y tolerante en política (partidario de la armonía entre alemanes y polacos). En 1934 publicó el libro *Silesia como problema sociológico*. Fue deportado a los KZ Dachau, Mauthausen (15 km al este de Linz, en Austria) y de nuevo, desde el 8 de diciembre, a Dachau, donde se convirtió en animador de los sacerdotes, predicando sermones y comportándose con dignidad y firmeza de espíritu. Lo mataron el 13 de enero de 1942 en la enfermería, con chorros de agua fría.

El 9 de abril de 1940, fecha de la invasión alemana de Dinamarca y Noruega (operación *Weserübung*), se presentó ante la Gestapo el sacerdote Adam Bargielski (39), ordenado en 1929 y vicario en Myszyniec (200 km al sureste de Gedán, 130 al norte de Varsovia), pidiendo sustituir a su párroco, Klemens Sawicki, de 83 años, al que habían arrestado ese día. Los alemanes aceptaron el cambio y lo enviaron al KZ Soldau, luego a Mauthausen-Gusen y a Dachau, donde fue registrado con el número 22.061. Ayudó a sus compañeros de prisión y la persecución no afectó a su profunda paz. Fue asesinado por un guardia del campo el 8 de septiembre de 1942.

El 24 de abril de 1940 tuvo lugar el primer transporte de sacerdotes polacos al KZ Dachau. Entre ellos estaba Narcyz Putz (65), ordenado en 1901 y desde 1920 administrador de una parroquia en Bidgostia, donde fue también concejal por el Partido Laborista Nacional Cristiano de 1922 a 1925. A partir de ese año fue párroco en Poznan, concejal (en la lista del Campo Nacional Económico, de 1929 a 1933), miembro de la Sociedad de Amigos de las Ciencias, editor de revistas religiosas y, desde 1937, canónigo honorífico. El 4 de octubre de 1939, la Gestapo lo arrestó en Varsovia, deteniéndolo dos semanas en Pawiak, prisión por la que se calcula que pasaron más de 100.000 personas durante la ocupación alemana de Polonia. Lo encarcelaron de nuevo el 9 de noviembre en el KZ Fort VII de Poznan, de donde lo deportaron a Dachau y el 6 de junio de 1940 al KZ Gusen I (2,5 km al oeste de Mauthausen, sus primeros prisioneros se habían registrado el 25 de mayo), trabajando en canteras y en la construcción del campo, hasta que el 8 de diciembre de 1940 lo devolvieron a Dachau, con el n.º 22.064. Allí trabajó en plantaciones y en calcetería hasta morir de neumonía el 5 de diciembre de 1942.

Wincenty Matuszewski (71), ordenado sacerdote en 1895, era desde 1918 párroco de Osięciny, 160 km al noroeste de Varsovia, donde era muy respetado también por judíos y alemanes. Al tomar la localidad el 10 de septiembre de 1939, los alemanes lo apresaron con otros 22 rehenes. Entre ellos estaba su vicario, Józef Kurawa (30), sacerdote desde 1936 y dedicado a actividades con la juventud en la parroquia. El 24 de mayo de 1940 los asesinaron entre el jefe local de policía, Johan Pichler, el alcalde, Ernst Daub, y otro alemán llamado Willy Fritz Haack. Su tumba se convirtió en lugar de peregrinación y desde el 2 de mayo de 1988 se les llama Mártires de la Eucaristía y de la Unidad Sacerdotal. En 2007 ambos fueron declarados patronos de Osięciny.

Innocenty (en el siglo Józef Wojciech) Guz (50), franciscano desde 1908 y sacerdote desde 1924, era tesorero y confesor en el convento de Grodno (250 km al noreste de Varsovia, hoy en Bielorrusia), donde los soviéticos lo arrestaron el 21 de marzo de 1940. Se escapó y al cruzar la línea de demarcación, los alemanes lo detuvieron y, tras pasar por varias cárceles, lo deportaron al KZ Sachsenhausen, donde lo torturaron y mataron el 6 de junio de 1940. Las últimas palabras que dirigió a un amigo poco antes de morir fueron:

Yo ya me voy con la Inmaculada, tú quédate y haz tu trabajo.

El barón Helmuth James von Moltke (38, M.E.) organizó el grupo de resistencia llamado Círculo de Kreisau después de reunirse el 6 de junio de 1940 con Fritz Schulenburg en casa de Peter Yorck. El Círculo llegaría a agrupar a más de 20 personas y su primera reunión formal tuvo lugar el 22 de mayo de 1942 en la granja de Moltke en Kreisau en Silesia (hoy Krzyżowa, en Polonia), 50 km al noreste de Breslavia. Ya como estudiante de Derecho y Ciencias Políticas, Moltke puso tierras de su propiedad a disposición de una asociación benéfica para establecer granjas, etc. En 1935, decidió no hacerse juez, porque le habría exigido ser miembro del NSDAP. Ayudó a judíos y otras personas a salir de Alemania. Durante la guerra, ingresó en la *Abwehr*.

Su religiosidad le llevaba a rechazar el empleo de la violencia incluso contra Hitler. En marzo de 1943 llevó a Escandinavia el sexto y último folleto del grupo conocido como La Rosa Blanca, que además tradujo al inglés. En enero de 1944, Moltke fue arrestado por advertir a Otto Kiep de que iban a detenerlo. El juez Freisler no pudo probar que estuviera implicado en intentos de atentar contra Hitler, por lo que acusó a Moltke y sus amigos de propugnar un futuro democrático para Alemania, y de ser cristiano:

Señor conde, hay una cosa que el cristianismo y nosotros los nacionalsocialistas tenemos en común, y nada más que una: ambos exigimos a la persona en su totalidad.

Moltke reprochó al juez que ya trajera la condena a muerte dictada, y que esta se debiera a su religión, al afirmar que le juzgaban «no por ser protestante, no por ser un gran terrateniente, no por ser noble, no por ser prusiano, no por ser alemán; sino por ser cristiano, y nada más». La condena a muerte se dictó el 11 de enero de 1945 y se ejecutó el 23.

Otto Carl Kiep (58, M.E.) era cónsul alemán en Nueva York al llegar al poder los nazis, quienes le obligaron a retirarse por dar en marzo de 1933 un banquete en honor de Albert Einstein. En 1937 se hizo miembro del NSDAP. Además de al Círculo de Kreisau, perteneció al Círculo llamado Solf, en el que la Gestapo infiltró a un agente, lo que permitió arrestar a gente de esos círculos y de la *Abwehr*. Kiep fue detenido el 16 de enero de 1944, condenado a muerte por Roland Freisler el 1 de julio y ahorcado en Plötzensee el 26 de agosto de 1944. Ya estaba pues condenado cuando explotó la bomba del 20 de julio, cuyos organizadores contaban con Keip como jefe de prensa del gobierno de Goerdeler.

El 19 de junio de 1940 fue detenido por la Gestapo en Lublin el noble Stanisław Kostka Starowieyski (45). Desde 1932 era vicepresidente de Acción Católica y en 1934 organizó un Congreso Eucarístico diocesano en Chełm (65 km al este de Lublin), recibiendo de Pío XI el título de chambelán papal (ya lo fue con León XIII). Con su mujer asistía a misa a diario, organizó en su casa retiros para jóvenes y maestros, en 1937 una peregrinación a Jasna Góra y en 1938 otra al Congreso Eucarístico Internacional de Budapest. Tras el ataque de la URSS a Polonia el 17 de septiembre de 1939, él y su hermano fueron apresados, pero escaparon cuando los llevaban a fusilar. Durante la ocupación alemana siguió apoyando a la diócesis hasta su detención y deportación al KZ Sachsenhausen (n.º 25.711). En septiembre de 1940 fue transferido a Dachau, donde sufrió particularmente de varices en las piernas y murió en la madrugada del Domingo de Resurrección 13 de abril de 1941. En el campo facilitó la conversión de Adam Sarbinowski, conocido ateo militante. El sacerdote Dominik Maj escribió sobre su ejemplo:

Fortaleció a los demás con su extraordinaria serenidad y valentía. En él se concentraba todo lo que podía salvar de la desesperación y mantenerle a uno fuerte. Siguió siendo un apóstol en el campo. Y no solo era un centro de ayuda espiritual, sino que muchos de nosotros podemos dar testimonio de cómo organizó la ayuda material, compartiendo generosamente con los más necesitados.

La persecución religiosa en la parte de Polonia anexionada al Reich alemán se recrudeció por la acción de Martin Bormann como jefe de la Cancillería del Reich, que mediante un escrito fechado el 10 de julio de 1940 asumió todas las competencias sobre religión (quitándoselas al Ministerio para las Iglesias, al del Interior o al de Exteriores), afirmando que en la zona anexionada «ya no había Iglesias, en el sentido estatal, sino sociedades religiosas, en el sentido asociativo», y que no podían «tener ninguna relación más con grupos de fuera de su provincia, ni relaciones jurídicas, financieras o de servicios con la Iglesia del Reich».

Para ser miembro de esas asociaciones religiosas que supuestamente se permitirían, había que ser mayor de edad y hacer una declaración por escrito. Se prohibía ir a la iglesia juntos a polacos y alemanes. Las asociaciones no recibían otra subvención que las cuotas de socios, no poseían bienes, edificios ni cementerios; no podían ejercer asistencia social y se cerraban todos los conventos porque «no se corresponden con la moral y la política de la población alemana». Solo los clérigos podían trabajar en esas asociaciones, pero no a tiempo completo, y debían tener otro trabajo principal.

De los 681 sacerdotes diocesanos y 147 religiosos que había al comienzo de la guerra en la archidiócesis de Poznan (reconvertida por los alemanes en región de Warthegau), 451 estaban el 1 de octubre de 1940 en prisiones o campos, 120 expulsados al Gobierno General (resto de Polonia), 74 habían muerto fusilados o en campos, 12 habían desaparecido y 22 estaban impedidos de ejercer su ministerio. De las 30 iglesias católicas de la ciudad de Poznan, quedaban el 1 de octubre de 1942 dos para polacos y una para alemanes. Las iglesias de las archidiócesis de Gniezno y Poznan solo podían abrir los domingos de 9 a 11. Las protestas dirigidas al administrador de la región de Warthegau, Arthur Greiser, por los obispos y el nuncio Orsenigo, nunca fueron atendidas.

El conde Fritz-Dietlof von der Schulenburg (41, M.E.), sobrino segundo del que fuera embajador alemán en la URSS, se afilió al NSDAP en 1932 y en marzo de 1933 los nazis le nombraron concejal en la capital de Prusia Oriental, Königsberg (hoy Kaliningrado, Rusia). En 1937 fue vicepresidente de la policía a Berlín, pero en 1940 lo expulsaron del partido por no ser políticamente fiable, y con razón, ya que en junio de ese año planeó con el teólogo protestante Eugen Gerstenmaier (1906-1986), como él, miembro del Círculo de Kreisau, matar a Hitler en París durante el desfile programado para el 20 de julio al que finalmente el dictador no acudió. Integró en el movimiento al conde Stauffenberg. Ya en 1943 fue encarcelado durante solo una noche. En los planes de Goerdeler, figuraba como secretario de Estado de Interior. Fue arrestado en el edificio sede del Ejército de Reserva (*Bendlerblock*), donde se organizó el golpe del 20 de julio de 1944, y juzgado el 10 de agosto junto con el hermano de Stauffenberg (Berthold) y otros igualmente ejecutados. Tras su condena (lo ahorcaron ese mismo día en Plötzensee) dijo:

> *Asumimos este hecho para salvar a Alemania de una miseria sin nombre. Soy consciente de que me colgarán por ello, pero no me arrepiento de lo que he hecho y espero que alguien más lo lleve a cabo en otro momento con más suerte.*

El 9 de agosto de 1940 ingresaba en Dachau el sacerdote Johannes Maria Lenz (1902-1985). Jesuita desde 1923, fue ordenado en 1935. Sus críticas al nazismo le supusieron una primera detención en diciembre de 1938. La justicia vienesa lo declaró inocente el 6 de mayo de 1940, pero la Gestapo volvió a arrestarlo doce días más tarde y lo deportó a Dachau, donde se quedaría hasta el 29 de abril de 1945 (con un traslado a Mauthausen-Gusen). Para justificar las dos detenciones de Lenz estampó Reinhard Heydrich sendas órdenes con este tenor:

Según los resultados de las investigaciones de la policía estatal, su comportamiento pone en peligro la existencia y la seguridad del pueblo y del Estado, al insultar groseramente a los líderes del movimiento, por lo que cabe temer que siga manteniendo su conducta antiestatal, tratando de quebrar la confianza de la población en el Gobierno y en la Dirección del Partido.

Tras la liberación del campo, Lenz quiso quedarse en Dachau como capellán hasta que marchara el último de los presos. Pío XII le pidió que escribiera sus recuerdos, lo que consiguió finalmente en 1956 al publicar el libro *Cristo en Dachau*.

El 12 de agosto de 1940 la Gestapo detuvo a una monja que había defendido la propiedad de una orden religiosa española. Se trataba de María Cecilia Autsch (44), criada en el medio rural en torno a Colonia y trabajadora del gremio textil hasta que, en 1930, su novio se ahorcó y, tras mudarse de residencia por este motivo, ella entró en contacto con el Instituto de la Santísima Trinidad fundado en Valencia en 1885 (Trinitarias).

María Cecilia pidió ser admitida en la orden y marchó a hacer el noviciado a Mötz (35 km al oeste de Innsbruck), donde en 1934 cambió su nombre por el de Ángela María del Sagrado Corazón de Jesús y en 1938 hizo sus votos perpetuos. Tras la anexión de Austria, los nazis quisieron expropiar el convento, pero ella alegó que era propiedad española y pidió ayuda al cónsul de la España franquista (única reconocida por los nazis) en Viena (debía ser Juan Schwartz Díaz-Flores, o alguien a sus órdenes).

Los nazis desistieron de su propósito respecto al convento de las trinitarias de Valencia, pero anotaron las críticas de la hermana Ángela María, y pasados dos años, el líder del partido en Mötz, la denunció «por insultar al Führer y socavar la fuerza militar». Al confiscar su diario, encontraron en él la afirmación de que Hitler era «el azote de Europa». De la prisión de Innsbruck la trasladaron a la de Rosenheim y el 29 de agosto de 1940 la deportaron a Ravensbrück (75 km al norte de Berlín) con el número 4.651 y el triángulo rojo de presa política. Tras varias semanas trabajando en la construcción, la trasladaron a la enfermería como partera, lavadora y cocinera, lo que aprovechó para pasar secretamente medicamentos y jabón a otras presas.

El 26 de marzo de 1942 Autsch fue deportada con otro millar de presas a Auschwitz, para establecer el nuevo campo de Birkenau (KZ Auschwitz II, frente a la aldea de Brzezinka y 2 km al este del campo principal), en el que recibió el número 512. En octubre enfermó de tifus, y ya no se recuperó. El 15 de mayo de 1943 la trasladaron al hospital de la SS. Murió el 26 de diciembre de 1944 por metralla de un bombardeo estadounidense que le alcanzó el pulmón (en esa fecha el 455.° Grupo estadounidense de Bombardeo dejó caer bombas sobre dicho hospital, matando a cinco personas).

En un centenar de cartas la hermana Ángela María dio muestra de su fe. Por su generosidad se ganó el apodo de Ángel de Auschwitz, según reflejó una superviviente judía eslovaca, la médica Margita Schwalbová. En 1990 la diócesis de Viena abrió su proceso de beatificación y el 19 de mayo de 2018 el papa Francisco la declaró venerable por sus virtudes (aparentemente, no es un proceso de martirio).

El 13 de agosto de 1940 fue nombrado capellán católico de la comunidad alemana en París el sacerdote Franz Stock, natural de Neheim, en la diócesis de Paderborn (y 60 km al suroeste de esta ciudad renana). Stock había pedido terminar sus estudios eclesiásticos en Francia de 1926 a 1932 y fue capellán alemán en París desde septiembre de 1934 hasta la guerra. Volvió en 1940, con Francia ocupada por los alemanes, y desde 1941 se encargó también de atender a los condenados a muerte en la prisión de Mont Valérien. Salvó las vidas de algunos, pero a otros solo pudo confortarlos. Dijo haber asistido a 2.000 ejecuciones, y anotó en su diario datos sobre 863 casos. Por respeto a los franceses, nunca usó el uniforme de capellán militar, y siempre vestía de sotana.

El 26 de agosto de 1944, Stock se quedó en París para atender a 600 soldados alemanes heridos que no fueron evacuados del hospital de la Pitié. Fue llevado como prisionero de guerra por los norteamericanos a Cherburgo. Con apoyo del nuncio Roncalli, futuro papa Juan XXIII, fundó en el campo de prisioneros de guerra Dépôt 51 en

Orleans y luego en el Dépôt 501 de Chartres un «Seminario de alambre de púas» con sacerdotes y seminaristas presos, que se disolvió el 5 de junio de 1947 cuando salieron los últimos 369 seminaristas presos. Stock regresó a París, donde murió el 24 de febrero de 1948, con 43 años y teniendo aún la condición de prisionero de guerra. Su proceso de beatificación comenzó el 14 de noviembre de 2009.

El 26 de agosto de 1940 fue detenido por la Gestapo el hermano Marcin Oprządek, franciscano del convento de Włocławek. Pasó tres meses en Sachsenhausen y de allí lo deportaron a Dachau, de donde salió para ser gaseado en Hartheim el 18 de mayo de 1942.

Ese mismo 26 de agosto de 1940 fue detenido Władysław Mączkowski (31), administrador en secreto de la parroquia de Łubowo, 8 km al oeste de Gniezno, sede de la diócesis (50 km al noreste de Poznan). Lo deportaron a Sachsenhausen y, en diciembre de 1940 a Dachau (n.º 22.760), donde se empeñó incluso en los trabajos más duros del jardín o quitando nieve. Murió el 20 de agosto de 1942.

Johannes Flintrop (38, M.G.), sacerdote de Colonia desde 1927, era desde 1932 párroco de San Lamberto en Mettmann, 13 km al este de Düsseldorf. Colaboró con la obra Kolping de atención a los pobres, de la que los nazis sospechaban que fuera «refugio de rebeldes». Al comenzar la guerra, la Wehrmacht le encargó el cuidado pastoral de 14 campos de prisioneros. El 1 de septiembre de 1940, llevó a decir misa en su parroquia a un sacerdote francés preso, René Burté, que fue custodiado por dos soldados. La Gestapo lo consideró una provocación y detuvo a Flintrop el 26 de septiembre, interrogándolo durante cuatro días, tras lo cual escribió a su hermana que «solo Dios sabe cómo pude superar la tentación del suicidio».

Puesto en libertad el 1 de octubre de 1940, la Gestapo siguió mandándole vigilantes que tomaban notas de sus sermones, por lo que Flintrop, en ocasiones, se dirigía al espía de turno: «Ahora va algo para usted, tome buena nota». El 28 de febrero de 1942 visitó en un hospital a una viuda, María Schlütter, que tenía cinco hijos en el ejército. Otra paciente, Elisabeth K., elogió eufóricamente a la Wehrmacht, clamando contra los crímenes soviéticos, a lo que

Flintrop comentó que «también nosotros cometemos atrocidades». Sabía de lo que hablaba, ya que el día anterior le había visitado un seminarista de su parroquia, Heinrich Becker, que moriría en la batalla del bosque de Hürtgen (septiembre de 1944-febrero de 1945). Interrogada por la Gestapo, Elisabeth K. añadió que, según el sacerdote «la guerra aún no se ha ganado y que la Wehrmacht, igual que los rusos, comete atrocidades». Aunque María Schlütter excusaba a Flintrop, otra paciente, presionada por los agentes, confirmó lo dicho por la primera declarante.

El 5 de marzo de 1942 la Gestapo registró el domicilio de Flintrop, que celebró su última misa. El monaguillo recordará que lo notó «abatido, como si estuviera enfermo o muy preocupado». Lo llevaron preso a Düsseldorf, desde donde escribía a su familia el 16 de marzo:

> *Quiero soportar todo con espíritu de penitencia, para expiar por mis propios pecados y errores, y los de los demás.*

Flintrop fue deportado el 1 de mayo a Dachau (n.º 29.864), donde murió el 18 de agosto de 1942 supuestamente a consecuencia de experimentos pseudomédicos, ya que como causa de la muerte se indicó «flemón en la pierna izquierda» y por esa época en el «hospital» de Dachau (*Revier*) un médico de la SS apellidado Wolter experimentaba inyectando flemones a presos, sobre todo sacerdotes católicos polacos. El 29 de agosto de 1942 comunicaba el Dr. Grawitz a Himmler que un experimento con 50 sacerdotes había salido bien en uno de los casos, fracasando en otros 35 y con 10 muertos. María Flintrop recibió la noticia de la muerte de su hijo el 20 de agosto y no se contuvo, gritando a los agentes de la Gestapo:

> *¿No les da vergüenza tener la desfachatez de comunicarme algo así por teléfono?*

El 17 de septiembre de 1940 la *Sicherheitspolizei* alemana llevó a cabo en el llamado «Claro de la muerte» del bosque de Palmiry,

20 km al noroeste de Varsovia, la última de las grandes ejecuciones masivas en ese lugar (donde fueron ejecutadas 1.700 personas). Una de las 200 víctimas (entre ellas 20 mujeres) de ese día es el beato sacerdote Zygmunt Sajna (43), ordenado en 1924 y que había desarrollado su labor desde 1938 en la parroquia de Góra Kalwaria, 34 km al sur de Varsovia.

Desde diciembre de 1939, Sajna estuvo en arresto domiciliario en represalia por sus sermones patrióticos. No huyó, y tras nuevos arrestos en cuarteles y residencias, terminó desde abril de 1940 en los calabozos de la policía y en la cárcel de Pawiak en Varsovia, donde fue torturado porque no se quiso quitar su atuendo sacerdotal (el protocolo de exhumación indicará que le faltaban todos los dientes frontales). Confesó y dio la comunión a otros presos hasta su ejecución, cuando bendijo a sus compañeros al salir de la celda y, según testigos, bendijo y habló a las otras víctimas antes del fusilamiento.

El 18 de septiembre de 1940, la Gestapo arrestó a los carmelitas del convento de Cracovia (250 km al suroeste de Varsovia), bajo la acusación de cantar el himno patriótico *Boże, coś Polskę* (*Dios, tienes a Polonia*), aunque lo que cantaron era el himno a la Virgen titulado *Serdeczna Matko* (*Madre del corazón*), cuya música se adoptó para el primero ya en el siglo XIX. El prior, Hilary (en el siglo Paweł) Januszewski (37), que estaba ausente, se presentó a la Gestapo como culpable para liberar al menos al provincial Jan Konoba. Carmelita desde 1927, Januszewski fue ordenado sacerdote en Roma en 1934 y regresó al año siguiente. Era prior de Cracovia desde diciembre de 1939. Tras su detención fue enviado a prisiones y a Sachsenhausen, de donde lo deportaron en abril de 1941 a Dachau, en cuyo hospital se ofreció a cuidar pacientes de tifus, enfermedad de la que se contagió, muriendo un mes antes de la liberación del campo, el 25 de marzo de 1945.

Czesław Jóźwiak (22), alumno salesiano en Poznan, fue detenido el 23 de septiembre de 1940. Combatió en la guerra y tras regresar a Poznan trabajó en un taller de pintura, Presidía la Sociedad de la Inmaculada y era de la Organización Militar de las Tierras Occidentales (WOZZ), iniciada por el sacerdote Henryk

Szklarek-Trzcielski (1908-2010) y el capitán Leon Kmiotek (1889-1942) en marzo de 1940. Se encargó de cooperar con la Organización Nacional de Combate (NOB), captando a cuatro colegas del oratorio salesiano, capturados como él por la Gestapo, que forman el grupo de cinco beatos salesianos de Poznan: Edward Kaźmierski, Franciszek Kęsy, Edward Klinik y Jarogniew Wojciechowski. Fue condenado a muerte el 1 de agosto de 1942 y ejecutado en Dresde el 24 de ese mes. En su carta de despedida escribió:

No desesperes, Dios lo ha querido.

Edward Kaźmierski (22) siguió la misma suerte. Quiso alistarse al estallar la guerra, pero por la rapidez de la derrota no fue reclutado. Desde prisión escribía en mayo de 1942:

Qué fuerza da nuestra fe. Hay algunos que no creen en nada. Qué esclavitud tan terrible la suya. De ellos solo se escuchan maldiciones. Pero los que tienen una fe fuerte tienen paz y, en lugar de maldiciones, solo gozo. Mi espíritu es fuerte y se hace cada vez más fuerte. Ya nada lo quebrantará, porque Dios lo ha fortalecido. Estoy preparado para todo, porque sé que Dios dirige todo. Por eso veo los pensamientos incomprensibles de Dios en todo.

Franciszek Kęsy (21) escribió en su carta de despedida:
¡Qué alegría es para mí dejar este mundo! El buen Dios me lleva a Él.

Edward Klinik (23), nacido en la ciudad renana de Bochum, escribió en su diario de prisión:

Oh, Dios, ¿por qué pusiste una cruz tan pesada sobre mis hombros? Hijo, mírame cómo yo, cargado con el pesado árbol de la cruz, por amor a ti fui al Gólgota y no salió de mi pecho ni una palabra de queja. ¿Y tú ya te estás quejando? Dame solo amor por amor. Me entregué libremente a ti, haciéndome prisionero

en el tabernáculo, ¿y cuántas veces me visitaste? ¿Hoy quieres
estar mejor que yo? Oh, Dios, cuánto he pecado. Hoy me arro-
dillo y solo puedo pedirte misericordia, perdón y penitencia.
Hoy, confesando mis pecados, debería gritar junto con el ladrón
arrepentido.

En su última carta escribió:

Los juicios de Dios son extraños, pero debemos aceptarlos siem-
pre, porque todo es para bien de nuestra alma.

Jarogniew Wojciechowski (19), estudiante, pianista, corista y
compositor, además de actor aficionado, participó con menos de 17
años en la batalla del río Bzura (9 al 22 de septiembre de 1939). En su
carta de despedida escribió:

Confía tus sentimientos en cada momento de tu vida solo a Jesús
y María, porque en ellos encontrarás consuelo. No des dema-
siada importancia a la gente, ni para bien ni para mal.

1941: LOS CAMPOS DE EXTERMINIO

El 21 de enero de 1941 detuvo la Gestapo en Dresde al sacerdote (desde 1939) Alojs Andricki (28), miembro de la minoría de lengua eslava en Sajonia (los sorabos), capellán de la iglesia de la Corte, del coro de niños y presidente de la organización benéfica Kolping en Dresde. Andricki manifestó a veces su deseo de ser mártir, pero no sospechaba que fueran a detenerle, si bien había criticado la persecución al clero y el racismo de Rosenberg.

En el juicio celebrado el 15 de julio de 1941, remitiéndose a la Ley de Traición se le acusó de «haber hecho maliciosas declaraciones sobre personalidades directivas del Estado y del NSDAP, sobre sus órdenes y sus realizaciones, dirigidas a minar la confianza del pueblo en la dirección política». Le condenaron a cinco meses de prisión, y el día de su salida, 15 de agosto, lo arrestaron de nuevo. El 10 de octubre lo deportaron a Dachau con el número 27.829. Su compañero de deportación Maurus Münch (benedictino de Aquisgrán) contó que en el tren iban 12 sacerdotes presos, siendo Andricki el más joven:

> *En los primeros días prometimos tres cosas. ¡Nunca nos quejaremos! ¡Nunca perderemos la compostura! No olvidaremos nuestro sacerdocio ni por un momento. ¡Alojs lo cumplió de forma heroica y genial! En el campo mismo era respetado, especialmente por su comportamiento cortés y alegre en medio de todo el*

horror. Ayudó en lo que pudo a los compañeros de prisión ancia-
nos y frágiles, y deleitó a sus hermanos con actuaciones artísti-
cas. Era un poco como Don Bosco.

Mientras otros gemían cuando les tocaba limpiar las letrinas,
él siempre tenía una sonrisa brillante. No es que ese trabajo le
gustara, pero cuando estaba ahí fregando y limpiando, sonreía
con toda su cara y siempre tenía una palabra amable y un buen
chiste en los labios. Quien lo veía por la mañana se quedaba feliz
para todo el día.

Andricki pintó un gran cuadro del Nacimiento para la capilla del barracón esa Navidad. También animaba a sus compañeros con sus habilidades artísticas, como andar haciendo el pino. Participó en las actividades de los sacerdotes de Schönstatt, aunque no llegó a hacer la «alianza de amor» de dicho movimiento. En diciembre de 1942 escribía a un joven de su parroquia, tras mentar el hecho de que su hermano Alfonso hubiera muerto en el frente y él mismo estuviera en el KZ:

Mientras confesemos siempre «que se haga tu voluntad», nada
puede salir mal, todo está bien y todo irá bien.

Según la biografía de Siegfried Seifert, el sacerdote Hermann Scheipers contó que a él y a Andricki los mandaron a la enfermería (*Revier*) el 19 de enero de 1943, cuando estaban en la plaza principal del KZ Dachau vestidos solo con una camisa. Andricki se despidió diciendo: «Ya verás como seguimos juntos». Tenía tifus y otro sacerdote enfermo pidió a un enfermero que llamara a un tercer sacerdote para atender al moribundo. La respuesta fue: «¡Le pondremos una jeringuilla!». Eran las 4 de la mañana del 3 de febrero de 1943, y el otro sacerdote aún pudo darle la absolución. Scheipers dijo que «Andricki fue asesinado directamente por un comunista que odiaba a la Iglesia, sin que la SS se lo hubiera encargado en absoluto». El 13 de junio de 2011, al ser beatificado en Dresde, Andricki se convirtió en el primer mártir sorabo.

El 24 de enero de 1941 fueron detenidos en Radom, 90 km al sur de Varsovia, los hermanos Kazimierz (34) y Stefan (43) Grelewski. Este se ordenó en 1921 y terminó estudios de Derecho en las Universidades Católica de Lublin y de Estrasburgo, donde se doctoró en 1924. En Radom fue secretario del Sindicato de Trabajadores Cristianos y desde 1932 enseñó en un instituto estatal. Durante la ocupación, siguió enseñando religión en secreto. En Auschwitz le dieron el número 10.444 y en Dachau el 25.281. Allí murió de hambre y agotamiento el 9 de mayo de 1941, en brazos de su hermano Kazimierz, que se había ordenado en 1929 y fue profesor de primaria durante 13 años en Radom. Además de dar clase en secreto, este acogió en un orfanato a niños a cuyos padres habían matado en la llamada pacificación de Nadolna. En Auschwitz le dieron el número 10.443 y en Dachau el 25.280. Fue ahorcado o fusilado el 9 de enero de 1942.

El 10 de febrero de 1941 la Gestapo arrestó a Józef Pawłowski (51), sacerdote desde 1913, profesor del seminario de Kielce (150 km al sur de Varsovia) desde 1916 y rector de 1936 a 1939. El 16 de noviembre de 1939, el obispo le nombró párroco de la catedral. En sus sermones, alentó la esperanza y el patriotismo. Consiguió ser capellán de la Cruz Roja polaca para entrar en los campos de prisioneros de guerra y a estos, además de consuelo espiritual, les daba ropa y les facilitaba la huida. Ocultó a enfermos y heridos de la resistencia armada polaca, ayudando a los necesitados de cualquier nacionalidad o religión. El 15 de abril lo deportaron a Auschwitz-Birkenau con el número 13.155. Pasó el 4 de abril a Dachau, con el número 25.286. Allí lo ejecutaron el 9 de enero de 1942. El futuro obispo Kazimierz Majdański transmitió este último mensaje de Pawłowski:

Dios es bueno. Siempre encontrará una salida inesperadamente alegre a las situaciones más desesperadas. Verás que no tendremos que esperar mucho para la liberación.

El 17 de febrero de 1941 fueron arrestados cinco padres franciscanos conventuales en Niepokalanów, el Castillo-Ciudad que había fundado en honor a la Inmaculada en Teresin, 40 km al oeste de Varsovia, el padre Maksymilian Kolbe. Fue sede de los Caballeros de la Inmaculada, vivienda de 760 franciscanos, y tras el estallido de la guerra hogar de soldados heridos y refugiados de todas las religiones.

Maksymilian Maria (en el siglo Rajmund) Kolbe (47) fundó el 16 de octubre de 1917, un año antes de ordenarse sacerdote, junto a otros seis franciscanos conventuales, la Milicia de la Inmaculada, para rezar y trabajar por la conversión de los pecadores, especialmente los masones y satánicos de los que tuvo experiencia durante sus estudios en Roma desde 1912. Desde 1930 fue misionero en Shanghai, Japón y la India antes de regresar a Polonia en 1933. Arrestado del 19 de septiembre al 8 de diciembre de 1939, rechazó inscribirse como ciudadano alemán (su padre lo era). Entre ese arresto y el siguiente refugió en Niepokalanów a 2.000 judíos.

Desde la cárcel de Pawiak, Kolbe fue deportado a Auschwitz el 28 de mayo de 1941 (n.º 16.670). En julio se escapó el prisionero Zygmunt Pilawski y el Hauptsturmführer Karl Fritzsch ordenó matar a 10 prisioneros en represalia. Entre los condenados estaba Franciszek Gajowniczek, sargento polaco de 40 años (n.º 5.659), quien al salir de la fila se lamentó:

He perdido a mi mujer y ahora se quedarán huérfanos mis hijos.

Kolbe dio un paso adelante y dijo que quería ocupar el puesto de ese hombre:

No tengo a nadie. Soy un sacerdote católico.

El 31 de julio de 1941 comenzó el tormento para los 10 prisioneros condenados a morir de hambre juntos en una celda. El testigo Bruno Gorgowiec contó que Kolbe animaba a los demás a rezar el rosario y cantar a la Virgen. Tras dos semanas sin agua ni comida, solo Kolbe seguía vivo. El 14 de agosto lo asesinaron con una inyección de fenol. Antes de morir, repetía: «¡Ama a la Inmaculada!».

En la misa de beatificación de Kolbe, el 17 de octubre de 1971, el papa san Pablo VI no llamó de entrada mártir a Kolbe más que indirectamente, al afirmar que «la glorificación del humilde religioso» que la Iglesia celebraba «se debe principalmente al trágico y sublime epílogo de la vida inocente y apostólica de Maximiliano Kolbe». Solo al final lo llamaba «mártir de Polonia», como si fuera un título simbólico, dado que «el sacrificio del beato tenía su motivación en una amistad: era polaco», y el pueblo polaco tiene un «carácter indeleblemente católico, que lo señala como miembro viviente y paciente de la Iglesia universal».

El 10 de octubre de 1982, san Juan Pablo II lo canonizó subrayando «el valor especial que tiene a los ojos de Dios la muerte por martirio del padre Maximiliano Kolbe». Hasta nueve veces empleó el Papa polaco en ese breve texto las palabras mártir y martirio, sin relacionarlas en ninguna ocasión con Polonia y remachando en la última mención que ya no se debía venerar a Kolbe como confesor, sino como mártir. Franciszek Gajowniczek asistió a las ceremonias de beatificación y canonización de su benefactor.

Otro de los cinco arrestados el 17 de febrero de 1941 fue Antonin (en el siglo Juan Eugenio) Bajewski (26), seminarista de Vilna (Lituania) que se hizo franciscano en 1934. Volvió a Niepokalanów después de ser ordenado sacerdote en mayo de 1939 y Kolbe lo nombró su vicario y editor de la revista *Miles Immaculatae* (*Caballero de la Inmaculada*). Por su mala salud estaba en la enfermería cuando estalló la guerra, lo que le salvó del primer arresto, pero no del de febrero de 1941. En Pawiak animaba a los otros presos espiritualmente y dándoles su comida. Conservó el hábito hasta su deportación en abril a Auschwitz (n.º 12.764), donde lo torturaron con su propio cordón franciscano. A pesar de contraer el tifus, siguió dedicándose a los demás hasta su muerte el 8 de mayo. Solía repetir: «Con Cristo estoy clavado en la Cruz» y murió diciendo: «Jesús y María». En su última confesión dijo al padre Szweda:

> *Diga a mis hermanos de Niepokalanów que he muerto fiel a Cristo y a la Virgen.*

El 20 de marzo de 1941 fue detenido por la Gestapo el párroco de Rathenow (70 km al oeste de Berlín), August Froehlich (51, M.G.), por protestar contra los malos tratos que recibían los trabajadores y trabajadoras (una de ellas, embarazada) forzosos polacos de la empresa óptica Emil Busch, a los que, entre otras cosas, decía misa ilegalmente, ya que no podían asistir a la de los alemanes. Era sacerdote desde 1921 y había sido acosado numerosas veces en otras parroquias porque en lugar de con «Heil Hitler» saludaba siempre con «Grüß Gott» («Dios te bendiga»), argumentando con ironía que era un saludo tradicional alemán y que no podía disgustar, habida cuenta de que «según las palabras del Führer el Tercer Reich es un país cristiano». Tras su arresto, tuvo que pagar una fianza de 500 marcos para salir libre el 8 de abril, y escribió a la Gestapo protestando:

Como cristiano, no negaré la obediencia a todas las leyes del Estado, tanto las justas como las injustas. Solo frente a las leyes inmorales actuaré con resistencia pasiva. Porque prefiero morir que pecar.

A pesar de los consejos de no enviar esa carta —en la que además exponía casos de apoyo a los trabajadores polacos que hasta entonces la Gestapo no conocía—, Froehlich la envió, y fue detenido definitivamente el 10 de mayo de 1941, dos días antes de la fecha de las primeras comuniones parroquiales. Desde la prisión de Potsdam escribió al obispo Preysing:

Me alegro de ser un mártir de la Iglesia y del Mandamiento del amor al prójimo, pero me duele infinitamente que mi patria actúe como juez. ¡Nunca será honrado detener a sacerdotes porque cumplen este mandamiento: amarás al prójimo como a ti mismo!

El 28 de julio lo deportaron a Buchenwald, de ahí a Ravensbrück y al bloque de párrocos de Dachau, donde murió el 22 de junio de 1942 «por insuficiencia cardíaca y circulatoria durante una enteritis».

El 28 de marzo de 1941 fue detenido en Pfreimd (80 km al este de Núremberg, en Baviera) el franciscano Petrus (en el siglo Karl) Mangold (53, M.G.), sacerdote desde 1920 y encargado de negociar con los nazis los derechos de los franciscanos alemanes en los Sudetes tras la anexión de esa región de Checoslovaquia al Reich en 1938. En enero de 1940 lo nombró su orden comisario para esa zona y se distinguió por plantar cara a los nazis: ya desde 1933 había rechazado el uso de la cruz gamada y en una circular criticó la conducta impropia de un fraile partidario del nazismo. A esa circular se refirió la Gestapo al arrestarle por presunta enemistad contra el Estado.

Mangold fue deportado el 6 de junio de 1941 a Dachau, donde redactó junto con Emil Thoma (1889-1957), párroco de Eppingen, una lista de clérigos y religiosos católicos y protestantes allí presos que consiguieron sacar en secreto del campo, dando así a conocer algo de su situación. Mangold murió el 18 de julio de 1942.

El 2 de abril de 1941 la Gestapo detuvo a las 37 clarisas capuchinas de Przasnysz (casi 90 km al norte de Varsovia). Las enviaron al KZ Soldau, poco más de 50 km al noroeste de Przasnysz. En ese campo, teóricamente de tránsito para judíos y polacos, se ejecutó a intelectuales polacos y a 1.558 pacientes de hospitales psiquiátricos (parte de la Acción T4, ejecutada del 21 de mayo al 8 de junio de 1940 por el comando Lange). De los 30.000 presos que pasaron por Soldau, murieron entre 13.000 y 20.000, ejecutados en el bosque de Białucki, 10 km al este.

Entre esas víctimas, además de los obispos beatos Nowowiejski y Wetmański, también se ha beatificado a una de las clarisas, María Teresa del Niño Jesús (en el siglo Mieczysława) Kowalska (39), maestra de novicias que había hecho sus votos perpetuos en 1928. Enferma de tuberculosis, ofreció su vida para que el resto de sus hermanas volviera a Przasnysz. Dos semanas después de su muerte el 25 de julio de 1941, las demás fueron liberadas.

Józef Cebula (39), sacerdote de los Oblatos de la Inmaculada desde 1927, fue superior de su congregación desde 1936, y desde 1937 del convento de Markowice, 10 km al sur de Inowrocław (unos 200 km al noroeste de Varsovia). El 26 de agosto de 1940 fue arrestado con otros religiosos durante dos días. En octubre de 1940 le dieron dos días para desalojar el convento, aunque regresó en noviembre y pudo celebrar una misa dominical en dos parroquias cercanas. A pesar de la prohibición de dar otros sacramentos, por las mañanas o las noches, vestido de civil, visitaba enfermos, confesaba, bautizaba y celebraba bodas. A principios de abril de 1941 fue arrestado tras una misa nocturna, y dijo a su ayudante:

> *Hermano, hoy he ofrecido a Dios mi último sacrificio. Te aconsejo que te confieses conmigo por última vez.*

Cebula fue enviado al KZ Mauthausen, creado para presos «reincidentes y antisociales graves». Entre los que intercedieron por él estaban alemanes de su Silesia natal, quienes aseguraban que Cebula enseñaba alemán y servía por igual a polacos y alemanes, sin meterse nunca en política. Por su parte, Cebula defendió al párroco de Otmęt (Silesia), padre Hubert Demczak, logrando involucrar en la petición al jefe nazi de su pueblo (Malnia), Ebneter (el padre Demczak se salvó de esa pero, junto con cinco monjas y un sacristán, fue asesinado por soldados soviéticos que le pedían «vino y chicas» al tomar la localidad el 30 de enero de 1945). El 18 de abril llegó Cebula a Mauthausen-Gusen, donde lo torturaron y condenaron a trabajos forzosos, fusilándolo diez días después.

Entre el 6 y el 18 de abril de 1941 los alemanes invadieron Yugoslavia. Hitler quiso destruir ese país por haberse retirado de la alianza con Alemania, Italia y los demás países del Eje. Por ello aprobó la creación del Estado Independiente de Croacia (NDH, 10 de abril de 1941), gestionado por los extremistas *ustaše* de Ante Pavelić. En mayo de 1998, la Iglesia ortodoxa serbia canonizó a seis víctimas de estos extremistas, que por ello indirectamente pueden mencionarse entre los mártires del nazismo:

El obispo Platón Jovanović (66) de Banja Luka (140 km al noroeste de Sarajevo), que estaba enfermo cuando lo capturaron y asesinaron el 5 de mayo de 1941.

El arcipreste Branko Dobrosavlević (55), sacerdote desde 1909, asesinado con otros en el bosque de Kestenovac, 70 km al sur de Zagreb, el 7 de mayo de 1941.

El arcipreste Jorge Bogić (30), torturado y asesinado el 17 de junio de 1941 en Našice, 170 km al este de Zagreb.

Petar Zimonjić (75), obispo metropolita de la región noroccidental de Bosnia (Dabar), que se enfrentó a la Gestapo al no aceptar usar el alfabeto latino en vez del cirílico. Arrestado el 12 de mayo de 1941, lo llevaron a la prisión de Beledija y luego al campo de Kerestinac, donde le dieron el número 29.781, rapándole el pelo y la barba y despojándole de toda insignia episcopal. Fue asesinado en junio. Cuando le propusieron huir a Belgrado al comienzo del ataque alemán, respondió:

> *Soy el pastor del pueblo, lo que significa que estoy obligado a quedarme aquí y compartir el mal con esta gente, como solía compartir el bien con ellos; así que tengo que compartir el destino de mi gente y quedarme donde se supone que debo estar.*

El obispo Sava Trlaić (57) de Karlovac (50 km al suroeste de Zagreb), asesinado en agosto de 1941 con otros presos del campo de Gospić, donde lo habían deportado el 19 de julio. Llevaba arrestado desde el 17 de junio, cuando se negó a marcharse a Belgrado.

También está canonizado como confesor de la fe el obispo ortodoxo serbio de Zagreb, Dositej Vasić (66), que murió en Belgrado el 13 de enero de 1945 sin haberse repuesto de las torturas sufridas durante su encarcelamiento en 1941.

Además, fue canonizado en representación de las víctimas del campo de concentración de Jasenovac (95 km al sureste de Zagreb) el anciano Vukašin Mandrapa (o de Klepci), granjero y comerciante que vivía en Sarajevo, y que fue asesinado por un guardia ustaša apellidado Friganović, que habría relatado el crimen al neuropsiquiatra Nede Zec. Entre las muchas personas a las que mató entre 1942 y 1943, el asesino recordaba a ese hombre porque hizo la señal de la cruz antes de que lo matara.

En mayo de 2005, la Iglesia ortodoxa serbia canonizó en el monasterio de Žitomislić (en Hercegovina, 10 km al este de Medjugorje) como mártires a varios clérigos asesinados durante la Segunda Guerra Mundial por los *ustaše*, por los partisanos o por el posterior régimen comunista (pero también a tres muertos en la Primera Guerra Mundial). Las 16 víctimas mortales de los *ustaše* y dos de los italianos incluidas eran:

— Miladin Minić (28), sacerdote desde 1937, asesinado por los *ustaše* el 24 de abril de 1941 en su parroquia de Bileševo, 45 km al norte de Sarajevo.

— El sacerdote Dobroslav Blažević (25), asesinado en junio de 1941 cerca de Bugojno (75 km al noroeste de Sarajevo).

— El sacerdote Jovan Zečević (46) llevado con otros de Sarajevo a Koprivinica (75 km al noreste de Zagreb) en junio de 1941, y allí torturado y asesinado.

— El protopresbítero Milan Baniac (55), capturado en Banja Luka el 14 de junio de 1941, torturado y asesinado.

— El sacerdote Rodoliub Samardžić (34), ordenado en Sarajevo en 1931, asesinado en junio de 1941. También en junio mataron en el campo de Gospić, tras torturarlo, al sacerdote Damian Štrbac (29).

— El arcipreste Marko Popović (65), que ya fue arrestado en la Primera Guerra Mundial, fue detenido el 6 de junio de 1941 y asesinado el 24 de junio.

— El protopresbítero Mirko Stojsavlević (56), ordenado en 1909, capturado el 30 de junio y asesinado.

— El arcipreste Milan Božić (56), arrestado en mayo de 1941 en Sarajevo, enviado a Zagreb y de allí a los campos de concentración de Danica (a las afueras de Koprivinica) y Gospić (150 km al sur de Zagreb), donde lo mataron el 2 de julio de 1941.

— El sacerdote Dobroslav Soković (26), ordenado en 1939, arrestado el 25 de julio de 1941 y enviado a Sarajevo, donde lo mataron.

— El arcipreste Bogdan Lalić (52), preso en el seminario de Sarajevo y deportado al campo de Gospić, donde murió en julio de 1941.

— El protopresbítero Milan Popović (67), ordenado en 1899, apresado en julio de 1941 y encerrado en Kulen Vakuf (120 km al norte de Split), que sufrió torturas antes de que lo mataran.
— Relia Spahić (35), sacerdote desde 1927, fusilado por los *ustaše* junto con 27 parroquianos el 10 de agosto de 1941 en los bosques de Butmir, hoy un suburbio al suroeste de Sarajevo.
— El arcipreste Dimitri Rajanović (32), sacerdote desde 1932, asesinado con algunos de sus parroquianos de Nišići en el vecino pueblo de Ilijaš, 12 km al norte de Sarajevo, el 24 de agosto.
— El sacerdote Ratomir Janković (26), ordenado en 1938, ejecutado por los italianos el 4 de diciembre de 1941. También fue muerto por los italianos ese año el sacerdote Andrija Šiljak (43), ordenado en 1922 y que trabajó con la Cruz Roja.
— El protopresbítero Simo Baniac (70), ordenado en 1897, asesinado en 1941. El también protopresbítero Vukosav Milanović, ordenado en 1892, asesinado en Lica (montaña 65 km al sureste de Sarajevo) junto con sus hijos.

En el mes de abril de 1941 el granjero austríaco Franz Jägestätter (36) decidió, al regreso de su segunda movilización militar, no dejarse movilizar de nuevo por el ejército alemán, por considerar que implicaría cometer un pecado mortal. Aplicaba así el lema «es imposible ser al mismo tiempo un buen católico y un verdadero nazi», con que resumía lo dicho en 1937 por el obispo de Linz, Johannes Maria Gföllner, que ya en 1933 había dicho que el racismo nazi era «completamente incompatible con el cristianismo y por tanto debe ser absolutamente rechazado. Odiar y perseguir a los judíos solo por su origen es inhumano y contrario a los principios cristianos».

Cuando Hitler llegó a Linz el 12 de marzo de 1938, el obispo Gföllner se negó a salir a su encuentro. De igual modo, Jägestätter fue el único del medio millar de habitantes de su pueblo, Sankt Radegund (115 km al oeste de Linz y 90 al este de Múnich), que votó contra la anexión de Austria a Alemania en el referéndum del 13 de marzo de 1938. El obispo Gföllner murió el 3 de junio de 1941 y fue sustituido por José Calasanz Fließer, quien trató de persuadir a

Jägestätter para que hiciera el servicio militar. El granjero no veía su postura solo como negativa a hacer el mal, sino como forma de hacer el bien:

> Hoy en día a menudo puedes escuchar que ya no se puede hacer nada, que si alguien dice algo, solo le provoca encarcelamiento y muerte, que por supuesto no se puede cambiar gran cosa en el mundo. Pero, para nosotros los humanos, mientras vivamos en este mundo, pienso que nunca es demasiado tarde para salvarse a sí mismo, y quizá para conquistar algunas almas para Cristo.

El párroco Josef Karobat, que conocía bien a Jägestätter ya que iba a misa a diario y era desde 1940 sacristán, anotó que la respuesta de su parroquiano ante el consejo de someterse era siempre citar la Carta a los Romanos (3,8): «No podemos hacer el mal para obtener el bien». En mayo de 1942, Jägestätter mismo lo resumirá:

> ¿Es que hoy da igual si la que se libra es una guerra justa o injusta? ¿Hay algo peor que tener que asesinar y robar a personas que defienden a su patria, solo para ayudar a que una potencia antirreligiosa logre la victoria y pueda fundar un imperio mundial impío?

Aseguraba que combatir no tenía mejores expectativas que negarse a hacerlo:

> Después de todo, creo que el Señor Dios hace que no nos sea tan difícil dar la vida por nuestra fe, considerando que en estos tiempos difíciles de guerra son miles los jóvenes a los que se pide dar su vida por el nacionalsocialismo.

El párroco tuvo que exiliarse y no pudo acompañar a Jägestätter cuando le reclamaron, el 25 de febrero de 1943, incorporarse a filas, lo que el granjero comunicaba así a Karobat:

*Tengo que comunicarle que quizá pierda pronto uno de sus hijos
de la parroquia. Puesto que nadie puede dispensarme respecto a
algo que pondría en peligro la salvación de mi alma con esta asociación, como sabe, no puedo cambiar mi decisión.*

En la prisión de Linz, un sacerdote apellidado Baldinger trató de
convencerle de que obedecer a la autoridad no significaba apoyar al
régimen nazi, pero Jägestätter repitió que no podía prestar el juramento de obediencia incondicional a Hitler. El sacerdote afirmó que
en la postura de Jägestätter no había fanatismo, y que muchas veces
repetía:

*Confío en Dios, y si él quisiera que yo obrara de otro modo, me
lo haría saber.*

En la prisión de Berlín-Tegel, donde fue encerrado en mayo de
1943, Jägestätter supo que muchos como él se negaban a tomar las
armas, y les animó a la conversión espiritual, viéndose confortado al
saber que incluso algunos SS siguieron su consejo antes de morir. En
una de sus cartas, rechazó así el argumento de la obediencia debida:

*¿Por qué razón pedimos a Dios los siete dones del Espíritu Santo, si
de todas formas debemos obedecer ciegamente? ¿Para qué habría
dado Dios a cada hombre la razón y la libre voluntad, si como
muchos dicen, no nos corresponde para nada a nosotros decidir si
esta guerra que Alemania ha emprendido, es o no justa?*

En el consejo de guerra, su defensor, el Dr. Feldmann, consiguió
una entrevista a solas con los jueces, quienes pidieron al granjero que
no les obligara a condenarle a muerte y aceptara servir como sanitario. Franz lo rechazó porque de todos modos tendría que hacer el
juramento a Hitler. El 6 de julio de 1943 lo condenaron a muerte y su
mujer lo visitó el día 12. Pocas horas antes de ser decapitado a las cuatro de la tarde del 9 de agosto de 1943 en la prisión de Brandeburgo,
escribió Jägestätter:

También le agradezco a nuestro querido JESÚS que pueda sufrir tanto por él y morir por él. Quiera Dios tomar mi vida como reparación por los pecados, no solo por los míos, sino también por los de los otros.

Como herencia a su familia y a quienes leyeran su mensaje, pidió rechazar la venganza:

Mientras una persona viva, es nuestra obligación facilitarle el camino hacia el cielo mediante el amor.

Tras la ejecución, el párroco de la prisión, apellidado Jochmann, dijo a unas monjas austríacas:

Solo puedo felicitarles por ser compatriotas de este hombre que ha vivido y muerto como un santo. Tengo la certeza de que este hombre tan sencillo es el único santo con el que me he encontrado en mi vida.

En 1946 se quiso publicar un artículo sobre Jägestätter en el periódico de la diócesis de Linz, pero lo impidió el obispo Fließer, argumentando contra la soberanía de la conciencia:

Considero que los mayores héroes son esos jóvenes y teólogos, sacerdotes y padres, que combatieron y cayeron cumpliendo heroicamente su deber. ¿O acaso son los mayores héroes los estudiantes bíblicos y los adventistas que para ser coherentes prefirieron morir en campos de concentración antes que tomar las armas?

El proceso de beatificación de Jägestätter comenzó en 1997. Francisca Jägestätter pudo asistir, el 26 de octubre de 2007 en la catedral de Linz, a la beatificación de su esposo Franz, presidida por el cardenal José Saraiva Martins, prefecto de la Congregación Vaticana para las Causas de los Santos.

En el mismo mes en que Jägerstätter decidió no incorporarse a filas, y en la misma diócesis natal de Hitler (Linz), fue detenido Engelmar (en el siglo Hubert) Unzeitig (34), alias El ángel de Dachau. Con 17 años, se fue con los religiosos Misioneros de Mariannhill, con la ilusión de marchar a Sudáfrica. Ordenado sacerdote el 6 de agosto de 1939, trabajó en la casa de su orden en el castillo de Riedegg, 10 km al noreste de Linz, asistiendo a prisioneros de guerra franceses, y además el obispo le encargó en primavera de 1940 la parroquia de Glöckelberg (Zvonková, en la República Checa, 50 km al noroeste de Linz).

Como profesor de Religión y desde el púlpito, Unzeitig protestó contra la persecución de los judíos y la Gestapo lo arrestó bajo la acusación de «declaraciones maliciosas y defensa de los judíos» el 21 de abril de 1941, afirmando que «no consideraba al Führer sino a Cristo como su jefe supremo» y «enseñaba a los jóvenes que es más importante obedecer a Dios que al poder terreno». El 3 de junio fue deportado a Dachau, con el número 26.147. Daba a soldados rusos presos parte de su comida para salvarlos de la inanición. Con ellos aprendió ruso y elaboró un catecismo en esa lengua. En noviembre de 1944, se ofreció con otros sacerdotes a atender a los enfermos de tifus, dando los sacramentos a cientos de ellos, incluidos rusos —logró la conversión de un alto oficial de esa nacionalidad—, hasta por fin infectarse y morir el 2 de marzo de 1945. En una de sus últimas cartas, afirmaba:

> *El amor dobla las fuerzas, despierta la inventiva y da libertad y alegría interiores. Es cierto que ningún corazón humano puede imaginar lo que Dios tiene preparado para quienes le aman. Por supuesto, la cruda realidad de este mundo también los golpea con todas las prisas y persecuciones, con deseos impetuosos y exigentes, con su discordia y su odio como una helada penetrante, pero los rayos del sol caliente del amor del Padre todoamoroso son más fuertes y triunfan, porque el Bien es inmortal y la victoria será siempre para Dios, aunque a veces parezca inútil difundir el amor en el mundo. Pero uno ve una y otra vez que el*

corazón humano está en sintonía con el amor y que nada puede resistirse a su poder a largo plazo si realmente se basa en Dios y no en las criaturas. Queremos seguir haciendo todo lo posible y sacrificándonos para que pronto vuelvan a reinar el amor y la paz.

Pocos días después del arresto de Unzeitig, el 2 de mayo de 1941, moría en Auschwitz, tras ser golpeado con un palo por un alemán apellidado Nitas, Bolesław Strzelecki (44), sacerdote desde 1918, cuyo último trabajo fue el de párroco en Glinice, unos 100 kilómetros al sur de Varsovia. Lo habían arrestado en 1941 por ayudar a prisioneros de guerra.

Erich Hoepner (57, M.E.) era teniente coronel jefe de un regimiento de caballería en Potsdam cuando los nazis tomaron el poder, y siguió haciendo su carrera con «normalidad», incluso comunicando a fines de agosto de 1939 a las dos divisiones que mandaba (16º Cuerpo de Ejército) que el objetivo de la guerra era «la destrucción sin piedad del enemigo». El 2 de mayo de 1941 escribía en las instrucciones de la operación Barbarroja para sus unidades que «la guerra contra Rusia es (…) la defensa contra el bolchevismo judío. El objetivo de esta lucha debe ser la destrucción de la Rusia actual, y por tanto debe librarse con una severidad inaudita, para la aniquilación completa y sin piedad del enemigo». Hoepner aplicó con más rigor del exigido la Orden del 6 de junio de 1941 que establecía que los comisarios políticos soviéticos no eran prisioneros de guerra, aunque aclaraba que debían permanecer «inicialmente intactos». Él ignoró ese matiz y ordenó al 4.º Ejército Panzer a sus órdenes que los fusilara a todos, fueran militares o civiles.

Hoepner se había puesto en contacto con el general Beck en 1935 para conspirar contra Hitler y en 1938 se dispuso a dar el golpe. El 8 de enero de 1942 fue expulsado de la Wehrmacht por Hitler, por haber ordenado la retirada de sus unidades en Rusia. Ante sus intentos de rehabilitación, el Parlamento aprobó el 26 de abril una resolución que permitía a Hitler destituir a cualquier alemán de su cargo, al margen de leyes y reglamentos. El 19 de julio de 1944 regresó a

Berlín para apoyar el golpe, en cuyo organigrama figuraba como jefe del «área de guerra nacional». Detenido el día 21 en el Bendlerblock, fue condenado a muerte el 8 de agosto por Freisler y ahorcado ese mismo día en Berlín-Plötzensee.

El 10 de mayo de 1941 fue arrestado Piotr Edward Dańkowski (33), sacerdote desde 1931 y tras la derrota polaca activo en lo que sería el antecedente del Ejército Nacional (AK), llamado entre noviembre de 1939 y febrero de 1942 Unión por la Lucha Armada (ZWZ). Tras su arresto y tortura en Zakopane (85 km al sur de Cracovia, en cuya parroquia era vicario), estuvo preso en Tarnów (75 km al este de Cracovia) hasta que en diciembre de 1941 lo deportaron a Auschwitz (n.º 24.592), donde trabajó en la construcción de la fábrica I.G. Farben Buna (comando Rajsko). Condenado a muerte en febrero de 1942, confió al sacerdote de su parroquia Władysław Puczka que el jefe de su grupo de presos (*kapo*) le había anunciado su Viacrucis para Semana Santa. El Viernes Santo 3 de abril de 1942 los guardas alemanes lo torturaron y le pusieron una corona de alambre de púas en la cabeza y una pesada viga sobre los hombros. Puczka le dio en secreto la absolución y la comunión, mientras Dańkowski se despedía con un «adiós, hasta el cielo». Es patrón de Zakopane, de Jordanów (su pueblo natal) y de los seminaristas y el clero de Cracovia.

El 22 de mayo de 1941, la Gestapo arrestó a 19 alumnos de primer año del seminario de Tarnów, junto con dos profesores y el rector, Roman Sitko (62), en el lugar donde secretamente seguían dando formación, la casa de formación de Błonie, donde algunos recuerdan que en 1940 les decía el rector:

> *Debes ser una custodia en la que Jesús aparece constantemente, con tus palabras y tus acciones. Debes ser testigo de los grandes milagros que harás para el pueblo. Serás un alter Christus — otro Cristo—, pero dándote el título de siervo humilde.*

Sitko era sacerdote desde 1904. El 27 de agosto de 1942 lo deportaron a Auschwitz-Birkenau como preso político (n.º 61.908). El 12 de octubre cayó sobre el barro por el cansancio. El capataz no permitió que lo recogieran y un SS le aplastó el cuello con su bota, matándolo. En 1941 había escrito:

Para mí, morir a manos de los alemanes sería un hermoso epí-logo a mi vida.

Anicet (en el siglo Adalbert-Wojciech) Koplin (66), nacido como alemán en Frydland (hoy Debrzno, unos 150 kilómetros al suroeste de Gedán), de padre católico y madre luterana, era sacerdote capuchino desde 1900. Trabajó con emigrantes polacos y desde 1916 con prisioneros de guerra. Enviado a Varsovia en 1918, cambió su apellido a Kopliński. Confesó entre otros al nuncio Achille Ratti, futuro papa Pío XI, a varios cardenales y obispos, pero sobre todo trabajó con los pobres, ayudándoles a encontrar trabajo y ganándose el título de Limosnero, San Francisco de Varsovia y Protector de los pobres, instalando una gran cocina para atender a 11.000 pobres en Annopol, en el norte de la capital. Tras estallar la guerra, escondió a judíos y a personas que les ayudaban en el convento de la céntrica calle Miodowa, proporcionando documentos y alimentos para el gueto de Varsovia. En la noche del 26 al 27 de junio de 1941 fue arrestado con otros 21 capuchinos por la Gestapo. Interrogado en Pawiak, declaró:

Me avergüenzo de ser alemán.

Fue deportado el 4 de septiembre de 1941 a Auschwitz con el número 20.376 seguido de la letra P (polaco). Al salir del vagón fue golpeado y mordido por un perro. Como prisionero improductivo, lo colocaron en el bloque 19, muriendo el 16 de octubre de 1941 gaseado o por una inyección letal.

Otro de los capuchinos detenidos el 27 de junio de 1941 fue Symforian (Feliks en el siglo) Ducki (53), que hizo sus votos perpetuos en 1925. Deportado a Auschwitz el 3 de septiembre de 1941, recibió el número 20.364, trabajando en una mina de grava y en la construcción. En marzo de 1942 fue trasladado a Birkenau, donde fue torturado y murió el 11 de abril de 1942, mientras aseguraba a los presentes (aunque no era sacerdote):

> *A todos los moribundos y a todos los que se arrepientan de sus pecados, en el nombre de Dios todopoderoso les concedo la absolución.*

El 6 de julio de 1941 publicaron los obispos católicos alemanes una pastoral conjunta que seguía optando por una resistencia silenciosa, ya que para ellos lo que estaba en juego era «seguir existiendo o desaparecer, está en juego el desarraigo del cristianismo». Frente a esa actitud, se dejó oír en ese momento la voz del obispo de Münster, Clemens von Galen, en tres famosas prédicas rechazando la eutanasia (Acción T4). En la primera de esas tres homilías, el 13 de julio de 1941, denunció no el hecho de la eutanasia, sino la arbitrariedad policial:

> *Cualquier ciudadano alemán se encuentra totalmente desprotegido e indefenso ante el poder omnímodo de la policía secreta; ninguno de nosotros está seguro, así sea el ciudadano más leal, concienzudo y cuya total inocencia sea conocida, de que un día no vayan a su casa a detenerlo, de que no se le robe su libertad y se lo encierre en los sótanos y en los campos de concentración de la policía secreta del Estado.*

La segunda homilía la pronunció el 20 de julio. El 3 de agosto, en la última y más encendida, tras enterarse de que unos enfermos de un hospital católico de Münster habían sido ejecutados, advertía que la eutanasia no reconoce límites:

> *Una vez admitido que hay hombres que tienen derecho a matar a personas improductivas, y aunque ahora se trate solo de pobres e indefensos enfermos mentales, con eso ya se ha autorizado en esencia el asesinato de todas las personas improductivas, es decir, de los enfermos incurables, de los inválidos incapaces de trabajar*

*y de los de guerra; y también el de todos nosotros, cuando por la
edad seamos débiles y por tanto improductivos.*

Von Galen condenaba la eutanasia como «matanza de inocentes»,
pero no se aferraba a argumentos religiosos, sino a los artículos del
Código Penal vigente que prohibían matar y obligaban a denunciar
todo delito, precisando que él mismo había presentado denuncia. No
reclamaba el respeto a derechos particulares, sino el «derecho a la
vida, a la inviolabilidad, a la libertad. Como alemán, como ciudadano, como representante de la religión cristiana, como obispo católico: exigimos justicia».

Si se salvó de la ejecución —pedida por el lugarteniente de
Hitler, Martin Bormann—, fue por el apoyo entusiasta de sus fieles
—los informes de la Gestapo hablaban de «escenas tumultuosas»
en la catedral—, que impresionó al ministro de Propaganda, Joseph
Goebbels. Este convenció a Hitler de que sería mejor esperar a que
terminara la guerra para vengarse del obispo.

Hitler suspendió la campaña de eutanasia (Acción T4) el 24 de
agosto de 1941, cuando se había asesinado a 70.000 enfermos, aunque se calcula que aún se mató con mayor secretismo a otros 80.000.
Von Galen no se quedó solo, y también los obispos de Hildesheim y
Tréveris predicaron expresamente en defensa de la vida de los discapacitados. En la posguerra, Pío XII nombró cardenal el 18 de febrero
de 1946 a Von Galen, que apenas un mes después, el 22 de marzo,
falleció en Münster. Fue beatificado el 9 de octubre de 2005.

El 27 de agosto de 1941 la Gestapo detuvo en Fráncfort al filósofo
Johannes Maria Verweyen (61, M.G.). Doctorado en la Universidad
de Bonn en 1905, fue partidario de la masonería, del monismo, de la
teosofía y de la «Iglesia católica liberal», de la que fue sacerdote. Sus
charlas atraían a gran cantidad de público y su oposición al nazismo
hizo que ya en 1934 se le retirara la licencia de profesor. Asistiendo
en Roma a la canonización de los mártires ingleses santo Tomás
Moro y san Juan Fischer, el 2 de febrero de 1936, decidió volver a la
Iglesia católica y declaró en el *Bonner Kirchenblatt* que «su salida de la
Iglesia católica fue el mayor error de su vida».

En ese mismo año dio una conferencia contra las teorías raciales de los nazis y sus libros fueron prohibidos. Por fin lo detuvieron mientras daba una gira de conferencias. Deportado a Sachsenhausen en mayo de 1942, siguió allí dando conferencias para animar a sus compañeros. El 4 de febrero de 1945, al ser evacuado el campo, se ofreció voluntario para la marcha hacia el KZ Bergen-Belsen (225 km al oeste en línea recta). Llegó allí el 7 de febrero, y murió de tifus el 21 de marzo.

El 5 de septiembre de 1941 la Gestapo detuvo en la estación de tren de Katowice al sacerdote Jan Franciszek Macha (28). Ordenado el 25 de junio de 1939, al celebrar dos días después su primera misa confió a su hermana que moriría pronto y no de muerte natural. El mismo día del estallido de la guerra comenzó a trabajar como vicario de la parroquia de Ruda Śląska, 10 km al oeste de Katowice, ayudando espiritual y materialmente a los más afectados por el conflicto. La Gestapo ya lo había interrogado a principios de 1940, pero esta vez lo torturó, mientras él pedía a Dios que perdonara a los que le hacían daño.

El 18 de septiembre de 1941 Macha pudo escribir a su familia. El 13 de noviembre lo trasladaron a la prisión de Mysłowice, donde confesó a los presos. En marzo de 1942 lo acusaron de alta traición por «humillar y dañar a la nación y el Estado alemanes actuando como polaco, tratando de separar una parte del Estado alemán». El 17 de julio lo condenaron a muerte, acusado de dirigir un grupo clandestino llamado Konwalia (lirio del campo). Su madre viajó a Berlín para pedir clemencia, sin éxito. Lo guillotinaron al alba del 3 de diciembre de 1942. El mismo día fue ejecutado su amigo el seminarista alemán Joachim Gürtler, al que había conocido en prisión. La última carta de Macha a sus padres decía:

> *¡Queden con Dios! ¡Perdónenme todo! Voy al Juez Todopoderoso que me juzgará ahora. Espero que me vea. Era mi deseo trabajar para él, pero no me fue dado. ¡Gracias por todo! Hasta la vista allá arriba con el Todopoderoso. Saluden a todos mis compañeros y conocidos. Que me recuerden en sus oraciones. Gracias por las*

oraciones hechas por mí hasta ahora y, por favor, no se olviden de mí en el futuro. No puedo tener un funeral, pero búsquenme un lugar tranquilo en el cementerio, para que de vez en cuando alguien me mencione y me diga un padre nuestro. Muero con la conciencia tranquila. He vivido una vida corta, pero creo que he logrado mi objetivo. ¡No desesperen! Todo irá bien. Aunque falte un árbol, el bosque seguirá siendo bosque. Aunque llueva menos, también llegará la primavera, y porque falte un hombre, el mundo no se derrumbará.

En 2013, la diócesis de Katowice inició el proceso hacia la canonización de Jan Macha, que fue presidida en la catedral de Katowice por el cardenal prefecto de la Congregación Vaticana para las Causas de los Santos, Marcello Semeraro, el 20 de noviembre de 2021.

El 30 de septiembre de 1941 fue detenido, tras ser denunciado por declaraciones supuestamente antipatrióticas, el sacerdote Heinrich König (42, M.G.), vicario de la parroquia de San Agustín (*Propsteikirche*) en Gelsenkirchen (8 km al noreste de Essen, sede episcopal, a su vez 60 km al noroeste de Colonia). Además de ocuparse en particular de los jóvenes y enfermos de la parroquia, König presidía la sección local de la institución asistencial Kolping y un grupo del movimiento de Schönstatt. El 5 de diciembre fue deportado a Dachau, donde un joven médico de la SS le sometió a un experimento que le forzó a estar cinco meses en el hospital del campo.

Desde marzo de 1942, König estuvo asignado al «bloque de párrocos», donde de nuevo la SS lo escogió para experimentos, particularmente intensos después de que el 4 de junio muriera Reinhard Heydrich, jefe de la RSHA, por las heridas que sufrió en un atentado el 27 de mayo de 1942 y que no pudo curar el médico personal de Himmler, Karl Gebhardt. Para rehabilitarse, Gebhardt experimentó sobre las propiedades antiinfecciosas de las sulfonamidas con presos de Ravensbrück y Dachau. A König le inyectaron pus el 15 de junio, dejándole sin tratamiento, por lo que murió el 24 de junio de 1942, día de su cumpleaños.

El 1 de octubre de 1941 fue detenido el que desde 1921 era párroco de la catedral de Radom, Kazimierz Sykulski (58), sacerdote desde 1905 y diputado en el Parlamento de 1919 a 1922 por la Unión Popular Nacional. En la guerra, ayudó a refugiados y desplazados que llegaban en tren. Lo deportaron a Auschwitz-Birkenau con el número 21.962 y el 11 de diciembre de 1941 lo fusilaron.

El 3 de octubre de 1941, Reinhard Heydrich ordenó detener al párroco de Oberschwarzach (35 km al este de Wurzburgo), Georg Häfner (41), por dar los últimos sacramentos y enterrar católicamente a un nazi que poco antes de morir declaró su deseo de regresar a la Iglesia católica, firmando un documento con el que reconocía que su matrimonio civil no era válido. La detención se llevó a cabo el 31 de octubre, momento en que el sacerdote declaró en el protocolo:

> *Para mí, lo decisivo fue que el fallecido se había reconciliado con la Iglesia y por tanto podía recibir entierro eclesiástico. Consideré como mi deber dar cumplimiento al deseo del fallecido de reconciliarse con la Iglesia.*

Häfner fue deportado el 12 de diciembre a Dachau (n.º 28.876), destinado al bloque 26 (párrocos). Sacerdote desde 1924, Häfner era también terciario carmelita desde 1920. Al llegar a Dachau, dos guardias lo molieron a palos, de modo que sangraba por la boca, sin que en ningún momento saliera por ella una queja. Cuantos le conocieron resaltaron su oración silenciosa, su comportamiento humilde y su preocupación por las almas. Aparte del hambre, sufrió un flemón, probablemente porque le torturaron ahogándole, pocos días antes de fallecer el 20 de agosto de 1942. Fue beatificado en Wurzburgo el 15 de mayo de 2011.

El 6 de octubre de 1941 fue detenido el sacerdote Ludwik Gietyngier (37), ordenado en 1927, que en la diócesis de Częstochowa (sede del santuario de Jasna Góra, 60 km al norte de Katowice) era asesor del Club de Intelectuales Católicos y de la Cofradía femenina del Rosario y de Santa Teresa del Niño Jesús. El 30 de octubre lo deportaron a Dachau (n.º 28.288), donde el 30 de noviembre lo mató un torturador.

Aleksy Sobaszek (47) era sacerdote desde 1919 y desde 1933 notario decano en Jarocin, 245 km al oeste de Varsovia. Al estallar la guerra, huyó despavorido de la ciudad, pero regresó dos semanas después, pidiendo perdón a los feligreses por su cobardía y quedándose en adelante, a pesar de haberse podido ocultar en casa de un hermano suyo en Alemania. Cuando la Gestapo fue a arrestarle el 6 de octubre de 1941, estaba celebrando un funeral, que no quiso interrumpir para ocultarse. Lo encerraron con sacerdotes en la prisión Fort VII de Poznan y con ellos fue deportado el 30 de octubre a Dachau (n.º 28.086). En sus cartas, que escribía en alemán, dio muestra de paciencia y disposición a morir por Cristo. El 25 de julio de 1942 fue llevado a la enfermería, donde padeció diarrea con sangre y murió el 1 de agosto.

Otro de los sacerdotes arrestados el 6 de octubre de 1941 era Maksymilian Binkiewicz (34), ordenado en 1931 y a quien el obispo Teodor Kubina (1880-1951) había encargado organizar el Club de Intelectuales Católicos. Durante la guerra, remplazó al párroco arrestado de Konopnica (60 km al norte de Częstochowa), y tras pasar por el campo de tránsito de Konstantynów, 8 km al oeste de Łódź, el 27 de octubre entró en Dachau con el número 28.450. A consecuencias de las torturas de un día de trabajo especialmente duro, murió el 24 de junio de 1942.

El mismo 6 de octubre de 1941 fueron detenidos en Kutno (110 km al oeste de Varsovia) los sacerdotes de la parroquia de San Lorenzo: el párroco Michał Woźniak (66) y el vicario Michał Oziębijowski (41). El primero era sacerdote desde 1906 y en 1909, siendo administrador de la pequeña parroquia de Wiśniew (unos 50 km al este de Varsovia), consiguió que volviera al catolicismo un centenar de personas adheridas al mariavitismo (movimiento surgido en torno a las supuestas visiones de la monja María Francisca Kozłowska en 1903). En Kutno abrió un centro salesiano, en una aldea a la que en 1991 dieron su nombre (Woźniaków, 4 km al oeste de la parroquia). Tras su detención fue deportado el 30 de octubre a Dachau, donde murió el 16 de mayo de 1942.

Oziębijowski se había ordenado tardíamente —por su mala salud— en 1938. Los alemanes ya lo tuvieron preso del 16 de septiembre al 11 de noviembre de 1939, tras de lo cual no quiso escapar. Lo deportaron a un campo para sacerdotes en Ląd (215 km al oeste de Varsovia) antes que a Dachau, donde le pusieron el número 28.201. Dio testimonio de servicio al prójimo en medio de hambres, palizas y enfermedad, hasta morir el 31 de julio de 1942.

El 14 de octubre de 1941 fueron detenidos seis franciscanos de Niepokalanów, entre ellos Bonifacy (en el siglo Piotr) Żukowski (29), que hizo sus votos perpetuos en 1935 en este convento. Trabajaba en la imprenta de *El Caballero de la Inmaculada* y otras revistas, además de ser bombero local voluntario. No quiso abandonar el convento, y prefirió proteger la imprenta frente a robos o daños. Tras su detención, en la prisión de Pawiak rezaba, consolaba a otros presos y compartía con ellos la comida que le enviaban. Deportado a Auschwitz-Birkenau con el número 25.447, lo emplearon en trabajos de construcción hasta que enfermó de neumonía y, tras dos semanas en el hospital, murió el 10 de abril de 1942.

Otro de los detenidos el 14 de octubre de 1941 era Stanisław Tymoteusz (Antoni en el siglo) Trojanowski (33), al que Kolbe recibió como candidato a fraile en Niepokalanów en 1930, donde también hizo sus votos perpetuos en 1938. Se dedicaba a enviar la revista *El Caballero de la Inmaculada* y a la enfermería. Desde Pawiak fue deportado a Auschwitz-Birkenau (n.º 25.431), donde murió de neumonía el 28 de febrero de 1942. Su lema era «En todo momento y lugar entregarme libremente a la voluntad de Dios».

Józef Jankowski (30), sacerdote palotino desde 1936, era en septiembre de 1939 secretario del Comité de Ayuda a la Infancia. La Gestapo lo detuvo en mayo de 1941 y, tras tenerlo dos semanas en Pawiak, lo deportó en el mismo transporte que el padre Kolbe a Auschwitz, donde le tatuaron el número 16.895. Además de por las condiciones de vida, murió por golpes de un *kapo* (preso jefe) el 16 de octubre de 1941.

El 23 de octubre de 1941 la Gestapo arrestó al párroco de la catedral de Berlín, Bernhard Lichtenberg (67). Ordenado en 1899, desde

1900 fue párroco en Berlín y desde 1932 trabajó en la catedral de Santa Eduvigis, donde fue rector desde 1938. En 1935, tras recibir un informe del socialdemócrata Jürgen Jürgensen sobre abusos a prisioneros en el KZ Esterwegen, pidió por escrito explicaciones que tras insistir le dieron el subjefe de la Gestapo, Werner Best, y el jefe del KZ, Theodor Eicke. Luego, la Gestapo lo interrogó y maltrató acusándolo de «difundir propaganda», sin conseguir que revelara su fuente de información.

Desde la Noche de los Cristales Rotos, Lichtenberg incluyó en las misas vespertinas una oración «por los cristianos *no arios* en apuros, por los judíos perseguidos, por los prisioneros en los campos de concentración». En 1941 protestó en carta al ministro de Sanidad, Leonardo Conti, contra la eutanasia. Al arrestarlo, encontraron una prédica en la que iba a pedir que no se diera crédito a la propaganda contra los judíos. Ante los jueces, argumentó:

> *Las acciones de una persona son consecuencia de sus principios. Si los principios están mal, las acciones no serán correctas. Lucho contra los principios incorrectos de los que surgen las malas acciones: la supresión de la clase de Religión en las escuelas, la lucha contra la cruz, la secularización del matrimonio, el homicidio deliberado de los que presuntamente no son dignos de vivir (eutanasia), la persecución de los judíos.*

El 22 de mayo de 1942 lo condenaron a dos años de prisión por «abuso del púlpito» y delitos contra la Ley de Traición de 1934. Siguió preso en Berlín-Tegel y el KZ Berlín-Wulheide. Recibió la visita de su obispo con un mensaje de apoyo de Pío XII. Tras cumplir su condena no lo liberaron, sino que la oficina central del RSHA lo deportó a Dachau. El tren se detuvo el 3 de noviembre de 1943 en la prisión de Hof, 230 km al norte de Múnich. El director de la prisión permitió que Lichtenberg fuera tratado de sus dolencias cardíacas y renales en el hospital, donde el párroco Michael Gehringer le dio la unción de enfermos, muriendo el 5 de noviembre. Antes de que la Gestapo interviniera, la policía de Hof envió el cadáver a Berlín, donde el

16 de noviembre fue llevado en procesión y enterrado en el antiguo cementerio de la catedral. El 23 de junio de 1996 fue beatificado por san Juan Pablo II en Berlín. El Centro Memorial del Holocausto Yad Vashem lo nombró justo entre las naciones en 2005.

El 30 de octubre de 1941 fue la fecha de deportación a Dachau del franciscano Narcyz (en el siglo Jan) Turchan (62), último sacerdote en activo de Włocławek. Ingresó en los franciscanos en 1899, ordenándose en Leópolis (Lvov, Lwów en polaco, Lviv en ucraniano) en 1906. Desde 1936 era guardián del convento de Włocławek, donde los alemanes arrestaron al obispo y cerraron la catedral, quedando tres sacerdotes para atender a miles de fieles. Dos de ellos (más tres hermanos franciscanos) fueron arrestados por la Gestapo el 26 de agosto de 1940, y el padre Turchan quedó solo hasta su deportación a Dachau (n.º 28.411), donde le sometieron a operaciones cuyas heridas no cicatrizaban. Era diabético, y cuando pedía agua se la daban a manguerazos. Ante el maltrato, eligió como lema que «La cruz lo transformaría en Cristo». Daba a sus cofrades el pan que le correspondía y murió solo en el hospital del campo el 19 de marzo de 1942, consiguiendo la familia que les enviaran sus cenizas para enterrarlas.

Henryk Hlebowicz (37) se graduó en 1924 con solo 20 años en el seminario de Vilna, ordenándose en 1927, mientras estudiaba en la Universidad Católica de Lublin. En 1930 defendió su tesis en Filosofía en el Angelicum de Roma y hasta 1936 fue profesor en la universidad y seminario de Vilna, además de capellán académico, asesor de los círculos de formación Juventud Cristiana y cofundador de la Alianza de Sociedades Académicas Católicas. Después trabajó en parroquias rurales, mientras se curaba la tuberculosis. Durante la ocupación alemana fue capellán de grupos rebeldes en Vilna y líder ideológico de la organización católica de izquierda *Akcja Ludowa* (Acción Popular). Arrestado por la Gestapo en otoño de 1941 bajo el cargo de «polonización de la población local», fue ejecutado el 9 de noviembre por la policía colaboracionista bielorrusa en un bosque cerca de Borisov, 80 km al noreste de Minsk.

En la fiesta de la Inmaculada, 8 de diciembre de 1941, la enfermera jefa de cirugía del Hospital de Mödling (14 km al sur de Viena), Maria

Restituta (en el siglo Helene) Kafka (48) redactó una «Canción del soldado» con aire pacifista y patriótico (desde el punto de vista austríaco), así como un informe acerca de la «primera ceremonia confesional» de jóvenes católicos celebrada en la catedral de Friburgo de Brisgovia (en Baden-Wurtemberg, junto a la frontera francesa y 50 km al norte de Basilea). El jefe de cirugía, un miembro de la SS llamado Lambert Stumfohl, se hizo con el papel de calco empleado por la religiosa para copiar el texto y se sirvió de él para denunciarla ante la Gestapo, que la detuvo el 18 de febrero de 1942.

Nacida en Brno (hoy República Checa), Kafka se trasladó con su familia a la capital austríaca, donde ingresó con 19 años en las Hermanas Franciscanas del Amor Cristiano (llamadas Hermanas Hartmann). Desde 1919 era enfermera en Mödling. Tras la anexión a Alemania se negó a quitar los crucifijos —es más, los colgó en la nueva sala de cirugía estrenada en otoño de 1939— y a dar prioridad a los pacientes «arios» sobre el resto. El 29 de octubre de 1942 fue condenada a muerte por «favorecer al enemigo y hacer planes de alta traición». La decapitaron el 30 de marzo de 1943 en el Tribunal Regional de Viena. San Juan Pablo II la beatificó en la Plaza de los Héroes de esa misma ciudad el 21 de junio de 1998 y hoy la calle del hospital de Mödling lleva su nombre.

El 30 de diciembre de 1941, el arzobispo de Utrecht, Jan de Jong, y el carmelita Titus Brandsma visitaron a los directores de periódicos católicos holandeses para animarles a no reproducir la propaganda nazi. Esto colmó la ira de la Gestapo, que detuvo a Brandsma el 19 de enero de 1942. Nacido en 1881, Anno Sjoerd Brandsma adoptó el nombre Titus al ingresar en el Carmelo en 1898. Sacerdote desde 1905, se doctoró en Filosofía en la Universidad Gregoriana de Roma y publicó en Holanda obras místicas (entre ellas la traducción de las obras de Santa Teresa de Jesús), dio formación religiosa a periodistas, y desde 1923 era profesor en la Universidad Católica de Nimega (de la que fue rector en 1932-33).

En 1941 Brandsma se opuso a la expulsión de alumnos judíos y conversos de los colegios católicos, ordenada por el invasor alemán. Durante su arresto, conoció al pastor protestante Johannes Kapteyn, con quien le esposaron en el transporte a Dachau. Allí recibieron los números 30.492 (Brandsma) y 30.493 (Kapteyn). En el campo fue de gran apoyo espiritual y humano para sus compañeros, pero pronto enfermó y fue llevado al *Revier* (hospital), donde el 26 de julio de 1942 un médico acabó con su vida inyectándole fenol. Fue beatificado por san Juan Pablo II el 3 de noviembre de 1985 y en mayo de 2021 la comisión teológica de la Congregación Vaticana para las Causas de los Santos reconoció como milagrosa la curación, obtenida tras rezar al beato Brandsma, del carmelita Michael Driscoll en Florida, lo que abrió la puerta a su canonización.

1942: HOLOCAUSTO SACERDOTAL EN DACHAU

1942 iba a ser el año de mayor mortalidad de sacerdotes en Dachau, por los experimentos pseudomédicos que en ese campo se cebaron con ellos. Una de esas víctimas fue el sacerdote Wojciech Nierychlewski (38), de la Congregación de San Miguel Arcángel, a quien el 7 de febrero mataron a tiros o ahogándolo (como causa de la muerte apuntaron «neumonía»). Hizo sus votos perpetuos en 1924 y fue ordenado en 1932. Responsable de la editorial de su congregación en Cracovia, cuando los alemanes detuvieron en junio de 1941 al director técnico de la imprenta, Nierychlewski no se ocultó sino que consiguió que los alemanes pusieran en libertad al director y le arrestaran a él si fuera necesario, cosa que hicieron en octubre de 1941 en la prisión de Montelupich hasta principios de 1942, cuando lo deportaron a Auschwitz.

El 4 de marzo de 1942 tuvo lugar un fusilamiento de prisioneros en el bosque de Borok (en Bielorrusia, 140 km al norte de Minsk). Entre ellos había tres sacerdotes: Mieczysław Bohatkiewicz (38), que tras ordenarse en 1933 había sido director de un instituto en Luninets (200 km al sur de Minsk) de 1936 a 1939. Al cerrarse la escuela durante la guerra, se hizo cargo de una iglesia en Pelikany, lindando con Lituania. En noviembre de 1941 se mudó a Dryssa (Verkhnyadzvinsk, más al norte), para atender a los católicos que llevaban años sin sacerdote. Le advirtieron de su inminente arresto por la Gestapo, pero permaneció hasta que el 16 de enero lo llevaron a la capital del distrito, Braslaw (200 km al norte de Minsk), y de allí a la prisión de Berezwecz (aún hoy existe con el nombre de Colonia 13), establecida sobre un antiguo monasterio basiliano, donde los soviéticos habían matado a más de 4.700 habitantes. El sacerdote escribió como despedida en su breviario:

> No llores por mí, sino alégrate de que tu descendencia y tu hermano hayan pasado la prueba. Solo te pido oración. Perdono a todos mis enemigos de todo corazón, me gustaría ganar el cielo para todos ellos.

Junto a Bohatkiewicz fueron fusilados dos sacerdotes de la parroquia del Corpus Christi de Ikaźń, situada 15 km al este de Braslaw. Stanisław Pyrtek (28), ordenado en 1940 y vicario, fue encarcelado por la Gestapo el 4 de diciembre de 1941 por haberse presentado reclamando la libertad del párroco. De allí los llevaron a la prisión de Berezwecz. Cuando los ejecutaron, ambos gritaron: «¡Viva Cristo Rey!». Pyrtek escribió antes a sus hermanos:

> Unas pocas horas me separan de una muerte inmerecida. Es deber del sacerdote hacer este sacrificio por Cristo. Muero por haber enseñado religión. No llores ni estés triste por mí. Te envío mi bendición sacerdotal. Después de tres meses en prisión, me alegro de ser digno de sufrir y morir.

El párroco era Władysław Maćkowiak (31), ordenado el 18 de junio de 1939. Asumió la función de párroco porque el anterior tuvo que marcharse. Aunque le advirtieron de que sería arrestado por desafiar la prohibición de dar catequesis, dijo a su obispo que se quedaría. En Nochebuena, gracias al párroco de Berezwecz, se le permitió celebrar misa. Pudo escaparse, pero no lo hizo para no comprometer a los que le habían ayudado. En la tapa de su breviario, escribió al obispo:

Voy a hacer el último sacrificio de mi vida. En tres horas estaré ante el Señor. Dirijo mi último pensamiento a usted, digno pastor, rindiendo por última vez mi homenaje de respeto y afecto filial. Me alegro de que Dios me haya elegido y, sobre todo, de que me dé gracia y fuerza.

En la madrugada del Domingo de Ramos, 29 de marzo de 1942, la Royal Air Force realizó su primer bombardeo indiscriminado («por áreas», *area* o *carpet bombing* en inglés) de una ciudad alemana, en cumplimiento de la directiva que para justificarlo se emitió el 14 de febrero (*Area Bombing Directive*). Se eligió una noche de luna llena y como objetivo la ciudad costera de Lubeca, 60 km al noreste de Hamburgo. Dos tercios de las 400 toneladas arrojadas por 234 bombarderos entre las 11:18 h de la noche y las 3 de la madrugada eran incendiarias. Ardió por completo un área de 300 metros desde la catedral hasta la iglesia de Santa María (ambos templos protestantes). Murieron 320 personas, 15.000 quedaron sin hogar y 1.468 edificios resultaron destruidos. Los tranvías no volvieron a circular hasta después de la guerra.

Esa mañana, el pastor luterano Karl Friedrich Stellbrink (49, M.E.) predicó en un servicio de confirmaciones, afirmando que Dios había hablado con poder «de modo que aprendáis a rezar de nuevo». Conocido por su oposición al nazismo, Stellbrink estaba en contacto con la parroquia católica del Sagrado Corazón, cuyos tres sacerdotes compartirían la suerte de Stellbrink. Este fue arrestado el 7 de abril. El primer sacerdote católico, Johannes Prassek (32), lo fue el 18 de mayo, seguido por Hermann Lange (31) el 15 de junio y Eduard Müller (32) el 22 de junio. Además, fueron arrestados 18 laicos católicos. Los cuatro clérigos fueron condenados a muerte el 24 de junio de 1943 por «delitos de radiodifusión, hacer propaganda del enemigo traidor y debilitar la fuerza militar». Los ejecutaron en Hamburgo a las 18 horas del 10 de noviembre de 1943.

Los tres sacerdotes católicos fueron beatificados el 25 de junio de 2011, en una ceremonia en que también se honró la memoria de Stellbrink, cuyo retrato aparecía en los carteles junto a sus compañeros de martirio, lo que explicaba así el arzobispo de Hamburgo, Werner Thissen:

Tenemos en nuestras Iglesias distintas formas de conmemorar, pero conmemoramos a los cuatro mártires juntos.

Stellbrink, que desde 1930 se había unido al NSDAP y a la Unión por la Iglesia alemana (fundada en 1921 por nacionalistas wagnerianos), fue pronto criticado por su politización. Pero en junio de 1934, tras tomar posesión de su cargo en Lubeca y ver cómo su hermano adoptivo era expulsado de las Juventudes Hitlerianas, ayudó a una familia judía vecina, cambió de opinión y en 1937 fue expulsado del partido. Desde el verano de 1941 tuvo conocimiento de la eutanasia y la rechazó, haciendo amistad con el sacerdote Prassek, que le pasaba las prédicas de Von Galen (Stellbrink era de Münster), compartiendo además información de radios «enemigas». Ya antes de ser arrestado, su propia Iglesia le relevó de su cargo y posteriormente no le ayudó.

Los tres sacerdotes católicos, por su parte, habían compartido con Stellbrink una carta de protesta al ministro del Interior, Wilhelm Frick, firmada el 19 de julio de 1940 por el obispo luterano de Wurtemberg, Theophil Wurm (firmante de la carta de los 96 líderes protestantes contra Rosenberg en 1937, en 1945 sería primer presidente de la Iglesia evangélica de Alemania, EKD).

Paradójicamente, dos semanas antes de ser arrestado, Johannes Prassek había recibido la Insignia de Honor de Protección Aérea por arriesgar su vida salvando a personas durante el bombardeo del 29 de marzo. Su padre era de Alta Silesia, y él aprendió polaco para atender a los trabajadores forzosos de esa nacionalidad, aunque estaba prohibido. Como motivo de su arresto se alegó que había difundido los sermones de Von Galen contra la eutanasia.

Hermann Lange había sido, como estudiante de secundaria, líder de la asociación católica Unión por la Nueva Alemania. Sacerdote desde fines de 1938, en junio de 1939 fue nombrado vicario en la parroquia del Sagrado Corazón de Lubeca. En prisión, escribió:

Personalmente, estoy muy tranquilo y espero con ansia lo que está por venir. Cuando uno realmente se ha entregado totalmente a la voluntad de Dios, entonces eso le da una maravillosa calma y la conciencia de una seguridad incondicional. Después de todo, las personas somos solo herramientas en manos de Dios. Si Dios quiere mi muerte, que se haga su voluntad.

El tercer sacerdote, Eduard Müller, también había pertenecido a un movimiento juvenil católico cuando era aprendiz de carpintero. Se ordenó en 1940 y desde el 27 de agosto de ese año trabajó en la parroquia del Sagrado Corazón de Lubeca, siendo tan popular con los jóvenes que las Juventudes Hitlerianas le propusieron trabajar para ellos. Aunque se mantuvo al margen de la política, difundió los sermones de Von Galen sobre la eutanasia y opinó abiertamente que la guerra era inútil, en charlas nocturnas. Tras oír su condena a muerte, escribió los versículos 20 y 21 del primer capítulo de la Carta a los Filipenses, que terminan: «Para mí la vida es Cristo, y la muerte, una ganancia».

El Viernes Santo 3 de abril de 1942 fue condenado a muerte por un consejo de guerra en Oriol (Orel, Unión Soviética, 325 km al suroeste de Moscú) el teniente Michael Kitzelmann (26, M.G.), nacido en Horben-Gestratz, en el límite de Baviera con Baden-Wurtemberg, que desde su adolescencia estaba pensando hacerse sacerdote y en 1937 se presentó voluntario al ejército. No lo condenaron por ser católico, sino porque un cabo le acusó de derrotismo, ya que en febrero de 1942 escribió a su familia:

La inmensa mayoría aún no se ha enterado de que la lucha contra los rusos, con su enorme retaguardia, nunca tendrá fin y que Rusia será la fosa común donde será enterrado el pueblo alemán.

Kitzelmann había dado públicas muestras de su fe, llevando siempre consigo un Evangelio y asistiendo uniformado a la procesión del Corpus en Francia en 1940, lo que causó revuelo entre la oficialidad alemana. Antes de que lo fusilaran el 11 de junio, pidió al capellán que le asistió que dijera a su delator que le perdonaba y se despidió con la frase «Señor, que se haga tu voluntad». En su diario dejó escrito:

> *Dios me ha dado la gran felicidad de prepararme una hora de la muerte llena de gracia. Voy delante de vosotros hacia Cristo en la patria del cielo. Divino Salvador, ¡sé un juez misericordioso para mí, cuando llegue a ti! Alabado sea Nuestro Señor Jesucristo por toda la eternidad.*

El 20 de abril de 1942 murió en Sachsenhausen el hermano dominico Norbert Maria (en el siglo Johann) Kubiak (49, M.G.), que hizo sus votos perpetuos en 1924. En 1939 estaba en el convento de San Pablo en Berlín-Moabit. Fue detenido en 1941 por hacer comentarios críticos sobre los nazis y en el KZ tuvo el número 39.965.

Józef Czempiel (58), sacerdote desde 1908, tuvo que cambiar de residencia después de que en 1919 presidiera un comité por el referéndum y publicara un folleto a favor de la anexión de Alta Silesia a Polonia. Durante 17 años fue párroco en Chorzów Batory (cerca de Katowice, hoy capital de Alta Silesia), ocupándose especialmente de los alcohólicos, por lo que en 1932 le dieron la Cruz de Oro al Mérito. Detenido el 13 de abril de 1940, lo deportaron a Dachau, de ahí el 26 de mayo a Mauthausen-Gusen y el 8 de diciembre de nuevo a Dachau, donde se supone que lo mataron en el llamado transporte de inválidos del 4 de mayo de 1942.

Anastazy (en el siglo Jakub) Pankiewicz (59), sacerdote de la orden Bernardina desde 1906, fundó en Łódź, 130 km al suroeste de Varsovia, un monasterio dedicado a Santa Isabel de Hungría, un colegio y la Congregación de Hermanas Antonianas de Cristo Rey. Con la ocupación alemana, se ocultó en un cementerio hasta que, en una redada contra sacerdotes, fue arrestado el 6 de octubre de 1941. El 30 de octubre ingresó en Dachau con el número 28.176 y tras menos de siete meses, un médico lo catalogó como enfermo y lo envió con otros 14 sacerdotes al castillo de Hartheim, donde el 20 de mayo de 1942 lo metieron en un automóvil para ser gaseado, si bien la causa de su muerte fue que le cortaron la mano al cerrar la puerta del vehículo.

Los tres miembros del ejército checoslovaco enviados desde Londres que atentaron contra Heydrich el 27 de mayo de 1942, más otros cuatro colaboradores suyos, se refugiaron en la cripta de la catedral de la Iglesia ortodoxa checoslovaca, dedicada a los santos Cirilo y Metodio, junto al puente de Alois Jirásek. Delatados por otro soldado que había llegado desde Inglaterra en paracaídas, en la madrugada del 18 de junio de 1942 los cercaron 750 soldados alemanes y, tras siete horas de combate, seis de ellos se suicidaron y uno murió desangrado.

El obispo al frente de la Iglesia ortodoxa checoslovaca, Gorazd Pavlík (hasta 1920 fue sacerdote católico, y cambió su nombre, que era Mateo, al ser ordenado obispo ortodoxo en 1921), se enteró, al regreso de un viaje a Berlín que emprendió el 14 de junio, de que en su iglesia se refugiaban los autores del atentado. En el asalto fueron detenidos varios sacerdotes ortodoxos, y el propio obispo lo fue el 25 de junio. Escribió una carta echándose la culpa, esperando exculpar al resto. Sin embargo, el 3 de septiembre fueron condenados a muerte y al día siguiente se ejecutó la sentencia contra el obispo, de 63 años, y los sacerdotes Vladimír Petřek y Jan Sonnevend. Al día siguiente fusilaron a otro sacerdote, Václav Čikl.

Bajo la acusación de colaborar con quienes perpetraron el atentado contra Heydrich, otras 236 personas fueron ejecutadas en Mauthausen en octubre de 1942; entre ellas, nueve miembros de la comunidad ortodoxa de Praga: Maria Čiklová y Maria Sonnevendová (esposas de los sacerdotes), Maria Gruzinová, secretaria del obispo, Ludmila Rysavá, el sacristán Václav Ornest con su esposa Františka e hija Milusa, más un matrimonio (Karel Louda y Maria Loudová). A partir del 1 de septiembre de 1942 la Iglesia ortodoxa checoslovaca fue prohibida por los alemanes, su patrimonio expropiado y sus clérigos enviados a trabajos forzosos en Alemania. El obispo Gorazd fue canonizado como mártir por la Iglesia ortodoxa serbia en 1961 y en 1987 por la Iglesia ortodoxa checa, que canonizó a sus 12 compañeros de martirio el 8 de febrero de 2020.

Antoni Zawistowski (59), profesor en el seminario de Lublin, fue detenido en noviembre de 1939 y enviado a Sachsenhausen y Dachau, donde murió de agotamiento el 4 de junio de 1942. Sus compañeros de cautiverio recordaban estas palabras suyas:

> *Estamos aquí por la fe, la Iglesia y la patria; por eso damos conscientemente nuestra vida.*

Jan Nepomucen Chrzan (57), sacerdote desde 1910, fue párroco en Żerków, 240 km al oeste de Varsovia, y miembro de la junta directiva del Banco Popular. Detenido en octubre de 1941, lo encerraron primero en Poznan y luego en Dachau, con el número 28.097. Murió de agotamiento el 1 de julio de 1942.

Józef Kowalski (31) estudió desde 1922 en el colegio salesiano de Oświęcim, localidad en cuyo cuartel militar instalaron los nazis el KZ Auschwitz. Hizo sus votos en la Sociedad de San Francisco de Sales en 1928 y diez años más tarde fue ordenado sacerdote. La guerra le sorprendió en una parroquia de Cracovia. La Gestapo lo arrestó el 23 de mayo de 1941, lo llevó a la prisión de la calle Montelupich (por la que pasaron 50.000 personas de 1940 a 1944) y de allí a Auschwitz el 26 de julio de 1941, con el número 17.350. Cuando supo que iba a morir, dio a sus compañeros su última ración de comida. Por negarse a pisotear un rosario, lo ahogaron en un barril de heces el 4 de julio de 1942.

Fidelis (en el siglo Hieronim) Chojnacki (35) era capuchino desde 1935 y atendía a personas alcohólicas. La guerra interrumpió sus estudios y fue detenido el 25 de enero de 1940. Deportado a Sachsenhausen en junio y el 14 de diciembre a Dachau, con el número 22.473, murió de agotamiento el 9 de julio de 1942.

Ese mismo 9 de julio detuvieron los alemanes a la religiosa Maria Antonina Kratochwil (61) en Stanisławów (hoy Ivano-Frankivsk, en Ucrania, 450 km al sureste de Varsovia), acusándola de actividades ilegales por enviar paquetes de comida a polacos deportados a Siberia. Nacida en Ostrava (capital de la Silesia morava, República Checa), en 1910 ingresó en la Congregación de Hermanas Escolares

Pobres de Nuestra Señora. Con la invasión nazi-soviética, tuvo que dejar la escuela que dirigía en Leópolis, pasando a otra en la aldea de Mikuliczyn (170 km al sur). De ahí las echaron en febrero de 1940. La Gestapo la arrestó con otras seis hermanas y la sometió a interrogatorios y torturas durante tres meses, en los que ella animó a otras a soportar los sufrimientos. Cuando la torturaban, decía: «Padre, perdónales, porque no saben lo que hacen». Iban a fusilarla, pero como estaba enferma de tifus y malherida, la dejaron en libertad y a los cinco días, el 2 de octubre de 1942, murió.

A principios de julio de 1942, los nazis deportaron a los judíos holandeses, afirmando que los llevaban a campos de trabajo. Todas las iglesias de los Países Bajos acordaron una protesta conjunta mediante un telegrama enviado el 11 de julio al comisario del Reich para Holanda, Arthur Seyß-Inquart, quien respondió con la oferta de no deportar a los judíos que hubieran sido bautizados antes de 1941, a condición de que las Iglesias no protestaran públicamente.

Lejos de aceptar la oferta, la Iglesia reformada del Estado (la más numerosa) y la Iglesia católica hicieron leer en los templos el texto de la protesta el domingo 26 de julio. Además, el arzobispo de Utrecht, Jan de Jong, ordenó leer en todas las iglesias católicas del país una carta pastoral fechada el 20 de julio, protestando por la deportación de los judíos.

La respuesta de los nazis fue arrestar el 2 de agosto a 244 judíos convertidos al catolicismo, entre ellos Rosa (58, M.G.) y Teresa Benedicta de la Cruz (en el siglo Edith, 50) Stein, Elvira Sanders-Platz (50, M.G.) y Lisamaria Meirowsky (37, M.G.), doctora en pedagogía cuyo padre, Emil, fue presidente de la asociación de médicos de Colonia hasta que los nazis prohibieron ejercer cargos a los judíos.

Lisamaría se había convertido al catolicismo asesorada por sacerdotes como Wilhelm Neuß, profesor de Teología en Bonn, y el dominico Francisco María Stratmann. Bautizada el 15 de octubre de 1933, tomó el nombre de María Magdalena Dominica y fue terciaria dominica. En 1938 marchó a Utrecht (Holanda) y desde octubre de 1941 se ocultó como médica y portera en la abadía trapense de Nuestra Señora de Koningsoord (en Tilburgo, 55 km al sur de

Utrecht). El 4 de agosto, junto con las hermanas Stein, fue deportada a Westerbork (130 km al noreste de Ámsterdam) y desde allí a Auschwitz, donde llegaron el 7 de agosto. El día 9, fueron gaseadas en Auschwitz II (Birkenau). Lisamaría alcanzó a escribir una última carta a su confesor en la que aceptaba el martirio como una gracia concedida por Dios:

> Quiero enviarle un último saludo y decirle que tengo confianza y estoy totalmente entregada a la santa voluntad de Dios. Más aún: considero una gracia y una elección tener que irme en estas circunstancias para defender la palabra de nuestros padres y pastores en Cristo.

La hermana Teresa Benedicta de la Cruz fue beatificada el 1 de mayo de 1987 en Colonia y canonizada el 11 de octubre de 1998 en Roma, en ambas ocasiones por san Juan Pablo II, quien además la nombró el 1 de octubre de 1999 copatrona de Europa.

La más veterana en su fe católica era Elvira Sanders-Platz. Nacida en Colonia, tras formarse como sombrerera marchó a vivir con su hermana Selma a Leiden, donde ambas dirigieron la sección de sombreros de unos almacenes y ella conoció a su futuro esposo, José Francisco Javier Sanders. Elvira se bautizó el 30 de marzo de 1918, menos de tres meses antes de casarse (25 de junio de 1918). Dos décadas más tarde, cuando en Alemania arreció la persecución con la Noche de los Cristales Rotos, Javier Sanders y su abogado evacuaron a nueve familiares de Alemania, que inicialmente vivieron en su casa de Leiden. Elvira sobrevivió un día a las compañeras de deportación antes mencionadas (fue gaseada el 10 de agosto) y en Westerbork alcanzó a escribir una despedida que se halló en el archivo de las Hermanas del Sagrado Corazón de Jesús de Moerdijk, que termina de esta forma:

> Así que esta es mi elección, compartir el sufrimiento de Nuestro Señor.

A fines de junio de 1942, el RSHA decidió sustituir por bielo-rrusos a todos los polacos que aún trabajaran en cargos públicos en Bielorrusia occidental. En esa llamada «Polenaktion», ayudados por policías bielorrusos, lituanos, letones e incluso rusos, entre junio y julio de 1942 arrestaron a un millar de personas, en su mayoría posteriormente asesinadas. Mientras que en Lida los 16 sacerdotes detenidos pasarían nueve meses en prisión, la Gestapo de Baránavichi arrestó el 29 de junio en Navahrudak (55 km al norte) a otros dos sacerdotes católicos, a los que ejecutó en un bosque el 31 de julio de 1942 con un grupo de 60 personas por ayudar a esconder niños judíos. Los sacerdotes (no beatificados) eran el decano Michał Dalecki (de 58 años, era canónigo honorario de la catedral de Pinsk y trabajaba desde 1933 en la parroquia de San Miguel de Navahrudak) y Jozef Kuczyński (de 63 años: los rusos ya lo habían detenido en 1910 por organizar una escuela polaca; en 1919-20 fue capellán en el ejército polaco durante la invasión soviética).

Dos de los beatos mártires que pasaron por Dachau fueron gaseados como «inválidos» el 10 de agosto de 1942 en Hartheim. Uno de ellos era Edward Detkens (56), que desde 1922 era capellán universitario y desde 1936 organizaba peregrinaciones con estudiantes a Jasna Góra. Por su actividad pastoral fue ya detenido el 5 de octubre de 1939 y definitivamente el 30 de marzo de 1940. Deportado a Sachsenhausen (2 de mayo de 1940) y a Dachau (10 de octubre de 1941, n.º 27.831), cuando su estado llegó a ser deplorable lo mandaron a gasear a Hartheim, adonde lo vieron ir rezando.

Como compañero de ese último viaje tuvo al sacerdote Edward Grzymała (35), ordenado en 1931, que desde ese año hasta 1935 estudió en Roma, trabajando en la traducción de la Sagrada Escritura. Al comenzar la guerra el obispo Karol Radoński, que marchó al exilio en Londres, lo nombró vicario general de Włocławek. La Gestapo detuvo a Grzymała el 26 de agosto de 1940, deportándolo a Sachsenhausen y Dachau.

Junto con él, detuvieron al vicario del convento franciscano, predicador y confesor Krystyn Gondek (33), sacerdote desde 1936, que pasó por Sachsenhausen y Dachau (número 22.779), donde murió el

23 de julio de 1942 tras despedirse de sus compañeros con un «nos vemos en el cielo».

Brunon (en el siglo Jan) Zembol (36) era franciscano del convento de Chełm, unos 70 km al este de Lublin, en cuyo castillo lo arrestaron los alemanes junto con otros hermanos. En junio de 1940 fue trasladado a Sachsenhausen y en diciembre a Dachau, donde murió el 21 de agosto de 1942 por el trato inhumano recibido.

A las 5 de la madrugada del 21 de agosto de 1942 fue decapitado Franz Reinisch (39, M.G.), el único sacerdote católico ejecutado por negarse a hacer el juramento de fidelidad a Hitler, y que, como veremos, hizo «dudar» al papa Pío XII. Austríaco de Feldkirch, haciendo un retiro de cuatro semanas con un jesuita en Kiel decidió hacerse sacerdote, lo que logró en 1928, ingresando a continuación en el convento-castillo palotino de Untermerzbach (25 km al norte de Bamberga y a 75 de Núremberg). Por las duras exigencias de la vida en el convento (como la obligación de dejar de fumar) quiso escaparse saltando el muro, pero, según dijo, al pasar por la gruta de Lourdes que había en el jardín (poco antes había hecho una peregrinación a ese santuario mariano francés) sintió como si alguien le abrazara y le impidiera marcharse. En 1938 se asoció al movimiento de Schönstatt.

Reinisch llamaba Anticristo a Hitler y el 12 de septiembre de 1940 el RSHA le prohibió predicar por «objeciones políticas». En adelante trabajó traduciendo artículos de revistas italianas, pero además siguió predicando discretamente. En 1939 afirmaba que «el juramento militar a la bandera nacionalsocialista, al Führer, no se puede hacer. Sería un pecado. No se puede prestar juramento a un criminal». El 8 de abril de 1942 fue llamado a filas, pero había decidido no jurar:

> *Por muchas veces que revise mi conciencia, no puedo llegar a ningún otro juicio. Y con la gracia de Dios no puedo actuar ni actuaré en contra de mi conciencia. Como cristiano y austriaco, nunca puedo jurar lealtad a un hombre como Hitler.*

Se presentó con un día de retraso al cuartel el 15 de abril, por lo que su mando le preguntó si no daba valor a ser soldado, a lo que respondió:

Le daría valor si quien estuviera al timón no fuera el régimen actual.

En cuanto se vistió el uniforme, lo llevaron arrestado a Berlín-Tegel, donde lo procesaron el 4 de junio y lo sentenciaron a muerte el 7 de julio «por socavar la fuerza militar». En su declaración final, Reinisch quiso explicar que estaba dispuesto a luchar en defensa de Occidente contra el bolchevismo:

El reo no es un revolucionario, es decir, un enemigo del Estado y del pueblo que lucha a brazo partido, es un sacerdote católico que usa las armas del espíritu y de la fe. Y sabe por qué está luchando. Por tanto, con gusto está dispuesto a sacrificar su vida por Cristo Rey y por la patria alemana, para que Cristo el Señor pueda derrotar a estas fuerzas y poderes anticristianos bolcheviques del extranjero, y particularmente en la propia patria, para que nuestro pueblo vuelva a ser un pueblo de Dios fuerte y libre en medio de los pueblos de Occidente.

A punto de cumplirse un año de la ejecución de Reinisch en la prisión de Brandeburgo-Görden, respondía el cardenal secretario de Estado Luigi Maglione (1877-1944) al superior general de los palotinos contándole cómo había reaccionado Pío XII al relato de la muerte del religioso austríaco (cuyo proceso de beatificación se inició el 28 de mayo de 2013):

El Santo Padre duda si debería lamentarse por la pérdida de un miembro de tan generoso comportamiento o si debería felicitarle por la gloria que ha adquirido.

Dominik Jędrzejewski (56), sacerdote desde 1911 y párroco de Gosławice, 200 km al oeste de Varsovia, fue detenido el 26 de agosto de 1940 y tras pasar por otros campos terminó en Dachau el 14 de diciembre de 1940 con el número 22.813. Se negó a renunciar al sacerdocio para recuperar la libertad, y su último mensaje antes de morir el 29 de agosto de 1942 fue:

> *Cuando algún sacerdote salga de este campo, que vaya a Gosławice y diga a mis feligreses que ofrezco mi vida por ellos.*

Rudolf von Scheliha (45, M.E.) era diplomático en la embajada alemana en Varsovia cuando los nazis llegaron al poder y se afilió al NSDAP. Tras la invasión de Polonia, debía contrarrestar las noticias aparecidas en el extranjero sobre los crímenes del ocupante, pero hizo lo contrario y ayudó a escapar a polacos y judíos. En junio de 1941 mostró un expediente sobre estos crímenes, incluyendo fotos de los campos de concentración, a la condesa polaca Klementyna Mankowska en Berlín. En otoño de ese año, según Ulrich Sahm, entregó documentos semejantes al conde polaco Konstantin Bninski que permitieron a la resistencia polaca elaborar desde enero de 1942 un trabajo titulado *La cultura nazi en Polonia* que se mandó por microfilm a Inglaterra, documentando el Holocausto.

En 1942, Scheliha transmitió a los Aliados, desde Suiza, información sobre la eutanasia (Aktion T4) y los sermones de Von Galen, así como sobre las órdenes de Hitler de construir campos en los que exterminar a los judíos europeos. En otoño de 1942, los comunistas exiliados en Moscú intentaron contactar con Scheliha, lo que fue descubierto cuando la Gestapo detuvo el 29 de octubre de 1942 a un miembro de la llamada Orquesta Roja, el agente del servicio militar soviético (GRU) Heinrich Koenen, con un microfilm según el cual habían transferido dinero a una cuenta de Scheliha en Suiza. Scheliha fue arrestado el mismo día, y condenado a muerte por traición el 14 de diciembre. Antes de ser ahorcado el 22 de diciembre de 1942, declaró:

> *No tengo culpa en lo que me acusan. No he aceptado ninguna cantidad de dinero. Muero con el corazón puro.*

Józef Kut (37), sacerdote desde 1929, era desde 1936 párroco en Goscieszyn, 330 km al oeste de Varsovia. Detenido el 30 de octubre de 1941 y deportado a Dachau, se negó a renunciar al sacerdocio y a firmar que su nacionalidad fuera alemana, lo que le habría supuesto la libertad. Murió de hambre y enfermedad el 18 de septiembre de 1942.

Bronisław Kostkowski (27), seminarista en Włocławek, fue detenido el 7 de noviembre de 1939 junto con el obispo Michał Kozal, el rector del seminario, Franciszek Korczyński y 21 alumnos. Como Kostkowski había nacido en Słupsk (Stolp), en territorio del Reich, le ofrecieron la libertad si renunciaba al sacerdocio, pero se negó y lo mandaron a otras prisiones, a Sachsenhausen (28 de agosto de 1940) y a Dachau (14 de diciembre de 1940, con el número 22.828). En carta a su familia explicó así su negativa:

Prefiero elegir la muerte que ignorar el llamamiento con el que Dios me ha honrado.

Murió por agotamiento el 27 de septiembre de 1942. El ayuntamiento de Słupsk lo proclamó patrón de esa ciudad de casi 90.000 habitantes el 28 de abril de 2004.

Antoni Rewera (73), seminarista en San Petersburgo y ordenado sacerdote en 1893, trabajó en Sandomierz y era prelado doméstico del papa Benedicto XV. Fundó la Congregación de Hijas de San Francisco Seráfico. Arrestado el 16 de marzo de 1942 por la Gestapo, no negó haber leído periódicos prohibidos, pero tampoco delató a quien se los proporcionó, aunque le prometían por ello la libertad. Fue deportado a Auschwitz-Birkenau y después a Dachau, donde murió de agotamiento el 1 de octubre de 1942.

Franciszek Rosłaniec (52) estudió y fue ordenado sacerdote en Roma en 1914, fue decano de Teología en la Universidad de Varsovia, donde creó un centro bíblico y fue secretario de la Sociedad Teológica Polaca (1934-1935). Detenido en noviembre de 1939 y enviado a Sachsenhausen y Dachau, a mediados de octubre de 1942 lo gasearon en Hartheim. En una de sus últimas cartas escribió:

Ahora entiendo cada vez más y estoy cada vez más convencido de que la oración más hermosa y más importante, aunque también la más difícil para nosotros, es la oración de Cristo en el Huerto de los Olivos: Padre, hágase tu voluntad. Intento pronunciar esa oración todos los días con profunda convicción y fe viva en el Padre nuestro, y permanecer siempre en la más íntima unión con Cristo. Estoy orgulloso de poder sufrir un poco más por Él y con Él.

El 9 de noviembre de 1942 fue el día intermedio entre el comienzo de la invasión aliada de las colonias francesas en el norte de África (operación Torch) y la invasión alemana de la Francia de Vichy (operación Anton) que había quedado sin ocupar como consecuencia del armisticio del 22 de junio de 1940. Para Jakob Gapp, sacerdote marianista austríaco, fue el día de su detención, camino del martirio.

Nacido en la población tirolesa de Wattens (14 km al este de Innsbruck y 90 al sur de Múnich), fue voluntario en la Primera Guerra Mundial, resultando herido y prisionero. Se hizo marxista y partidario del bolchevismo, por su deseo de justicia, lo que motivó a su madre a rezar por su conversión. Volvió a la Iglesia, pidiendo su ingreso en la orden marianista en 1920, sin haberse despojado de todas sus ideas recién adquiridas:

Soy socialista y quiero ser sacerdote. Si no sirvo díganmelo cuanto antes, y me voy a casa.

Sacerdote desde 1930 y profesor, acudía con sus alumnos a los barrios pobres para que comprendieran la situación de los parados. Tras la anexión de Austria, se negó a hacer el saludo nazi o llevar la esvástica, y siguió criticando el nazismo. Sus superiores, deseando evitar peligros, lo trasladaron en septiembre de 1938 a Breitenwang, en el Tirol (55 km al noroeste de Innsbruck), para dar clase en las escuelas de la vecina Reutte. Predicó la caridad independientemente de la nacionalidad y religión, lo que hizo que fuera acusado y se le prohibiera dar clase por ser «amigo de los judíos y opuesto al Führer». En diciembre predicó en su pueblo, Wattens, atacando la ideología nazi, lo que le obligó a huir del país en enero de 1939:

> *Hubiera podido tranquilamente rehusar el nacionalsocialismo solo en la mente y en el corazón —cosa que muchos sacerdotes hicieron—, pero me convencí de que, en conciencia, era mi deber de sacerdote de la Iglesia católica, no solo enseñar la verdad, sino luchar contra el error. Comprendí que valía la pena defender los derechos de la Iglesia, que en el fondo son los derechos del mismo Dios, aun poniendo en peligro la propia vida.*

Gapp pasó en mayo de 1939 a España, donde no dejó de predicar contra el nazismo y divulgar folletos con noticias de la radio inglesa una vez estallada la Segunda Guerra Mundial, lo que no significa que renegara de su patria, sino lo contrario:

> *Me siento tan íntimamente unido a mi patria que quiero compartir sus sufrimientos, que quiero morir con ella. Siento que, si quiero hacer algo útil por mi pueblo, debo sufrir y morir con él. Mi ideal sería derramar mi sangre por Cristo y por la Iglesia. La vocación del sacerdote no consiste hoy en hacer hermosos discursos, sino en sufrir y en morir por amor de Dios, de Cristo, de la causa católica, de la patria.*

Daba clases de Alemán y Latín en el colegio marianista de Valencia, además de decir misa los domingos para los alemanes, a los que recordaba la incompatibilidad entre nazismo y cristianismo. Un día se presentaron en el colegio dos jóvenes que decían ser judíos alemanes y se hicieron amigos de Gapp. Tras cierto tiempo, le pidieron que les instruyera para ser bautizados, y en otra ocasión le invitaron a visitar a unos amigos en San Sebastián. Una vez allí, le propusieron pasar a Francia por Hendaya, y en cuanto lo hizo lo detuvieron: eran agentes de la Gestapo. Interrogado en Berlín, Gapp no ocultó su fe ni su opinión:

Mi deber propio como sacerdote católico, era alertar a los cre-
yentes sobre lo peligroso que es el nacionalsocialismo para el
catolicismo. Aunque me embarga una inmensa tristeza al pen-
sar en el destino del pueblo alemán si se ve derrotado por sus
enemigos, sin embargo, estoy convencido de que la victoria
del nacionalsocialismo traería daños mucho mayores al pue-
blo alemán que una victoria inglesa. En todo esto solo una cosa
me importa: que los hombres puedan libremente llegar a la
vida eterna. Mi fe católica vale más que cualquier bien de este
mundo. No quiero la muerte de los nacionalsocialistas sino el
fin del error nacionalsocialista.

Cuando presentaron esas declaraciones a Heinrich Himmler,
comentó:

Con un millón de hombres como Gapp, pero de nuestra ideología,
dominaríamos el mundo.

Particularmente impresionado quedó uno de los interrogadores,
Karl Ludwig Neuhaus, que después de la guerra se hizo pastor protestante. Gapp fue condenado a muerte el 2 de julio de 1943 y decapitado en Plötzensee el 13 de agosto de 1943. Las declaraciones de
Neuhaus fueron claves en el proceso para la beatificación de Gapp,
que tuvo lugar el 24 de noviembre de 1996. Antes de su ejecución,
Gapp escribió a sus primos:

A las 7 de la tarde, iré a casa de mi querido Salvador, a quien
siempre amé fervientemente. ¡No os aflijáis por mí! Soy total-
mente feliz. Naturalmente he tenido que pasar muchas horas
penosas, pero he podido prepararme muy bien para la muerte.
Tened ánimo, y soportadlo todo por amor a Dios, para que nos
podamos volver a encontrar en el cielo. De todos me acordaré
allí... Después de una dura lucha interior, me he llegado a con-
vencer de que hoy es el día más feliz de mi vida...
¡Seppl, mi querido Seppl! No estés triste. ¡Todo pasa, solo el

cielo permanece! Rezo por todos. Rezo también por mi patria.
Que Dios os guarde.

También escribió al superior de su congregación, José Jung, pero esa carta quedó en el dossier judicial hasta la caída del Muro de Berlín:

> *Durante el tiempo de mi cautiverio he tenido tiempo sobrado para reflexionar sobre mi vida. De todo corazón le agradezco todo el bien que me ha hecho desde que le conocí. Me considero miembro de la Compañía de María; renuevo mis votos y me ofrezco a Dios entre las manos de nuestra querida Madre del cielo. He pasado por momentos muy difíciles, pero ahora soy totalmente feliz. Pienso que estos tiempos difíciles han servido para mi santificación. ¡Todo pasa, solo el cielo permanece!*

Alojzy Liguda (44) hizo votos perpetuos en la Sociedad del Verbo Divino (SVD) en 1926 y al año siguiente fue ordenado sacerdote. Era rector en la casa de su congregación en Górna Grupa, convertida en prisión el 29 de octubre de 1939. En febrero de 1940, el clero allí detenido fue trasladado al KZ Neufahrwasser, luego a Sachsenhausen y el 14 de diciembre Liguda fue registrado en Dachau con el número 22.604. El 12 de diciembre de 1942 lo mataron experimentando la reacción de la piel humana al agua helada, acciones en las que solían arrancar la piel a los presos vivos.

La religiosa María Eva de la Providencia (en el siglo Bogumiła) Noiszewska (57), terminó con honores los estudios de Medicina en San Petersburgo en 1914, trabajando en hospitales durante la Primera Guerra Mundial e ingresando en 1919 en la Congregación de Hermanas de la Inmaculada (CSIC), donde emitió votos perpetuos en 1927. Fue profesora de instituto en Slonim (hoy en Bielorrusia, 175 km al suroeste de Minsk) y tuvo como director espiritual al obispo Zygmunt Łoziński (1870-1932), propagador de la búsqueda de la santidad en cualquier circunstancia de la vida. Tras estallar la guerra, atendió a los necesitados y escondió a judíos en el convento.

La Gestapo la detuvo el 18 de diciembre de 1942 y al día siguiente la fusiló en un monte, junto con el padre Adam Sztark y la hermana María Marta de Jesús Wołowska.

El jesuita Adam Sztark (35) fue el primer religioso polaco de esa congregación en recibir la medalla de Justo entre las Naciones del Yad Vashem (8 de marzo de 2001) y es uno de los 122 siervos de Dios incluidos en el proceso de beatificación iniciado en 2003. Ingresó en la Compañía de Jesús en 1924 y fue ordenado sacerdote en 1936, administrando luego el santuario mariano de Żyrowice, cerca de Slonim, donde además de capellán del hospital lo era del convento de las Hermanas de la Inmaculada. Desde el púlpito animó a ayudar a los judíos, recogió dinero y objetos de valor de los feligreses para ayudarles y les consiguió documentos para acreditarse como arios. A los niños judíos huérfanos que encontraba en la calle los alimentaba en la parroquia. Al ser ejecutado, gritó:

> *¡Viva Cristo Rey, viva Polonia! ¡Padre, perdónales, porque no saben lo que hacen!*

María Marta de Jesús (en el siglo Kazimiera) Wołowska (63) emitió los votos perpetuos en su congregación en 1909 y desde agosto de 1939 era la superiora en Slonim, donde organizó un orfanato y un colegio para la formación de profesores. Además de esconder judíos, proporcionó secretamente educación en el convento. También sus últimas palabras fueron: «Padre, perdónales, porque no saben lo que hacen».

El 30 de diciembre de 1942 fue detenido Omelian Kovč (59), sacerdote de la archieparquía grecocatólica de Leópolis. Hijo de un sacerdote grecocatólico, estudió en la Universidad Urbaniana de Roma, se casó en 1910 con Maria Anna Dobryanska (tuvieron seis hijos) y se ordenó en 1911. Desde 1922 trabajó en Peremyshlyany, 44 km al sureste de Leópolis. En 1942, cuando los alemanes encerraron a los judíos en el gueto, emitió para ellos más de 600 certificados de bautismo, escribió una carta a Hitler condenando los asesinatos y exigió poder entrar al gueto para atenderlos. Acusado de ayudar a los judíos, fue encerrado en Leópolis y en agosto de 1943 deportado al KZ Majdanek (con el número 2399 y la letra P de «polaco» en el triángulo rojo), donde continuó ejerciendo en secreto su actividad sacerdotal.

Según el testimonio del preso Mykola Zatsukhny, el padre Kovč se ganó en el bloque 14 de la tercera sección incluso el respeto del temido capo polaco Zygmunt Miller, que le permitía quedarse en un rincón y fingía no verle confesar y dar la comunión. En una de las cartas que escribió a sus hijos, decía Kovč:

Doy gracias a Dios por su bondad hacia mí. A excepción del paraíso, este es el único lugar en el que quiero estar. Aquí todos somos iguales: polacos, judíos, ucranianos, rusos, letones y estonios. Soy el único sacerdote entre ellos. Ni siquiera puedo imaginar cómo estarían aquí sin mí. Aquí veo a Dios, que es el mismo para todos nosotros, independientemente de nuestras diferencias religiosas. Nuestras Iglesias pueden ser diferentes, pero el mismo Dios grande y todopoderoso nos gobierna a todos. Cuando celebro la santa liturgia, todos rezan. Mueren de otra forma y yo les ayudo a cruzar ese pequeño puente hacia la eternidad. ¿No es eso una bendición? ¿No es esa la corona más grande que Dios haya podido poner sobre mi cabeza? Doy gracias a Dios mil veces al día por haberme enviado aquí. No le pido nada más. No os preocupéis y no perdáis la fe en lo que estoy haciendo. En cambio, alegraos por mí. Orad por quienes crearon este campo de concentración y este sistema. Son los únicos que necesitan nuestras oraciones. Que Dios se apiade de ellos.

Su familia y el metropolita Andrey Sheptytsky (quien murió en 1944 y en 2015 fue declarado venerable) lograron permiso para liberarlo, pero no quiso salir:

Ayer mataron a 50 personas. Si no estoy aquí, ¿quién les ayudará a superar este sufrimiento? Caminarán el camino a la eternidad con todos sus pecados y con la desesperación que los llevará al

infierno. Y ahora van a la muerte con la cabeza en alto, dejando
atrás todos sus pecados, y así llegarán a la ciudad eterna.

Kovč, apodado «párroco de Majdanek», siguió confesando y dando la comunión a los presos hasta enfermar gravemente del estómago y morir el 25 de marzo de 1944. Con otros 27 mártires ucranianos, fue beatificado en Leópolis el 27 de junio de 2001 por san Juan Pablo II. El 24 de abril de 2009 se le proclamó patrón del clero de la Iglesia grecocatólica ucraniana.

1943: DESDE BIELORRUSIA A ITALIA

El 1 de enero de 1943 moría, víctima de experimentos pseudomédicos en Dachau el sacerdote Marian Konopiński (35). Ordenado en 1932, era vicario de la iglesia de San Miguel en Poznan y allí fue movilizado para servir como capellán durante la guerra en el 15º regimiento de ulanos. Prisionero militar en el campo Oflag XB 2 en Nienburg del Weser (Baja Sajonia), lo soltaron en mayo de 1940, pero lo volvieron a encarcelar en Dachau.

El 6 de enero de 1943 detuvo la Gestapo en casa de sus padres al monje cisterciense Raymund (en el siglo Pedro) Lohausen (50, M.G.), por las críticas al régimen nazi que hacía en sus sermones y su éxito con la juventud. Sacerdote desde 1924, por sus heridas de guerra, vivía con sus padres en Siegburg (10 km al noreste de Bonn), donde desde marzo de 1937 sustituyó al párroco Leo Wolfen, arrestado por sus críticas al régimen. Lohausen estuvo preso en Colonia y en junio de 1943 fue deportado a Dachau. El 29 de abril escapó durante una de las marchas de la muerte con que se evacuaba el campo hacia los Alpes. Murió el 30 de enero de 1948.

Tras la conspiración de 1938, el general Ludwig Beck (64, M.E.) no volvió a tener contacto con la resistencia hasta la reunión en que los militares y el Círculo de Kreisau eligieron el 8 de enero de 1943 como futuro canciller a Goerdeler. Beck fue posteriormente elegido para el cargo de jefe de Estado. A través de la llamada Sociedad de los Miércoles de Ferdinand Sauerbruch (1875-1951), Beck conoció el 18 de julio de 1944 a Friedrich Olbricht, sin saber que dos días más tarde pensaban atentar contra Hitler. El 20 de julio fue convocado a la Bendlerstraße para dar el golpe de Estado. Allí fue arrestado y el general Friedrich Fromm le permitió suicidarse. Tras dos intentos solo logró herirse, así que lo remató un sargento.

El 17 de enero de 1943 (25 de marzo según otras fuentes) fue deportado a Majdanek Roman Archutowski (60), sacerdote desde 1904, cuyo padre era un rico terrateniente fusilado por los alemanes en 1939 en Pułtusk (50 km al norte de Varsovia), y que desde 1940 fue regente del seminario de Varsovia. Había sido partidario del ONR, Campamento Nacional Radical, un grupo de extrema derecha y antisemita formado en 1934 y extinguido en 1935, y colaboró con el servicio secreto de las Fuerzas Armadas Nacionales (NSZ), organización creada en julio de 1942 que daba prioridad a la lucha contra los soviéticos frente a la sublevación contra los alemanes. En 1942 lo encarcelaron dos veces en Pawiak: un mes a partir de septiembre, por ocultar a judíos. No dio ninguna información, a pesar de las torturas, y de nuevo lo encerraron el 10 de noviembre. Entonces fue nombrado canónigo de la catedral de Varsovia, pero no llegó a saberlo. En Majdanek trabajó en condiciones de humedad y frío, enfermó de tifus por tener que llevar cadáveres durante una epidemia y murió el Domingo de Ramos, 18 de abril de 1943.

El 26 de enero de 1943 la Gestapo detuvo en Rokiciny Podhalańskie, 50 km al sur de Cracovia, a la hermana María Clementina de Jesús Crucificado (en el siglo Helena) Staszewska (52), superiora del convento de las Ursulinas de la Unión Romana (OSU), que había llegado como superiora allí el 15 de agosto de 1939 (ingresó en la orden en 1921). Desde 1941, llevaban a ese monasterio a niños de Varsovia enfermos de tuberculosis, y las monjas les daban clase en secreto. Otra de las actividades que irritaron a los alemanes fue que ayudaran a refugiados y judíos. El 26 de febrero, la hermana María Clementina fue encerrada en la prisión de la calle Montelupich 7 de Cracovia, y luego en Auschwitz con el número 38.102. Allí murió de tifus el 27 de julio de 1943.

El 30 de enero de 1943 la policía alemana mató al párroco de Gdeszyn, una aldea 90 km al sureste de Lublin. Se llamaba Zygmunt Pisarski (40), era sacerdote desde 1926 y se había hecho cargo de esa parroquia el 1 de septiembre de 1933. En 1941, los ortodoxos ucranianos quitaron la iglesia a los polacos (católicos), pero él continuó celebrando misas. En noviembre de 1942 los alemanes comenzaron a desplazar a los polacos de la región de Zamość, pero él no se fue. La policía registró su casa y le interrogó brutalmente. Como se negaba a delatar a quienes lo habían perseguido a él antes (los partisanos soviéticos ucranianos), hicieron además de detenerlo, pero al final le dispararon. Los feligreses lo enterraron y en el lugar de su martirio erigieron una cruz con la inscripción:

Obedeciendo a la voz de su corazón y al deber sacerdotal, dio su vida por los enemigos de su amada patria.

Hoy Gdeszyn está en la frontera polaco-ucraniana y según Ewa Czerwińska, Pisarski es patrón de las relaciones entre ambos países.

El 8 de febrero de 1943, en París, la Gestapo allanó la sede de la llamada «Obra Ortodoxa», una organización asistencial creada en 1935 por la religiosa secular María Skobtsova (53) en el número 77 de la calle Lourmel (distrito XV), con apoyo del metropolita ortodoxo ruso en la capital francesa, Eulogius, y de otras personas. Durante el registro, al hijo de la madre María (que había estado casada antes de hacerse religiosa), Yuri Skobtsov (23), le encontraron un mensaje de una mujer judía que preguntaba por su certificado de bautismo al que desde 1939 estaba al frente de la parroquia ortodoxa de María Intercesora, Dimitri Klepinin (40). Yuri fue encarcelado ese día, el padre Dimitri al día siguiente y la madre María el 10 de febrero.

Un oficial de la Gestapo apellidado Hoffmann ofreció al padre Dimitri la libertad a cambio de que no volviera a ayudar a los judíos. Él mostró su cruz pectoral y dijo: «¿Conoces a este judío?». Le respondieron con una bofetada y con la sentencia de Hoffmann: «Este sacerdote se ha arruinado a sí mismo». Enviado al KZ Mittelbau-Dora, en

Nordhausen (más de 200 km al suroeste de Berlín, se negó a llevar la letra F (francés), aunque ser catalogado como ruso (soviético) implicaba un trato mucho peor, pero quiso compartir el sufrimiento de su pueblo. Por su edad, otros presos pidieron que le encargaran trabajos de anciano, pero cuando preguntaron su edad dijo la verdad: 39. Murió agotado el 9 de febrero de 1944.

En el mismo campo murió Yuri, quien escribió antes de partir a Alemania a su abuela materna, Sofía Borisovna Pilenko:

> *Estoy absolutamente tranquilo, incluso un poco orgulloso de poder compartir el destino de mi madre. Puedo decir con absoluta honestidad que ya no le tengo miedo a nada. Mi principal preocupación eres tú. Para sentirme absolutamente bien quiero irme con la conciencia de que estás tranquila, de que la paz está contigo. Les pido a todos que, si he ofendido a alguien, me perdonen. ¡Cristo esté con vosotros!*

Otra de las personas relacionadas con este grupo de rusos emigrados era Ilya Fondaminsky (62), que ante la invasión alemana de Francia rechazó la oferta de huir a Estados Unidos y quiso quedarse cuidando a su madre y otros miembros de la comunidad. Aunque era judío, estaba todos los domingos en la iglesia, y no se bautizó, argumentando que «no era digno, porque el bautismo significa una revolución en la vida, una proeza de santidad». Los alemanes lo arrestaron en 1941. Estando encerrado en el campo francés de Royallieu-Compiègne (70 km al noreste de París) volvió a rechazar que lo rescataran: «Quiso vivir con cristianos y judíos para morir», dirá uno de los testigos, el profesor sacerdote Georgy Petrovich Fedotov. Cuando ya no podía salvarlo, fue bautizado en el campo por el sacerdote ortodoxo Konstantin Zambrzycki, recibiendo también la comunión justo antes de que los alemanes detuvieran la ceremonia. A su hermana le escribió: «Durante mucho tiempo no me he sentido tan tranquilo, alegre e incluso feliz»; y a la madre María: «Nunca pensé que hubiera tanto gozo en Dios». Lo mataron en Auschwitz el 19 de noviembre de 1942.

Por su parte, la madre María fue deportada a Ravensbrück con el número 19.263, donde la gasearon el 31 de marzo de 1945, sábado santo. Algunos informes dicen que ocupó el puesto de una compañera de celda y dijo marchar «a la eternidad en busca de una vida feliz». El padre Dimitri Klepinin y la madre María Skobtsova recibieron en 1986 el título de Justos entre las Naciones del Yad Vashem. Los días 1 y 2 de mayo de 2004 fueron canonizados en la catedral de Alexander Nevsky de París, junto con Yuri Skobtsov e Ilya Fondaminsky, por la Iglesia ortodoxa de Constantinopla. El entonces cardenal arzobispo de París, Jean-Marie Lustiger dijo que también la Iglesia católica los honraría como mártires y patronos de Francia.

El 2 de noviembre de 1990 hizo un elogio de la mártir María Skobtsova el sacerdote Alexander Men, afirmando que «en toda la filosofía religiosa del siglo pasado, nadie experimentó tan internamente el misterio del Gólgota, el misterio de Getsemaní, el misterio de la expiación, el misterio de la participación en el sufrimiento, como la madre María». Siete días más tarde, Man fue asesinado, convirtiéndose en el último religioso muerto en circunstancias martiriales en la Unión Soviética.

El 17 de febrero de 1943, tras haber pasado por la ocupación soviética y alemana, fue asesinado Antoni Leszczewicz (52), que ingresó en el seminario de San Petersburgo en 1909 y fue ordenado sacerdote en 1914. Trabajó en Siberia (Irkutsk, Chitá) y Harbin (ciudad china cuya parte rusa había sido fundada por un polaco). En 1937 marchó a Japón y Roma, terminando su periplo vital en 1939 al ingresar en los Padres Marianos, con los que partió para hacerse cargo de una parroquia en Druya (hoy Bielorrusia, entonces en la frontera entre Polonia y Letonia). Los alemanes lo quemaron vivo, junto a un grupo de fieles a los que no quiso abandonar, en un establo en Rositsa, 30 km al noreste de Druya. Según otras fuentes, le dispararon por insistir en que no se asesinara a los niños.

Al día siguiente, los alemanes encerraron en otra casa junto a la carretera y quemaron a otro grupo de personas entre las que estaba el padre Jerzy Kaszyra (38), también de los Padres Marianos (MIC). De familia ortodoxa, su madre se hizo católica cuando él contaba tres años. En 1922 ingresó en el seminario mariano de Druya, hizo sus votos en 1926 y fue ordenado sacerdote en 1935 tras estudiar en Roma y Vilna. Había llegado a Rositsa en 1942 con el padre Leszczewicz.

En total, los alemanes quemaron en Rositsa a 1.528 personas, en el marco de una operación denominada Winterzauber (15 de febrero al 30 de marzo de 1943) que pretendía privar de recursos a los partisanos dejando deshabitada una zona de entre 30 y 40 kilómetros en la frontera entre Bielorrusia y Letonia. Conocida en Rusia como «tragedia de Osveya», la ejecutaron principalmente colaboracionistas letones. En torno a Osveya, quemaron 183 aldeas, matando a 11.383 personas y deportando a 7.500 adultos para trabajar en Alemania. De las 4.000 personas que realizaron estos crímenes, solo 210 (5 %) eran miembros de *Einsatzkommandos* de la SS o del SD.

Coincidiendo en el tiempo con esa operación, la Gestapo fusiló a nueve sacerdotes y cinco laicos polacos el 10 de marzo de 1943 en el bosque aledaño al cuartel de la Wehrmacht en Lida (hoy en Bielorrusia, 150 km al oeste de Minsk), que llevaban detenidos nueve meses, desde la *Polenaktion* de fines de junio de 1942. Los nueve sacerdotes asesinados en Lida —que no están en proceso de beatificación— eran:

Wincenty Łaban (45), párroco de Lida desde 1937, el 29 de junio de 1942, cuando iba a celebrar la solemnidad de los santos Pedro y Pablo, un gendarme alemán le dijo que, junto con su vicario Lucian Mroczkowski (39), que también llegó a esa parroquia en 1937, debía presentarse en la gendarmería. Łaban celebró la misa rápidamente y anunció a los fieles que «las autoridades han pedido a los dos sacerdotes que vayan a la gendarmería, pero esperamos volver». De los 16 sacerdotes encarcelados ese día, dos salieron a fines de agosto de 1942. En Navidad y enero de 1943 se permitió a algunos sacerdotes asistir a los enfermos del hospital e incluso celebrar misa en una iglesia cercana. El 2 de febrero de 1943 se hizo volver a prisión a los sacerdotes, porque una comisión de la Gestapo de Baránavichi (100 km al sureste de Lida) iba a decidir si quedaban en libertad. Así pasó con cinco de ellos, pero los nueve restantes fueron ejecutados, entre ellos los dos recién mencionados de la parroquia de Lida, más su vicario, Stefan Śniegocki (29; ordenado en Vilna el 16 de junio de 1940, al día siguiente de la invasión de Lituania por los soviéticos) y otros seis:

— Aleksander Augustynowicz (52), que desde 1931 era párroco de San Casimiro en Necheť (7 km al este de Lida).
— Stefan Dobrowolski (43), párroco de San Jorge en Belitsa (26 km al sur de Lida). Con Mroczkowski y un superviviente (el padre Józef Bujaar), fue de los que salieron al hospital desde el 22 de diciembre.
— Alfons Borowski (50), sacerdote desde 1919 y desde 1936 párroco de San Estanislao en Lack (53 km al suroeste de Lida).
— Franciszek Cybulski (57), párroco de la Natividad en Traby (25 km al noreste de Lida), ordenado en 1908 en Kaunas (90 km al oeste de Vilna, en Lituania), en la Primera Guerra Mundial había sido capellán en el ejército ruso-soviético.
— Jerzy Ożarowski (31), ordenado en Vilna en 1938. Desde 1939 era administrador de la parroquia de San Casimiro en Lipnishki (24 km al noreste de Lida).
— Wincenty Strześniewski (33), ordenado en Vilna en junio de 1939, fue desde entonces párroco de Juraciški (45 km al noreste de Lida).

Mientras tanto, en Alemania, el 22 de marzo de 1943 tuvo lugar la ejecución de los hermanos Hans (24, M.E.) y Sophie Scholl (21, M.E.), a cuyo grupo La Rosa Blanca pertenecía el ya mencionado Willi Graf. El autor de los primeros cuatro folletos, Alexander Schmorell (25) fue ejecutado más tarde, el 13 de julio de 1943. Fue incluido en febrero de 2012 entre los «nuevos mártires» de la Iglesia ortodoxa rusa, pues nació en San Petersburgo, hijo de un prusiano oriental y de una rusa que, a su vez, era hija de un sacerdote ortodoxo y bautizó a su hijo en esa confesión.

Christoph Probst (23, M.G.), estudiante de Medicina, ejecutado y enterrado con los hermanos Scholl y que desde 1935 estudió secundaria con Schmorell, solo se unió a La Rosa Blanca en enero de 1943, repartiendo el sexto folleto y participando en la redacción del séptimo, que Hans llevaba cuando lo detuvieron. Estaba casado, tenía tres hijos, y además su mujer estaba enferma, por lo que los hermanos Scholl trataron de exculparlo y él mismo pidió perdón en el juicio, sin éxito. Antes de su ejecución, fue bautizado por el capellán católico, por lo que fue incluido en el *Martirologio Germánico* en algún momento posterior a la edición de 2001.

Henning von Tresckow (43, M.E.) es famoso porque puso el 13 de marzo de 1943 dos bombas en el avión de Hitler. Recién ascendido a capitán, condenó ya las matanzas de la Noche de los Cuchillos Largos como una violación de todos los principios legales. En 1938 tuvo un acercamiento a los conspiradores en torno a Beck y Oster, hablando con Erwin von Witzleben. En septiembre de 1941 estableció contactos con Goerdeler y desde principios de 1942, al fracasar la ofensiva hacia Moscú, fue decidido partidario de matar a Hitler, argumentando que para «librar a Alemania y al mundo del mayor criminal de la historia mundial vale la pena la muerte de unos pocos inocentes».

Desde el verano de 1942, Tresckow tuvo listos explosivos para atentar contra Hitler y un oficial dispuesto a inmolarse (Rudolf-Christoph von Gersdorff, 1905-1980). El 25 de enero de 1943 se reunió con Goerdeler y Olbricht en Berlín para planear el golpe. El propio Tresckow introdujo el 13 de marzo dos botellas de *Cointreau* con explosivo líquido en el avión de Hitler, pero el explosivo se congeló. Un nuevo intento fallido corrió a cargo de Eberhard von Breitenbuch (1910-1980) el 11 de marzo de 1944, cuando fue a la casa de Hitler en Obersalzberg (Berghof) con una pistola para dispararle, y otro el 7 de julio siguiente, a cargo del mayor general Stieff. Al saber del fracaso de Stauffenberg y para evitar delatar a otros conspiradores, Von Tresckow se acercó el 21 de julio de 1944 al frente en Ostrów Mazowiecka (85 km al noreste de Varsovia) y se quitó la vida con una granada de fusil, para simular un ataque partisano.

Hans von Dohnanyi (43, M.E.) conocía desde la escuela primaria al pastor luterano Dietrich Bonhoeffer, del que era cuñado. Tras la Noche de los Cuchillos Largos buscó unirse a la resistencia. Oster lo fichó poco antes del comienzo de la guerra. En 1942, facilitó la huida de Alemania a 14 judíos, disfrazando a dos de ellos como agentes de la *Abwehr*, lo que despertó las sospechas de la Gestapo y su detención el 5 de abril de 1943. Tras encontrarse el diario de Canaris el 5 de abril de 1945, se hizo al día siguiente un juicio farsa a Dohnanyi en Sachsenhausen, sin abogado defensor y estando él enfermo en camilla. Fue ahorcado el 9 de abril.

El mismo 5 de abril de 1943 fue arrestado Dietrich Bonhoeffer (38, M.E.), que entre 1935 y 1940 dirigió el seminario de pastores de la Iglesia confesante (BK) —fundada a partir de un sermón de Hans Asmussen el 22 de abril de 1934, por Martin Niemöller, Karl Barth y otros— en Finkenwalde (Zdroje, junto a Szczecin) y desde 1938 se conectó a la resistencia por medio de Canaris. En 1940 le habían prohibido predicar y en 1941 escribir. Fue deportado a Buchenwald el 7 de febrero de 1945. El 5 de abril Hitler ordenó su ejecución y la de los demás: fueron ahorcados el 9 de abril.

El 8 de abril de 1943 la Gestapo arrestó en Racibórz (60 km al suroeste de Katowice) al sacerdote Richard Henkes (44), por un sermón pronunciado en Branice (otros 30 km al oeste), en el que habría criticado a la Wehrmacht. Sacerdote palotino desde 1925, trabajó en Schönstatt y desde 1931 en Silesia, donde en 1937 iba a ser juzgado por menosprecio al Führer, pero el juicio se suspendió por la amnistía tras la anexión de Austria. Varias veces fue interrogado por la Gestapo, por ejemplo, por predicar en el sanatorio de Branice que «matar a gente inocente es asesinato».

El 10 de julio de 1943 Henkes fue deportado a Dachau, donde compartía su comida con otros y daba sermones. Allí conoció al futuro arzobispo de Praga, Josef Beran (1888-1969), y procuró aprender checo. Cuando comenzó la epidemia de tifus en el bloque 17, se ofreció voluntariamente para encerrarse con ellos, dos meses antes de que el 11 de febrero de 1945 se ofrecieran otros 20 sacerdotes para ese arriesgado servicio. Se infectó y murió el 22 de febrero de 1945. Fue beatificado el 15 de septiembre de 2019 en Limburgo del Lahn (55 km al noroeste de Fráncfort), diócesis en la que está su pueblo natal, Ruppach.

Grzegorz (en el siglo Bolesław) Frąckowiak (31) hizo votos perpetuos en la Sociedad del Verbo Divino (SVD) en 1938. Durante la ocupación alemana enseñó catecismo y preparó a niños para la primera comunión. Distribuyó el periódico clandestino *Dla Ciebie, Polsko* (Por ti, Polonia), y aunque había dejado de hacerlo más de un año atrás cuando la Gestapo le acusó de ello, asumió la responsabilidad para no delatar a otros. Torturado en diversas cárceles, lo guillotinaron en Dresde el 5 de mayo de 1943.

Ese mismo día la Gestapo arrestó a Randolph von Breidbach-Bürresheim (32, M.G.), tras encontrar en la oficina del abogado Josef Müller los informes del militar sobre crímenes de la Wehrmacht en el frente oriental. Uno de sus compañeros en el ejército señaló que hablando con él «percibí lo profundas que eran sus convicciones, hasta qué punto se mantenía recto y firme en la visión del mundo católica».

Como teniente de la reserva, Breidbach fue movilizado en noviembre de 1939 en la sección del servicio secreto militar (*Abwehr*) en Múnich. Desde el frente oriental envió sus informes Breidbach sobre crímenes. En 1942-43 enfermó de ictericia. La Gestapo encontró esos informes tras detener el 5 de abril de 1943 a Dohnanyi, Müller y Bonhoeffer. Acusado de traición, Breidbach fue absuelto en marzo de 1944, pero por orden de la RSHA, cuyo director era desde el 30 de enero de 1943 Ernst Kaltenbrunner, permaneció preso.

La madre de Breidbach acudió a Claus Schenk von Stauffenberg, que, como su hijo, había servido en el regimiento de Caballería de Bamberga, quien le animó refiriéndose a un «resultado positivo que pronto tendrá lugar». Tras el fracaso del atentado del 20 de julio de 1944, Breidbach fue relacionado con Stauffenberg (ya ejecutado) y trasladado a la prisión de Berlín-Moabit con el fin de forzarle a delatar a otros. No lo consiguieron, y lo deportaron a Sachsenhausen, donde murió casi dos meses después de la liberación, el 13 de junio de 1945.

Ulrich von Hassell (62, M.E.) era embajador alemán en Italia al llegar al poder los nazis, en cuyo partido ingresó, pero en febrero de 1938 Hitler lo retiró porque había discrepado del Pacto Anti-Comintern y del ministro Ribbentrop. Medió entre los opositores en torno a Goerdeler y los más jóvenes del Círculo de Kreisau.

Goerdeler lo barajaba como ministro de Exteriores. Su diario (15 de mayo de 1943) muestra que sabía que «innumerables judíos son gaseados en salas especialmente construidas para ello, al menos cientos de miles». Fue detenido el 29 de julio de 1944, condenado a muerte y ejecutado el 8 de septiembre, junto con dos católicos que son considerados mártires (Paul Lejeune-Jung y Josef Wirmer) y tres protestantes (Georg Hansen, Schwerin y Günther Smend).

A principios de julio de 1943, la Gestapo iba a ejecutar a un matrimonio de Lipsk, 230 km al noreste de Varsovia, hoy en la frontera con Bielorrusia. La madre del condenado (Estanislao), Mariana Biernacka (viuda de 55 años, tuvo 6 hijos y su apellido de soltera era Czokało), pidió sustituir a su nuera, Ana, que estaba embarazada y ya tenía una niña de dos años. Mariana solo pidió que antes de matarla le dieran su rosario. La fusilaron junto con su hijo el 13 de julio en unas fortificaciones situadas 18 km al este, antes de llegar a Naumovichi (hoy en Bielorrusia). Se la considera patrona de las suegras y de la vida en gestación.

Antonio Beszta-Borowski (62) fue ordenado sacerdote en 1904 en Vilna. Con la invasión alemana, el obispo Kazimierz Bukraba lo nombró vicario general de la diócesis de Pinsk. Advertido de su inminente arresto, no quiso abandonar a sus feligreses. Fue detenido el 15 de julio de 1943 y junto con otras 49 personas fusilado en un bosque cerca de Bielsk Podlaski, ciudad donde había trabajado desde 1920. Víctimas de ese fusilamiento fueron otros dos sacerdotes:

Ludwik Olszewski (54) es uno de los 122 siervos de Dios incluidos en el proceso de beatificación que comenzó el 17 de septiembre de 2003. Nacido el 1 de enero de 1889, de familia noble, ordenado sacerdote en 1912, vicario en Vilna y encargado en la primera posguerra de reconstruir la iglesia del Carmen en Bielsk Podlaski. Arrestado por alemanes y soviéticos, perteneció al Ejército Nacional (Armija Krajowa, AK), sin dejar por ello de ejercer su labor sacerdotal hasta su detención y ejecución el 15 de julio de 1943.

Henryk Opiatowski (36) fue en 1939 capellán del 1er Regimiento legionario Józef Piłsudski en Vilna. Tras la derrota, regresó a Domanów y durante la ocupación soviética y alemana trabajó en parroquias y colaboró con unidades de resistencia como la Unión de Lucha Armada (ZWZ) y la AK, escondiendo a partisanos. El 15 de julio de 1943 lo arrestaron por esconder a judíos escapados del gueto de Brańsk y por ayudar a rusos fugados. Arrastrado fuera de su casa en ropa interior, mientras le golpeaban camino de la sede de la Gestapo de Bielsk Podlaski, le decían: «Te crucificaremos como a tu Cristo».

Achilles Puchała (32) se hizo franciscano conventual con 16 años y estudió en Cracovia de 1932 a 1937. Sacerdote desde 1936, en 1939 fue vicario en Ivyanets (hoy en Bielorrusia, 50 km al oeste de Minsk) y durante la guerra trasladado a Pershai (16 km al suroeste), donde 300 personas fueron detenidas para ser ejecutadas por los alemanes en junio de 1943 en represalia por un alzamiento sucedido en Ivyanets. El religioso se unió voluntariamente a los detenidos, afirmando:

¡Los pastores no pueden abandonar a los fieles!

A él se unió el también beato franciscano Karol Herman Stępień (32), que ingresó en la orden en 1929, estudió en Roma y fue ordenado sacerdote en 1937. El 19 de julio de 1943, los rehenes fueron llevados a Borovikovshchina (7 km al sureste de Ivyanets), donde la Gestapo asesinó a los franciscanos en un granero y quemó sus cuerpos. En cambio, los habitantes de Pershai no fueron asesinados, sino deportados a trabajos forzosos. En el lugar del asesinato, se hizo una capilla-santuario. Stępień es por ahora el único beato nacido en Łódź (120 km al suroeste de Varsovia).

El 22 de julio de 1943, el empresario Leo Statz (44, M.G.) hizo a unos soldados un comentario que le costaría la vida, al decirles que tenían suerte por estar heridos, ya que eso les salvaría la vida. Statz era desde 1927 director de la empresa de agua mineral de Birresborn, unos 85 km al sur de Colonia, y negociaba el suministro de la cantina de un cuartel de Tréveris. Un empleado de su empresa le denunció por ese comentario y la Gestapo lo detuvo el 1 de septiembre. Statz era miembro del Zentrum desde 1931 y se opuso a los nazis, particularmente después de que asesinaran a su primo Erich Klausener.

La Gestapo ya lo tenía en su punto de mira por canciones y poemas que divulgaba, sobre todo como presidente del comité de carnaval de Düsseldorf. Uno de los comentarios que se conserva es este:

> *Los marrones lo tienen fácil con nosotros. No tenemos valor. Un uniforme de tranviario en Alemania hace que todo un vagón lleno de gente se ponga en posición de firmes.*

Statz fue juzgado el 27 de septiembre por un tribunal presidido por Roland Freisler, que le condenó a muerte por «propaganda disolvente» y a pesar de numerosas peticiones de indulto, fue decapitado el 1 de noviembre de 1943 en la prisión de Brandeburgo-Görden.

En Bielorrusia, donde ya vimos que en marzo de 1943 habían sido fusilados nueve sacerdotes (y cinco laicos) que llevaban nueve meses encerrados, se produjo el 1 de agosto de 1943 el martirio de once religiosas de la Congregación de la Sagrada Familia de Nazareth (CSFN) conocidas como las mártires de Nowogródek, beatificadas en Roma por san Juan Pablo II el 5 de marzo de 2000.

Las hermanas llegaron el 4 de septiembre de 1929 a Navahrudak, 120 km al suroeste de Minsk, y abrieron una escuela aneja a la parroquia de la Transfiguración. Durante la ocupación soviética, les cerraron la escuela y el convento, y les prohibieron vestir su hábito, lo que en cambio les permitieron los alemanes. La Gestapo instalada en Baránavichi llevó a cabo el 31 de julio de 1942 las primeras ejecuciones masivas en el bosque de Navahrudak (las mencionadas 60 víctimas, entre ellas dos sacerdotes).

Pasado casi un año, en la noche del 17 al 18 de julio de 1943, los alemanes seleccionaron a 120 polacos para ejecutarlos. La superiora de las monjas, sor María Estrella, dijo, en presencia del único sacerdote superviviente desde la matanza de 1942, el padre Aleksander Zienkiewicz, la siguiente oración:

> *Dios mío, si es preciso sacrificar vidas, deja que nos maten a nosotras y no a quienes tienen familias. Seguimos rezando por esa intención.*

Después de que esta intención se comunicara a los alemanes, los condenados a muerte fueron enviados a Alemania en un tren el 24 de julio. Todos sobrevivieron a la guerra. El 31 de julio, un alemán vestido de civil dio a la superiora orden de que se presentaran a las 19:30 en la jefatura policial, sita en el antiguo ayuntamiento. Tras rezar el rosario, las once monjas fueron, sospechando que las deportarían a Alemania, y dejando en el convento a la sacristana de la iglesia (donde quedó también el sacerdote), hermana Malgorzata Banas, los agentes de la Gestapo de Baránavichi las llevaron en dirección a un cuartel militar cercano, pero por el apretado tráfico, regresaron y las hicieron pasar la noche por el suelo de la gendarmería. En la madrugada del domingo 1 de agosto, las fusilaron en un bosque a 5 km del pueblo. Las mártires eran:

— María Estrella del Santísimo Sacramento (en el siglo Adela) Mardosewicz (54).
— María Imelda de Jesús Sacramentado (Jadwiga Karolina) Żak (50).
— María Raimunda de Jesús y María (Anna) Kokołowicz (50).
— María Daniela de Jesús y María Inmaculada (Eleonora Aniela) Jóźwik (48).
— María Canuta de Jesús en Getsemaní (Józefa) Chrobot (47).
— María Sergia de Nuestra Señora de los Dolores (Julia) Rapiej (42).
— María Guyona de la Divina Misericordia (Helena) Cierpka (43).
— María Felicidad (Paulina) Borowik (37).
— María Heliodora (Leokadia) Matuszewska (37).
— María Canisia (Eugenia) Mackiewicz (39).
— María Borromea (Weronika) Narmontowicz (26).

En Alemania, el 17 de agosto de 1943 la Gestapo interrogó en Hildesheim (Baja Sajonia, 30 km al sur de Hannover) al sacerdote Josef Müller (50, M.G.), acusado de hacer un chiste en el que Hitler y Göring eran comparados a los dos ladrones muertos a ambos lados de Cristo. La broma le costaría la vida al sacerdote, que fue ahorcado en la prisión de Brandeburgo-Görden el 11 de septiembre de 1944.

Sacerdote desde 1922, su conflicto con los nazis arreció cuando tomaron el poder, pues animó a las familias a evitar que cerraran la escuela de Heiningen (65 km al sureste de Hannover), donde era párroco. Por propia iniciativa, el 1 de agosto de 1943 se había trasladado como párroco a Groß Düngen (8 km al sur de Hildesheim), y al poco contó, al visitar a un enfermo, un chiste en el que un soldado moribundo pedía la presencia de sus jefes, y cuando la enfermera le llevó un retrato de Hitler y otro de Göring, dijo: «Ahora muero como Cristo».

Tras el interrogatorio, Müller fue detenido el 6 de septiembre de 1943, pero por su mala salud puesto de nuevo en libertad, hasta un nuevo interrogatorio y detención en mayo de 1944. En carta al obispo de Hildesheim, Joseph Godehard Machens, decía:

> *Por el momento, ya no puedo trabajar en la pastoral, pero ahora caminaré con Cristo por un camino que también es valioso en la pastoral, el del sufrimiento y la oración. Todavía no conozco el camino por el que Dios quiere llevarme en el futuro, pero no importa cómo y por dónde sea, no encontrará una figura lamentable. Pero sobre todo también necesito apoyo desde arriba. Él, lo sé bien, no me va a dejar solo.*

El 28 de julio de 1944 tuvo lugar el juicio-farsa presidido por Roland Freisler, que le acusó de traición, sabotaje, y de socavar la autoridad del Estado. Le condenó a muerte por «debilitar la fuerza militar», ya que supuestamente trataba de alejar a los jóvenes del *Führer*.

El armisticio firmado el 8 de septiembre de 1943 entre las autoridades italianas y los Aliados supuso un compromiso particularmente para quienes quedaron en zonas controladas por los fascistas y por los alemanes, como fue el caso de Teresio Olivelli (29), que sería arrestado el 9 de septiembre por negarse a colaborar con los que no aceptaban el armisticio. Licenciado en Derecho y asistente de cátedra en la Universidad de Turín en 1938, llegó a ser secretario del Instituto de Cultura Fascista, pero tras dos viajes oficiales a Alemania se afianzó su desconfianza hacia el nazismo.

En enero de 1941 Olivelli marchó como voluntario al ejército y más tarde iría a Rusia, afirmando que «no tengo ningún ímpetu heroico. Solo deseo unirme a la masa, en solidaridad con el pueblo que, sin haber decidido hacerlo, lucha y sufre». A su regreso, en 1943, fue nombrado director del colegio Ghislieri de Pavía, con solo 27 años.

Tras su detención el 9 de septiembre de 1943, fue deportado a Austria, pero escapó del campo Stalag XVIII C (317) de Markt Pongau (50 km al sur de Salzburgo), cruzó la frontera en Udine y se unió a la resistencia católica en Brescia (Brigada Tarzán de las Llamas Verdes), fundando el periódico clandestino *Il Ribelle* y dedicándose a obras asistenciales en Milán. En el periódico, cuyos lemas eran «Rebelarse para resurgir» y «Convivir para vivir», publicó esta «Oración del rebelde»:

Señor, que levantaste tu cruz entre los hombres, signo de contradicción, que predicaste y sufriste la rebelión del espíritu contra la traición y los intereses de los gobernantes, contra la sordera inerte de la masa, danos la fuerza de la rebelión a nosotros, oprimidos por un yugo numeroso y cruel, que en nosotros y antes que a nosotros te ha pisoteado a Ti, fuente de vidas libres.

Dios, que eres Verdad y Libertad, haznos libres e intensos: alienta nuestro propósito, refuerza nuestra voluntad, multiplica nuestras fuerzas, vístenos con tu armadura. Te lo rogamos, Señor, a Ti que fuiste rechazado, injuriado, traicionado, perseguido, crucificado. Que en la hora de las tinieblas tu victoria nos sostenga. Sé viático en la indigencia, apoyo en el peligro, consuelo en la amargura.

Cuanto más áspero y oscuro es el adversario, haznos más limpios y rectos. En la tortura, cierra nuestros labios. Rómpenos, no dejes que nos doblemos. Si caemos, haz que nuestra sangre se una a Tu sangre inocente y a la de nuestros muertos para hacer crecer la justicia y la caridad en el mundo.

Tú que dijiste: «Yo soy la resurrección y la vida», dale a Italia en el dolor una vida generosa y severa. Líbranos de la tentación de los afectos: cuida Tú de nuestras familias.

En las montañas donde sopla el viento y en las catacumbas
de la ciudad, desde lo más profundo de las cárceles, te rogamos:
que la paz que solo Tú sabes dar esté en nosotros. Dios de la paz
y de los ejércitos, Señor que llevas la espada y la alegría, escucha
la oración de quienes somos rebeldes por amor.

El 27 de abril de 1944, Teresio Olivelli fue detenido en Milán. Pasó por la prisión de San Vittore, los campos de Fossoli, Bolzano y Flossenbürg. En este estuvo 23 días, ofreciendo asistencia religiosa a los moribundos y los más débiles, a los que daba su comida. El 30 de septiembre lo trasladaron al subcampo de Hersbruck (70 km al suroeste de Flossenbürg), donde en secreto organizó lecturas del evangelio y catequesis en varios idiomas. Los *kapos* y vigilantes lo odiaban especialmente porque rezaba con los moribundos, atendiéndoles como un sacerdote (ya que no lo había). Llevaba a los enfermos a la enfermería y allí los cuidaba.

Tras continuas palizas, en diciembre de 1944 estaba lleno de llagas, pero hizo un último esfuerzo interponiéndose entre un joven y el *kapo* que le golpeaba. Recibió una patada en el estómago que le provocó una agonía de dos semanas hasta su muerte el 17 de enero de 1945. Su causa de beatificación se inició en 1987, declarándosele venerable en 2015 por sus virtudes heroicas, pero optándose finalmente por la vía del martirio al declarar como tal su muerte en 2017. Fue beatificado el 3 de febrero de 2018.

El 13 de noviembre de 1943 fue liberada, mediante el pago de un elevado soborno en la víspera del día en que la Gestapo iba a ejecutarla, Irena Sendlerowa (1910-2008), que, aunque no muriera como mártir, merece ser citada porque era católica y con ella colaboraron muchas instituciones y personas católicas en la ayuda a los judíos.

Sendlerowa disponía de un pase para acceder al gueto de Varsovia varias veces al día hasta enero de 1943. Junto con Irena Schultz, llevó allí mil dosis de vacunas contra el tifus y envió a niños del gueto a casas de acogida de huérfanos polacos gracias a los documentos proporcionados por el activista y escritor católico Jan Dobraczyński (nombre real Eugeniusz Kurowski, 1910-1994), con la colaboración de la madre superiora de las Hermanas Franciscanas de la Familia de María, Matylda Getter (1870-1968) y de las Hermanas de la Inmaculada.

Desde noviembre de 1942, Sendlerowa colaboró con el Consejo de Ayuda a los Judíos (Żegota), gracias a cuyas actividades se trató de ayudar a 2.500 niños: 1.300 acogidos en familias, 500 en instituciones religiosas y otros tantos en el Consejo Central de Bienestar, más un centenar de adolescentes que se unieron a los partisanos. De la lista que conservaba Sendlerowa sobrevivió el 75 % de los niños y ese documento sirvió para reunir familias. Ella nunca dijo a cuántos niños salvó, siempre decía que eran muy pocos y que se habría podido salvar a más judíos. En 1965 recibió el título de Justa entre las Naciones del Yad Vashem.

1944 Y EL FRACASO
DE LA CONSPIRACIÓN

El 17 de febrero de 1944 moría en Sachsenhausen el jurista Franz Kaufman (58, M.E.), miembro de la Iglesia confesante (BK), que junto con Helene Jacobs (1906-1993) había organizado una red para alojar en Berlín a judíos perseguidos, a los que el impresor Cioma Schönhaus (1922-2015) proporcionaba documentos falsos con los que huir. Había sido denunciado y apresado en 1943.

El 11 de marzo de 1944, el administrador del diario italiano *L'Avvenire d'Italia*, Odoardo Focherini (37), que desde la caída del régimen fascista había facilitado la huida a Suiza de un centenar de judíos, organizó la fuga de un médico llamado Enrico Donati, encarcelado por ser judío en el campo de Fossoli, 5 km al norte de su lugar de residencia, Carpi (situado, a su vez, 15 km al norte de Módena). Como excusa para la fuga, Focherini había alegado que necesitaban a Donati para una operación urgente. Pero, al llegar al hospital de Carpi, les esperaban fascistas locales que detuvieron a Focherini.

Desde su adolescencia, Odoardo había escrito en *L'Aspirante*, una revista católica para niños, y en 1924 fundó el escutismo en Carpi. Casado desde 1930 con María Marchesi, tuvieron siete hijos. Agente de seguros desde 1934, era presidente desde 1928 de la Juventud de Acción Católica y desde 1939 administrador del diario católico de Bolonia *L'Avvenire d'Italia*.

La comunidad judía de Módena testimonia que ya desde 1938 Focherini facilitó la huida de judíos a España y Sudamérica, trabajo que intensificó en 1942. El cardenal de Génova, Pietro Boetto, colaboró con la organización judía DELASEM (Delegación de Asistencia a Emigrantes), encargando las gestiones al director de *L'Avvenire*, Raimondo Manzini, quien se las transmitía a Focherini. Tras el armisticio del 8 de septiembre de 1943, Focherini se arriesgó más en la ayuda a los judíos, proporcionando documentos bancarios falsos o acercándoles a Suiza.

Focherini estuvo arrestado en Bolonia del 13 de marzo al 5 de julio de 1944. De allí lo deportaron a Fossoli y el 5 de agosto al campo de Gries en Bolzano. Deportado a Alemania, llegó en el Transporte 81 el 7 de septiembre a Flossenbürg y de allí al KZ Hersbruck, donde murió de septicemia provocada por una herida en la pierna el 27 de diciembre de 1944, acompañado por Teresio Olivelli. En prisión, escribió 166 cartas que no pudo enviar a su esposa, padres y amigos. En su testamento, afirmó que moría «ofreciendo mi vida como holocausto por mi diócesis, por *L'Avvenire d'Italia* y porque vuelva la paz al mundo. Por favor, decid a mi mujer que siempre le he sido fiel, que siempre he pensado en ella y que siempre la he querido con todas mis fuerzas». Fue declarado por el Yad Vashem Justo entre las Naciones en 1969. En 1996 se inició su proceso de canonización y fue beatificado el 15 de junio de 2013.

El 19 de marzo de 1944, en el marco de las celebraciones en honor de Santa Margarita de Hungría (canonizada por Pío XII el 19 de noviembre de 1943) se representó en el Teatro Erkel de Budapest una obra titulada *Luz y aroma*, cuya autora era la religiosa Sára Salkaházi (45). Mientras que la exaltación de la santa por parte del Papa y los católicos debía servir para preservar cierta independencia de Hungría —gobernada por el almirante Miklós Horthy—, ese mismo 19 de marzo el país fue invadido por ocho divisiones alemanas que no encontraron oposición, y evitaron que Hungría abandonara la alianza con Alemania, como había hecho Italia en 1943 y como haría Rumanía en agosto de 1944. Apoyándose en el partido nazi local (los «cruces con punta de flecha», *nyilasok* o hungaristas de Ferenc Szálasi) los alemanes movilizaron a medio millón de húngaros para luchar contra los soviéticos, explotaron la economía del país y deportaron a 550.000 judíos a los campos de exterminio.

Sára Salkaházi era natural de Košice (Eslovaquia), se graduó como maestra y quería ser periodista y escritora, hasta que en 1927 conoció a las Hermanas del Servicio Social, fundadas por la religiosa y política húngara Margit Slachta (1884-1974), con las que ingresó como novicia en 1929. Quiso ir de misiones a Brasil en 1937, pero no pudo hacerlo, por ser ciudadana checoslovaca. Se trasladó a Budapest para conseguir la nacionalidad húngara, pero su proyecto se vio frustrado por la guerra. En otoño de 1943 hizo un voto privado que solo sus superioras conocían: aceptar el martirio para que no les pasara nada a las demás hermanas.

Al comenzar la deportación masiva de judíos con la ocupación alemana, las hermanas escondieron a un millar. Sára personalmente logró salvar a un centenar hasta que el 27 de diciembre de 1944 milicianos de la cruz flechada irrumpieron en el Hogar de Mujeres Católicas que dirigía, en la calle Bokréta de Budapest. Los milicianos acudieron avisados por una empleada de 18 años llamada Erzsébet Dömötör, a la que el día anterior Sára había reprochado su relación «inadecuada» con un soldado acuartelado en el edificio.

Cuando los cruces flechadas se llevaban a cuatro judíos y a la profesora de Religión (Vilma Bernovits), llegó la hermana Sára y se encaró con los milicianos, que también la detuvieron. Los seis presos fueron llevados a la llamada Casa de Aduanas en Pest (hoy Universidad Corvinus, frente al Puente de la Libertad) y, ya de noche, a la ribera del Danubio, donde les obligaron a desnudarse y les dispararon. Uno de los jóvenes escapó arrojándose al agua antes de tiempo. Veinte años después, uno de los asesinos contó que antes de los disparos, la hermana Sára se volvió hacia ellos, les miró a los ojos, se arrodilló, miró al cielo e hizo la señal de la cruz. Sára fue declarada Justa entre las Naciones por el Yad Vashem en 1969 y beatificada en Budapest el 17 de septiembre de 2006. El muelle al sur del Puente de la Libertad donde fue ejecutada lleva su nombre.

El 24 de marzo de 1944, la gendarmería alemana llegó al pueblo de Markowa, en los Cárpatos polacos (140 km al sur de Lublin), atendiendo a la denuncia de que una familia polaca escondía judíos, presentada por Włodzimierz Leś, «policía azul» (del Gobierno General). La familia era la de Józef (44) y Wiktoria (31) Ulma, que tenían seis hijos de entre 8 y 1,5 años (ella, además, estaba en avanzado estado de gestación) y, efectivamente, escondían desde fines de 1942 a ocho judíos: cinco hombres, dos mujeres y un niño.

Los 120 judíos de Markowa se habían salvado de las matanzas hasta la operación Reinhardt, en la que entre 1942 y 1943 se asesinó a 1,85 millones de judíos polacos. Menos de una decena de los judíos de Markowa se presentó voluntaria para el «reasentamiento» que prometían los nazis. El resto se ocultó hasta que el 13 de diciembre de 1942 el alcalde Andrzej Kud, presionado por los alemanes, ordenó una redada en la que bomberos, guardias locales, «policía azul» y habitantes del pueblo arrestaron a 25 personas a las que al día siguiente los gendarmes alemanes fusilaron en una fosa para enterrar animales.

Józef, agricultor, apicultor, apasionado de la fotografía y miembro (y bibliotecario) del Círculo Juvenil Católico, se casó a los 35 años con Wiktoria Niemczak, 12 años menor que él. Junto a su mujer, ayudó y acogió a miembros de las familias Goldman (apodados Szall), Grünfeld y Didner. Además, ayudó a otra familia a construir una cabaña en el bosque. Los alemanes encontraron la cabaña y asesinaron allí a tres mujeres y un niño, sin descubrir entonces que los Ulma les ayudaban.

El policía Włodzimierz Leś, que se había apropiado de los bienes de la familia Szall, sabía que los Ulma la escondían y los denunció. Los alemanes mataron al matrimonio, a los seis hijos (Stanisława, de 8 años, Barbara, de 6, Władysław, de 5, Franciszko, de 4, Antonio, de 3, y Maria, de uno y medio), así como a los ocho judíos. El 13 de septiembre de 1995 el Yad Vashem les concedió la medalla de Justos entre las Naciones y el 17 de septiembre se incluyó a la familia en el proceso de beatificación de Henryk Szuman y 121 compañeros.

El 25 de marzo de 1944, en el monasterio de las Dominicas Enfermeras de Nuestra Señora de la Piedad de Lyon (Francia), la

Gestapo arrestó a la superiora general de esa orden, madre María Isabel de la Eucaristía (55, en el siglo Élise) Rivet. Nacida en Argelia, hija de un oficial de la armada francesa, se trasladó con su madre a Lyon al quedar huérfana de padre en 1910. En 1913 hizo sus votos en la congregación de la que veinte años más tarde fue superiora.

Tras la derrota francesa en 1940 Rivet, en colaboración con el cardenal Pierre-Marie Gerlier (1880-1965), escondió niños judíos en varios monasterios. Desde septiembre de 1940 acogía en su convento la llamada red Ajax de la Resistencia y desde 1941 colaboró con Albert Chambonnet, alias coronel Didier, quien le pidió permiso para almacenar armas y municiones en su monasterio, a lo que ella accedió.

Tras el interrogatorio, Rivet estuvo tres meses presa en el fuerte Montluc y el 1 de julio de 1944 fue deportada al campo de Romainville, el 14 a Saarbrücken y el 28 a Ravensbrück. Andrée Rivière, que vivió allí con ella, afirmó que «la hermana Isabel era el alma del campo. En ese universo de locura asesina, fue un polo de serenidad y esperanza, de presencia amante junto a sus compañeras».

El 30 de marzo de 1945, Viernes Santo, Rivet pidió ocupar el lugar de una madre de familia que había sido condenada a la cámara de gas. Sus últimas palabras fueron: «Me voy camino del cielo, informad a Lyon». Seis días después, se permitió a la Cruz Roja alemana evacuar a 7.500 mujeres presas del KZ Ravensbrück. El Yad Vashem otorgó a la madre Isabel el título de Justa entre las Naciones en 1996. Su proceso de beatificación empezó en 1991.

La hermana Celestina (en el siglo Catalina) Faron (30) novicia desde 1930 en la congregación polaca de las Pequeñas Siervas de la Santísima Virgen María, hizo sus votos perpetuos en 1938. Trabajaba en educación infantil en Brzozów (casi 300 km al sureste de Varsovia) y tras estallar la guerra, además del convento, dirigió un orfanato y un lugar de ayuda a los necesitados cuyo propietario también ayudaba al Ejército Nacional (AK), por lo que el 19 de febrero de 1942 le ordenaron a la hermana Celestina presentarse ante la Gestapo. No quiso escapar, para evitar represalias. Estuvo en varias prisiones y el 6 de enero de 1943 la deportaron a Auschwitz-Birkenau con el número 27.989.

Trabajó excavando zanjas y enfermó de tifus, sarna y tuberculosis, además de abrírsele la llaga de una antigua operación en la ingle, que apenas le permitía estar en pie. Se esforzaba por animar a cuantos tenía a su lado y agradecer cualquier atención hacia ella, agradeciendo a Dios su suerte por considerar que así cumplía su voluntad. En el hospital, hizo un rosario con trozos de pan, para rezar por la conversión de los pecadores, su congregación, su país, los sacerdotes torturados en el campo y por Hitler mismo. Un sacerdote pudo darle clandestinamente la comunión el 8 de diciembre de 1943. Ella murió de agotamiento en la mañana del domingo de Resurrección, 9 de abril de 1944.

Faron ofreció su vida religiosa y sus sufrimientos y muerte por el regreso a la Iglesia católica de su familiar Władysław Faron, sacerdote que, tras una disputa con su obispo en 1922, se unió a la Iglesia católica nacional polaca (PNKK), donde le hicieron obispo, para luego fundar la llamada antigua Iglesia católica polaca (1931). En 1940, tuvo la honradez de no acusar a dos obispos católicos, como le pedía la Gestapo para enviarlos a Dachau. Por este motivo, fue condenado a muerte, aunque le permutaron la pena por dos años de prisión. El 27 de febrero de 1948 pidió perdón y fue readmitido en el clero de la Iglesia católica. Ejerció como párroco hasta su muerte en 1965.

El 25 de abril de 1944 fue detenido el religioso Władysław Błądziński (36), de la Congregación de San Miguel, en la que ingresó en 1926, ordenándose sacerdote en 1938. Dirigía una escuela para huérfanos en Pawlikowice, 18 km al suroeste de Łódź. Durante la guerra, siguió dando clases en secreto, también para seminaristas, incluso distribuyendo prensa polaca y escondiendo armas, aunque esta actividad la suspendió tras recibir una advertencia. En una inspección realizada el 21 de abril de 1941, tras la que serían arrestados seis sacerdotes que luego fueron puestos en libertad, Błądziński dijo:

Por encima del mundo y por encima de Alemania está Dios, que no permitirá que los polacos perezcan. La guerra continúa y la victoria final no la decidirá Alemania, sino Dios.

Cuando lo detuvieron asumió sobre sí toda la responsabilidad para no inculpar a su superior. Błądziński y otros tres sacerdotes fueron encerrados en la prisión de Montelupich en Cracovia. De ahí lo deportaron al KZ Groß-Rosen (en Rogoźnica, 55 km al oeste de Breslavia), donde trabajó en una cantera, en un grupo compuesto principalmente por sacerdotes católicos, a los que consoló, compartiendo sus raciones y prestando auxilio espiritual a pesar de la prohibición, hasta que, en una ocasión en la que se le cayó una piedra con la que cargaba, un alemán lo despeñó por un precipicio, el 8 de septiembre de 1944.

La causa de beatificación de 50 franceses considerados mártires del nazismo se llama «mártires del STO». Sufrieron el trabajo forzoso en Alemania en virtud de la ley del Servicio de Trabajo Obligatorio, y además la persecución desde que el 3 de diciembre de 1943 se dio orden expresa de buscar y eliminar a los jóvenes franceses del STO que evangelizaran. La causa se promovió en 1988, después de que san Juan Pablo II beatificara el 4 de octubre de 1987 a Marcel Callo. Lleva el número de expediente 1.797 en la Congregación para las Causas de los Santos del Vaticano.

Los obispos franceses incluyeron en esta causa a 33 laicos (14 *scouts*, 18 miembros de la Juventud Obrera Católica —JOC— y uno de la Juventud Estudiantil, JEC) más 17 seminaristas y sacerdotes (incluyendo cuatro estudiantes franciscanos). Al presentarlos, indicaré tras su nombre la edad con que murieron y las siglas STO.

El primero de estos jóvenes en morir, el 5 de mayo de 1944 y con solo 19 años, fue el parisino Jean Mestre, miembro de la JOC que marchó a Alemania el 5 de marzo de 1943 obligado por la ley del Gobierno de Vichy que creó el STO el 16 de febrero anterior para los jóvenes entre 20 y 22 años (y a pesar de no tenerlos). Trabajó como fresador en la empresa Büssing-Nag de Brunswick, fabricante de camiones para la Wehrmach que en 1971 sería absorbida por la empresa MAN.

En cuanto se reunió con otros católicos a la salida de misa en abril de 1943, Mestre organizó la Acción Católica en Brunswick con su camarada François Felder. El 21 de noviembre de 1943, participó en una reunión regional de responsables. A principios de marzo de 1944, la Gestapo lo detuvo, acusándole de «reuniones clandestinas de la JOC», que por este motivo tuvo que suspender. En abril lo deportaron al campo disciplinario n.º 21 (aunque llamado «de trabajo y reposo», *Arbeitserziehungslager*, AEL) Hallendorf, 50 km al sureste de Hannover. Un mes más tarde ingresaba en el hospital, extremadamente débil y aquejado de pleuresía, de la que murió.

Adolf Reichwein (46, M.E.) había sido pedagogo, teórico del cine y jefe de prensa del ministro de Educación de Prusia, Heinrich Becker. Los nazis lo despidieron de la Academia Pedagógica de Halle y tuvo que emplearse como maestro de primaria. Miembro del Círculo de Kreisau y propuesto para ministro de Cultura, se reunió el 22 de junio de 1944 con miembros de la organización comunista Saefkow-Jakob-Bästlein, en la que había un espía de la Gestapo infiltrado. De camino a otra reunión con los comunistas, el 4 de julio, lo arrestaron y tras ser condenado por el juez Freisler, lo ahorcaron el 20 de octubre de 1944 en Berlín-Plötzensee.

Aunque el oficial que puso la bomba a Hitler el 20 de julio de 1944, Carl Schenk von Stauffenberg, era católico y no ha sido beatificado por la Iglesia católica, entre los considerados como mártires de la Iglesia evangélica (M.E.) se incluyen varios colaboradores suyos. Uno de ellos es Werner von Haeften (35, M.E.), sobrino de Walther von Brauchitsch, comandante en jefe del Ejército desde 1938. Acompañó a Stauffenberg en su viaje a la *Wolfschanze*, llevando una bomba de recambio, y lo acompañó en el arresto de Fromm, lo atendió cuando resultó herido en el tiroteo con quienes los detuvieron e incluso, en el momento de ser fusilado, se puso delante de él para protegerle.

Albrecht Mertz von Quirnheim (39, M.E.), amigo de Werner von Haeften desde la infancia y desde 1925 de Stauffenberg, partidario del régimen inicialmente, se distanció de él y en 1941 disputó con Alfred Rosenberg, entonces comisario para los territorios ocupados del Este, y con Erich Koch, comisario para Ucrania, exigiendo un trato digno para la población civil. En 1942 contactó con los conspiradores por medio de su cuñado Wilhelm Dieckmann. En 1944, sucedió a Stauffenberg como jefe de personal del AHA en el OKH. El

20 de julio, instó a Olbricht a poner en marcha la operación Valquiria sin esperar a estar seguros de que Hitler hubiera muerto. Junto con él, Stauffenberg y Von Haeften, fue fusilado en la madrugada del 21.

El general Paul von Hase (59, M.E.) era comandante militar de Berlín desde 1940 y estaba al tanto de los planes de conspiración desde 1938. Al recibir la orden, puso en marcha la operación Valquiria, por lo que fue detenido el mismo 20 de julio de 1944. Juzgado el 8 de agosto, fue ejecutado inmediatamente por orden de Hitler.

Adolf Friedrich von Schack (56, M.E.), militar y miembro del NSDAP desde 1936, trabajando con el general Paul von Hase se asoció a los planes conspiratorios y el 20 de julio de 1944 transmitió las órdenes de la operación Valquiria, ocultando luego documentos antes de ser arrestado el 21 de julio. Condenado a muerte por Freisler el 12 de octubre de 1944, fue fusilado el 15 de enero de 1945 en la prisión de Brandeburgo.

Erwin von Witzleben (62, M.E.) era coronel de infantería cuando los nazis tomaron el poder. En la Noche de los Cuchillos Largos se presentó ante el jefe del Ejército para exigir una investigación por el asesinato de los generales Schleicher y Bredow. Participó en el intento de derrocar a Hitler en 1938 con Oster, Canaris, Beck y Halder. Este último se distanció de los conspiradores y en marzo de 1942 hizo relevar como comandante en jefe del Oeste al ya mariscal von Witzleben, a quien los conspiradores en torno a Stauffenberg querían nombrar jefe de las Fuerzas Armadas. Arrestado el 21 de julio de 1944, el 8 de agosto fue condenado y ahorcado en Berlín-Plötzensee.

El conde Wilhelm zu Lynar (45, M.E.) era ayudante de Witzleben, a quien alojaba en su finca de Seese, 90 km al sur de Berlín, cediendo el castillo para las reuniones de los conspiradores. Allí lo arrestó la Gestapo el 21 de julio con Witzleben, pero logró quemar su libro de visitas para evitar más arrestos. El 29 de septiembre fue condenado a muerte y ahorcado en Berlín-Plötzensee.

El conde Ulrich-Wilhelm Schwerin von Schwanenfeld (41, M.E.) vivía en Gedán y era representante de la minoría alemana en Polonia. En 1923 presenció el golpe de Hitler y aunque se afilió al NSDAP fue desde 1930 cada vez más crítico, sobre todo a partir del asesinato de un comunista polaco por nazis en Potempa el 10 de agosto de 1932. Con su amigo el conde Peter Yorck, sus primos Von Schulenburg y otros formó después de la Noche de los Cristales Rotos un grupo de conspiradores contra Hitler que, a través de Hans Oster, contactó con el general Witzleben, del que Schwerin fue ayudante hasta mediados de 1942. El 20 de julio de 1944 estaba en el Bendlerblock y allí fue arrestado. Durante el juicio, se atrevió a decir que su motivación fueron «los numerosos asesinatos sucedidos tanto en el país como en el exterior», antes de que Freisler le interrumpiera. Condenado a muerte el 21 de agosto, fue ejecutado el 8 de septiembre.

El conde Peter Yorck von Wartenburg (39, M.E.) vio limitada su carrera en el Comisariado de Ayuda al Este (en el que ingresó en 1932) porque no quiso afiliarse al NSDAP. Desde 1940, formó con Moltke el Círculo de Kreisau, y conoció a opositores como Stauffenberg o von Trott. A diferencia de Moltke, era partidario de matar a Hitler, y por eso animó a Stauffenberg a hacerlo después de que Moltke fuera arrestado. Para el futuro gobierno, Yorck figuraba como secretario del que debía ser vicepresidente socialdemócrata, Wilhelm Leuschner. Arrestado en el *Bendlerblock* el 20 de julio de 1944, fue ejecutado el mismo día de su condena, 8 de agosto.

Adam von Trott zu Solz (35, M.E.), doctor en Derecho, disfrutaba de una beca Rhodes en Oxford, estancia en la que trató de establecer lazos entre los laboristas ingleses y los socialdemócratas alemanes, cuando los nazis tomaron el poder. En un esfuerzo por evitar la guerra, en verano de 1939 se entrevistó con el ministro británico de Exteriores, lord Halifax, y con el primer ministro Chamberlain, y redactó un informe para Hitler advirtiendo de que el Reino Unido le declararía la guerra si atacaba a Polonia. Ya estallada la guerra, se le permitió viajar a Estados Unidos y, aunque pudo refugiarse allí, regresó porque «no podía permanecer inactivo ante las actividades delictivas del régimen nazi».

En junio de 1940 von Trott, después de casarse con una mujer (Clarita) que conocía su compromiso con la resistencia —pero con la que no compartía información, para evitar dañarla—, se afilió al NSDAP y el 1 de julio aceptó trabajar en el Ministerio de Exteriores como responsable de la propaganda hacia Estados Unidos, el Reino Unido y Oriente Lejano, lo que le permitía viajar a países neutrales y hacer contactos. Desde 1941, su trabajo se refería solo a Asia, en particular India, supervisando al líder exiliado Subhas Chandra Bose. Buscando el apoyo exterior al golpe contra Hitler (al que consideraba necesario matar), se reunió cuatro veces con miembros de la resistencia holandesa y en 1942 escribió un memorándum que se entregó a Churchill, que por su norma de no aceptar contactos desde Alemania, y la imposición por el presidente Roosevelt en enero de 1943 de exigir la rendición incondicional, no sirvió de nada.

Junto con el socialdemócrata Julius Leber (1891-1945), von Trott fue uno de los más estrechos colaboradores civiles de Stauffenberg y visitó en Estocolmo a Willy Brandt (futuro canciller socialdemócrata alemán) para informarle del golpe y pedirle cooperación. El 19 de julio recibió en su casa a Stauffenberg y le animó a realizar el atentado al día siguiente. Tras el fracaso, no quiso escapar, para evitar represalias a su familia, y fue arrestado el 25 de julio, condenado el 15 de agosto y ejecutado el 26 de agosto de 1944 en Plötzensee.

En el mismo juicio que von Trott fueron condenados a muerte otros dos militares: Bernhard Klamroth (33, M.E.) y su suegro Hans Georg (45, M.E.). El primero fue puesto al corriente de los planes de atentado por el general Stieff e informó el 10 de julio de 1944 sobre ellos a su suegro. En mayo de 1944 recibió los explosivos para el atentado, conseguidos por Albrecht von Hagen (40, M.E.) y Joachim Kuhn (que al producirse el atentado estaba con el general Von Tresckow y redactó el informe de su supuesta muerte a manos de partisanos). Klamroth fue ejecutado el mismo 15 de agosto, Hans Georg el 26 y von Hagen incluso antes, el 8 de agosto, día en que fue condenado.

Carl-Heinrich von Stülpnagel (58, M.E.) era general al llegar los nazis al poder, y se ocupaba en el Ministerio del Ejército de evaluar las fuerzas armadas extranjeras. Contrariado con el régimen sobre todo desde la Noche de los Cuchillos Largos, se asoció a los conspiradores de 1938. Como comandante del 17º Ejército en el ataque a la URSS, no evitó los asesinatos de judíos y comunistas, pero renunció a su cargo el 4 de octubre de 1941. Entre febrero de 1942 y julio de 1944 fue comandante militar alemán en Francia, relacionándose con la resistencia de ese país por medio de Caesar von Hofacker. Para preparar el golpe del 20 de julio, arrestó a 1.200 miembros de la RSHA (SS, Gestapo) en París e intentó atraerse al mariscal von Kluge, comandante del Oeste, pero al fracasar el golpe este lo detuvo. Convocado a Berlín, se pegó un tiro pero no murió, y lo condenaron a muerte y ahorcaron el 30 de agosto de 1944 en Berlín-Plötzensee.

Caesar von Hofacker (48, M.E.), jurista y movilizado por la Luftwaffe en 1939, desde 1940 asesoraba al comandante militar alemán en París en la consecución de hierro y acero. En 1942 lo fichó Fritz von der Schulenburg, en 1943 se hizo trasladar al equipo de von Stülpnagel para conectar la oposición militar en París con el grupo de Stauffenberg, de quien era primo. Además, tenía contactos con la resistencia francesa y el Comité de Alemania Libre en Francia. A principios de julio intentó asociar a la conspiración al mariscal Erwin Rommel. En el juicio se atrevió a gritarle a Freisler: «¡Guarde silencio ahora! ¡Porque hoy está en juego mi cabeza, pero dentro de un año lo estará la suya!». Fue condenado el 30 de agosto de 1944 y ahorcado el 20 de diciembre en Plöztensee.

Hans Oster (57, M.E.), hijo de un pastor de la Iglesia hugonote (calvinistas franceses), ya era hostil a los nazis antes de 1933 y fue fichado por Canaris para la *Abwehr* en 1935 e inmediatamente empezó a tejer una red de resistencia. Fue detenido al día siguiente del atentado de Stauffenberg, aunque ya le habían expulsado de la *Abwehr* al detener a Dohnanyi, porque trató de ocultar documentos incriminantes que este tenía sobre su mesa.

El 23 de julio de 1944 fue detenido el almirante Canaris, jefe del servicio secreto militar (*Abwehr*). Sin pruebas definitivas de su implicación en el atentado, fue enviado el 5 de febrero de 1945 a Flossenbürg. A principios de abril, se encontró en Zossen el diario de Canaris, que lo incriminaba. El jefe de la RSHA, Ernst Kaltenbrunner, entregó el diario a Hitler el 5 de abril. En un consejo de guerra irregular, fueron condenados a muerte Canaris, Oster, Ludwig Gehre, Karl Sack y el pastor Dietrich Bonhoeffer. Los cinco, junto con Theodor Strünck, fueron ahorcados el 9 de abril.

Entre los detenidos el 23 de julio estaba Hans-Jürgen von Blumenthal (37, M.E.), que ya en 1938 se implicó en la conspiración de Beck, Oster y Witzleben, aunque no volvió a saber de ellos hasta fines de 1942, cuando lo enviaron a contactar con Stauffenberg, que era amigo de su primo Albrecht von Blumenthal, quien a su vez había conectado a Stauffenberg con Bonhoeffer y su grupo. Fue ahorcado el 13 de octubre de 1944.

El 28 de julio de 1944, solo ocho días después del fallido atentado contra Hitler, fue detenido en Múnich el jesuita Alfred Delp (37, M.G.), por pertenecer al Círculo de Kreisau, donde reflexionaba sobre un nuevo orden social conforme a la fe católica para después del nazismo. La Gestapo le ofreció la excarcelación si abandonaba la orden jesuita, lo que Delp rechazó. Fue condenado a muerte por Roland Freisler y el 8 de diciembre hizo sus votos solemnes en la prisión de Berlín-Tegel ante el jesuita Franz von Tattenbach. El 2 de febrero de 1945, camino de la horca, le dijo al capellán: «Dentro de unos momentos, sabré más que tú». Poco antes, había escrito en su carta de despedida:

> No estés triste. Dios me ha estado ayudando de manera maravillosa y tangible hasta ahora. Sigo sin tener miedo. Eso está aún por llegar. Quizá Dios quiera esta forma de esperar como la máxima prueba de confianza. Eso debe ser lo bueno para mí. Trataré de caer en la tierra como semilla fértil para todos vosotros y para esta tierra y este pueblo a los que quise servir y ayudar.

Franciszek Stryjas (62), laico y padre de familia con siete hijos, vivía en Takomyśle, 220 km al oeste de Varsovia, donde la policía alemana lo arrestó por enseñar religión a niños de pueblos cercanos para prepararlos a la primera comunión; encarcelado en la cercana localidad de Kalisz, tras diez días de torturas murió el 31 de julio de 1944 a consecuencia de las heridas.

El 1 de agosto de 1944 comenzó el alzamiento de Varsovia, en el que colaboró, atendiendo a civiles, heridos y moribundos, el sacerdote palotino Józef Stanek (27), que ya antes ejercía como capellán del Ejército Nacional (AK) y asistía en secreto a clases de Sociología de la Universidad de Varsovia. Había ingresado en el noviciado palotino en 1935, en 1939 fue capturado por los soviéticos, pero escapó y regresó a Varsovia, donde el arzobispo Stanisław Gall lo ordenó sacerdote en 1941. Tras la derrota de los insurgentes en el barrio de Czerniaków, Stanek fue apresado y ahorcado por los alemanes el 23 de septiembre de 1944 en su propia mesa de trabajo.

Otro sacerdote sorprendido por el levantamiento de Varsovia fue el dominico Michał (Jan Franciszek en el siglo) Czartoryski, que tenía título de príncipe. Estudió Ingeniería en Leópolis. Se hizo dominico en 1927 y se ordenó en 1931. El 1 de agosto de 1944 estaba en una consulta médica y se ofreció como capellán de la Agrupación Konrad de la AK, luchando en el barrio de Powiśle. Al ser conquistado este el 6 de septiembre por los alemanes, no quiso huir y se quedó con los heridos del hospital instalado en la empresa Alfa-Laval, en cuyo sótano le fusilaron con los heridos.

El 8 de agosto de 1944 fue detenido en Berlín el abogado Josef Wirmer (43, M.G.), natural de Paderborn pero que desde 1927 abrió despacho en Berlín, afiliándose al Zentrum y formando una corriente de izquierda partidaria de una coalición con el SPD. Por su defensa de los judíos fue expulsado de la Asociación de Abogados Nacionalsocialistas. Desde 1936 formó círculos de resistencia en torno a Jakob Kaiser (también de centro izquierda) y desde 1941 perteneció al de Carl Goerdeler, siendo su casa importante punto de reunión para grupos de tendencias diversas. Apoyó desde el principio el plan de Claus Schenk von Stauffenberg para matar a Hitler y diseñó una bandera tricolor para la nueva Alemania, semejante a la de Noruega, con la cruz negra, el reborde amarillo y el fondo rojo vivo.

El juicio-farsa que contra Wirmer presidió Roland Freisler fue filmado para que lo viera Hitler. Como motivo para unirse a la resistencia, alegó que «soy profundamente religioso y llegué a esta camarilla de conspiradores por mis creencias religiosas». Cuando Freisler le acusó de cobardía, respondió: «Cuando me cuelguen yo no tendré miedo, en cambio usted sí». Y cuando Freisler le aseguró que iría al infierno, bromeó:

Será un placer verle allí pronto, señor presidente.

Condenado el 8 de septiembre de 1944, lo ejecutaron apenas dos horas después con una soga de alambre junto con otros cinco condenados, entre ellos uno que también ha sido incluido en el *Martyrologium Germanicum* (Paul Lejeune-Jung).

El 15 de agosto de 1944, tras una denuncia de un empleado de la Casa Kolping (hospicio católico para obreros) de Colonia, la Gestapo detuvo a Teodoro Babilon (45, M.G.), director del hospicio de la calle Ancha, a otro directivo (Leo Schwering) y al director local de la obra, el sacerdote Heinrich Richter. Los tres se reunían semanalmente para reflexionar, tratando también sobre la situación política. Tras su detención en la central de la Gestapo (casa EL-DE), pasó a las barracas policiales del KZ de tránsito Deutz, de donde pudo escapar aprovechando un bombardeo el 14 de octubre, pero no lo hizo para evitar represalias a su mujer y cuatro hijos. El KZ fue destruido por otro bombardeo en diciembre, por lo que Babilon pasó a la prisión de Klingelpütz, sin que las gestiones del arzobispo Joseph Frings pudieran evitarlo. El 15 de enero fue deportado a Buchenwald y de allí al subcampo Ohrdruf (13 km al sur de Gotha, n.º 47.588) donde murió el 11 de febrero de 1945, de meningitis o asesinado por los guardias.

El sacerdote Heinrich Richter (46, M.G.) tampoco aprovechó la oportunidad de escapar en el bombardeo del KZ Deutz el 14 de octubre de 1944: tan solo fue a visitar a un amigo en su casa y regresó al campo. Durante su arresto posterior en Klingelpütz, además del arzobispo Frings, intercedió por él el decano del clero de Colonia, Robert Groschela, igualmente sin éxito. Murió en torno al 4 de abril de 1945 en el hospital de Buchenwald o de Ohrdruf, por enfermedad o porque los guardas lo mataron al no poder sumarse a las marchas de evacuación. Sacerdote desde 1922, fue vicepresidente de la Familia de Hogares Kolping y desde 1931 presidente local en Colonia.

El carmelita descalzo padre Alfonso María del Espíritu Santo (Józef en el siglo) Mazurek (53), nacido el 1 de marzo de 1891 y ordenado sacerdote en la catedral de San Esteban de Viena en 1916, desde 1930 era prior del monasterio de Czerna y desde 1936 visitador de los terciarios carmelitas de Polonia, cuyos estatutos redactó. Fue asesinado por un soldado de la SS el 28 de agosto de 1944.

En la noche del 1 al 2 de septiembre de 1944, soldados de la 16ª división panzer de la SS (General Max Simon) de una unidad a las órdenes del mayor Walter Reder, ocuparon en Italia el monasterio cartujo de Certosa di Farneta, en Maggiano, 15 km al norte de Pisa, sabedores de que allí se había acogido a perseguidos políticos. Conforme a la orden emitida el 17 de junio de ese año por el mariscal de campo Albert Kesselring, tenían permiso para utilizar cualquier método represivo con tal de combatir a los partisanos en Toscana.

El 2 de septiembre, los alemanes tomaron presos a todos los religiosos y civiles del monasterio, enviándolos en camiones a Nocchi, 8 km al noroeste. En los días siguientes, fusilaron a la mayoría. Entre los asesinados el 6 de septiembre cerca de Massa (otros 20 km al noroeste) se encontraba monseñor Salvador Montes de Oca (48), obispo emérito de Valencia (Venezuela), que se había retirado a ese monasterio tras exiliarse en 1929 de su país por la persecución a que le sometió la dictadura de Juan Vicente Gómez. En la catedral de Valencia se celebró el 11 de marzo de 2017 la apertura del proceso de beatificación del obispo.

Karl Sack (48, M.E.), juez militar e hijo de un pastor protestante, participó en 14 condenas a muerte por alta traición dictadas entre marzo de 1938 y octubre de 1939, pero después evitó la persecución de opositores a Hitler, por ejemplo, quemando los documentos de acusación contra el agente de la *Abwehr* Josef Müller y atribuyendo el incendio a un bombardeo aliado. Los conspiradores del 20 de julio lo tenían en sus papeles como ministro de Justicia, por lo que fue arrestado el 8 de septiembre de 1944, deportado el 5 de febrero de 1945 a Flossenbürg y ejecutado el 9 de febrero.

Léon Trouet (57, M.G.) había nacido en Malmedy cuando pertenecía al Imperio alemán y estudió Derecho en Múnich, Berlín y Bonn. Cuando el Tratado de Versalles lo convirtió en ciudadano belga, abrió un despacho de abogado en Eupen (unos 15 km al sur de Aquisgrán). En 1927 fue alcalde por el partido católico, aunque el Gobierno belga lo depuso un año después. Poco antes de la retirada de la Wehrmacht, la Gestapo lo arrestó el 11 de septiembre de 1944, junto con otros opositores al nazismo. Encerrado en la prisión Klingelpütz de Colonia, murió de resultas de las torturas el 3 de noviembre.

El abogado Wilhelm Dieckmann (51, M.E.), hijo de un superintendente (pastor) evangélico, fue miembro de la Iglesia confesante (BK) y activo opositor desde 1935. Arrestado por su relación con Albrecht Mertz, tras darle una paliza en un interrogatorio la Gestapo lo mató a tiros en la prisión de celular de Moabit (también llamada Lehrterstraße) en Berlín el 13 de septiembre de 1944.

Entre los condenados y ejecutados el 14 de septiembre de 1944 por su implicación en el fallido atentado del 20 de julio está el conde Michael von Matuschka (55, M.G.), a quien los conspiradores en torno a Goerdeler habían previsto nombrar jefe del Gobierno. Doctor en Derecho desde 1910, fue diputado del Zentrum en el Parlamento prusiano, hasta que los nazis lo despidieron en 1933, aunque volvería a trabajar en puestos administrativos, el más significativo a partir de 1941 como jefe de la oficina económica en Katowice, la región donde se encontraba el KZ Auschwitz.

En una entrevista con el cardenal Bertram, Von Matuschka le dijo lo que sabía sobre los crímenes cometidos por los nazis, a lo que el cardenal le pidió que permaneciera en su puesto, a pesar de que tenía ofertas de empresas privadas, para mejorar las condiciones de vida de los oprimidos. Matuschka, que siempre se negó a ingresar en el NSDAP, evitó represalias contra la Iglesia, cierres de conventos, etc., y salvó vidas de presos de campos de concentración, proporcionándoles documentos o trasladándolos a pequeñas empresas. Su hijo Victor cita en la obra de Helmut Moll la declaración hecha en 1946 por uno de los colaboradores de su padre en Katowice:

Como cristiano íntegro, trabajó todos los días para prevenir la opresión de los polacos, los judíos y de la Iglesia en la medida de lo posible y, de esa forma, lideró una lucha constante en vanguardia contra los objetivos inmorales del nacionalsocialismo.

El 4 de octubre de 1944, el tirolés del sur Josef Mayr-Nusser (34) se negó a hacer el juramento a Hitler, por lo que fue condenado a muerte. Cuando nació en 1910, Bolzano aún pertenecía a Austria. Josef trabajó como comerciante de la empresa textil Eccel, se formó con el sacerdote Josef Ferrari (1907-1958) y desde 1933 fue presidente de la Juventud Católica de Lengua Alemana del arzobispado de Trento. Cuando la Alemania nazi, una vez anexionada Austria, acordó con la Italia fascista obligar a los tiroleses del sur de habla germana o ladina a elegir entre quedarse en Italia o emigrar al Reich, Josef Mayr eligió, el 27 de diciembre de 1939, quedarse, y se unió al grupo de resistencia llamado Andreas-Hofer-Bund.

Casado desde 1942 con Hildegard Straub (1907-1998), el matrimonio tuvo un hijo. Cuando Italia se pasó al lado de los Aliados en septiembre de 1943 y los alemanes invadieron el Tirol del Sur (operación *Alpenvorland*), enviaron a Josef a Konitz (Prusia Oriental, hoy Chojnice, 100 km al suroeste de Gedán) para incorporarse a las Waffen-SS. Tras hacer la instrucción como los 80 tiroleses del sur enviados con él, alegó un día antes del juramento a Hitler que por razones de conciencia no podía prestarlo. A los compañeros que le animaban a jurar, les dijo que sabía que le costaría la vida, pero que su conciencia cristiana le impedía obrar de otro modo. Uno de sus camaradas, Hans Karl Neuhauser, le dijo que no creía que Dios le pidiera rechazar el juramento, y que con eso lo único que cambiaría sería dejar a su familia sin padre, a lo que Josef contestó:

Eso es lo que pasa cuando nadie tiene nunca el valor de decirles que no está de acuerdo con su ideología nacionalsocialista.

El 27 de septiembre de 1944 había escrito a su mujer desde Konitz:

Esta necesidad de confesar llegará ciertamente, es inevitable,
porque dos mundos chocan, los superiores se han mostrado con
demasiada claridad como negadores y odiadores resueltos de lo
que para nosotros los católicos es sagrado e inviolable. Más vale
perder la vida que abandonar el camino del deber.

Condenado a muerte en Gedán por «debilitar la fuerza militar», fue deportado en un vagón de ganado a Dachau, pero de camino, por los daños causados por los bombardeos, el tren estuvo ocho días parado en la estación de Erlangen, 17 km al norte de Núremberg, y allí murió agotado Josef el 24 de febrero de 1945. Su proceso de beatificación empezó en 2005 y la beatificación como mártir se celebró el 18 de marzo de 2017 en la catedral de Bolzano.

El 8 de octubre de 1944 la Gestapo arrestó en Trieste al sacerdote franciscano Placido (en el siglo Nicolò) Cortese (37). Ordenado en 1930, trabajó en Padua y Milán, donde desde 1937 dirigió el *Mensajero de San Antonio*, aumentando sus suscriptores de 200.000 hasta 800.000 en 1943. En el campo de Chiesanuova (4 km al oeste de Padua) atendió a deportados eslovenos. Tras el armisticio entre Italia y los Aliados (3 de septiembre de 1943), Cortese participó en la ruta de escape para judíos desde Padua a Suiza pasando por Milán, organizada por el grupo llamado FRA-MA. Cortese estaba conforme con quienes apoyaban tomar las armas junto con los partisanos. Fue delatado por dos infiltrados. La Gestapo lo torturó en el búnker de la Plaza Oberdan de Trieste hasta matarlo el 15 de noviembre de 1944, sin que hubiera delatado a sus compañeros. Su causa de beatificación comenzó en 2002.

Bernard Lemaire (24, STO) era ebanista diplomado en 1937, cuando con otros compañeros de la parroquia de Aplemont (un barrio de El Havre) se enroló en la JOC, de la que fue elegido tesorero nacional el 31 de mayo de 1942. La JOC fue prohibida por los alemanes el 3 de agosto de 1943. Lemaire ya había sido reclutado para el STO en abril. En el campo de la organización Todt cerca de Colonia, donde había otros 2.000 civiles, contactó con otros católicos. El 28 de enero de 1944 volvió de permiso, negándose a fugarse como le sugerían su novia, su familia y el padre Varignon, porque decía que su puesto era ser «testigo de Cristo» entre los trabajadores, según el relato publicado por André Delestre. El 13 de julio de 1944 la Gestapo interrogó a Lemaire y detuvo a 64 activistas en toda Alemania. A Lemaire lo mandaron el 16 de septiembre de 1944 a Buchenwald, donde murió el 11 de octubre. De los 64 arrestados, 22 murieron.

El 12 de octubre de 1944, murió en Buchenwald el jocista Maurice Grandet, también de El Havre y de la misma edad, e ingresado en la JOC en 1937. En marzo de 1943 le ordenaron incorporarse al STO y construyó búnkeres en Octeville antes de ser enviado en tren a Alemania el 7 de julio. A fines de 1943 estuvo de permiso, ocasión en la que también el padre Varignon y su familia le sugirieron no volver. Siguió los mismos pasos que Lemaire, a quien solo sobrevivió un día, muriendo como él, según Delestre, por las enfermedades y la debilidad.

El mismo 12 de octubre de 1944 moría en el hospital policial de Berlín-Tegel el sacerdote Otto Müller (73, M.G.), que había sido apresado el 18 de septiembre en un monasterio en Olpe (60 km al este de Colonia), donde se había escondido después del atentado del 20 de julio de 1944, ya que era la cabeza del llamado Círculo de Colonia. Ordenado sacerdote en esa ciudad en 1894, desde 1906 presidió el Movimiento Obrero Católico (KAB) en la archidiócesis de Colonia y desde 1918 en todo el oeste de Alemania.

Desde 1927, Müller y otros como el beato Nikolaus Groß y Bernhard Letterhaus se organizaron frente al nazismo, en defensa de las asociaciones y sindicatos católicos, y para preparar un futuro político acorde con la doctrina social de la Iglesia. Formaron así el llamado Círculo de Colonia, en contacto con otros grupos de resistencia, como el Círculo de Kreisau. Müller estaba casi ciego cuando le detuvieron.

El 22 de octubre de 1944, murió en Buchenwald el sacerdote Raymond Cayre (28, STO). Fue ordenado sacerdote ya durante la guerra, el 28 de enero de 1940, aprovechando un permiso militar. Preso desde junio de 1940, fue enviado al Stalag VI G (Bonn), donde fue capellán de 9 grupos. Mantuvo relación con el grupo de acción católica de franceses en la zona, y el 7 de agosto de 1944 lo detuvo la Gestapo, quien le enseñó un papel que informaba a los sacerdotes franceses que estuvieran presos de que podían confesarse con él, presentado como «capellán del *kommando* 386». Inicialmente fue detenido en la prisión de Brauweiler (antigua abadía benedictina 12 km al oeste de Colonia), pero finalmente lo deportaron a Buchenwald (con el número 81.842) el 17 de septiembre de 1944. Enfermo de tifus, seguía vivo cuando lo echaron vestido a una fosa llena de excrementos, arrojándole encima agua helada.

Una semana después, el 29 de octubre de 1944, moría el seminarista Roger Vallée (23, STO), que había convivido en Gotha con el beato Callo y cuyo hermano André morirá en 1945. Entró en el seminario menor en 1933 y en el mayor en 1940. En junio de 1943 recibió órdenes menores y en agosto fue reclutado para el STO, reuniéndose con su hermano en Gotha. Allí impartía cada semana círculos de estudio y retiros a los jocistas, asistiendo a reuniones regionales. El 22 de diciembre se le transmitió la prohibición policial de celebrar misas para extranjeros. El 1 de abril de 1944 ambos hermanos fueron arrestados en Gotha, interrogados y encarcelados en la prisión local con otros 10. Todos tuvieron que firmar el siguiente motivo de condena: «Por su acción católica entre sus camaradas franceses, durante su STO, ha sido un peligro para el Estado y el pueblo alemán». Los hermanos Vallée llegaron a Flossenbürg el 12 de octubre. Roger, que recibió allí el número 28.909, fue transferido a Mauthausen con el número 108.811, y allí murió el 29 de octubre.

Tres días después murió Alfredo Dall'Oglio (23, STO), que emigró con su familia a Francia desde el Tirol del Sur. El 6 de octubre de 1938 había recibido la nacionalidad francesa. Trabajaba como ayudante de farmacia cerca de París, y allí un médico judío refugiado le dio a conocer el nazismo. En 1940 se hizo directivo de la JOC en París-Este. El 3 de marzo de 1943 lo enviaron al STO, trabajando en la fábrica de pinturas de Warnecke&Böhm en el distrito nororiental de Berlín-Weissensee. Allí se convirtió en responsable de área de la JOC, ocupándose de cuidar enfermos, dar círculos de estudios y dirigir reuniones en cafés o bosques. Lo detuvieron el 6 de junio de 1944 (día del desembarco en Normandía) con otros 15 dirigentes católicos del norte de Berlín, a los que interrogaron y encarcelaron en la prisión de la plaza Alexander. Enviado el 9 de septiembre al AEL Wulheide, justo al sur del Zoo de Berlín, murió agotado en menos de dos meses.

El 20 de noviembre de 1944 fue asesinado por defender a los judíos el sacerdote croata Dragutin Jesih (49), si bien no por los nazis, sino por sus imitadores locales. Tras estudiar secundaria en Zagreb, fue al seminario de San Francisco en Wisconsin (Estados Unidos), donde se ordenó en 1918. Fue uno de los fundadores de la Comunidad Católica Croata en ese país. Regresó a Croacia en 1930 y desde 1935 trabajó en la Acción Católica en Zagreb. En marzo de 1942 fue destinado como párroco a Šćitarjevo (11 km al sureste de Zagreb). En el sótano de la casa parroquial escondió a judíos y comunistas prófugos o heridos, entre los primeros un futuro general de policía israelí, Dan Baram (llamado entonces Milivoj Fuchs), que tras ser arrestado, al igual que su madre, fue puesto en libertad gracias a que el arzobispo Alojzije Stepinac les dio sendos certificados de bautismo y los envió a Šćitarjevo. Baram conservó el acta de bautismo y dio testimonio en la posguerra, cuando se acusaba a la Iglesia de haber consentido el bautismo forzoso de judíos, de que en su caso no hubo ningún acto, ni siquiera fingido, de bautismo, y que todo se hizo para salvarlos.

En 1944, Dragutin Jesih, su hermano Pavao y otros cinco sacerdotes fueron arrestados bajo la acusación de conspirar junto a miembros del Partido Campesino Croata (HSS, proyecto acordado en la isla de Viš en junio de 1944) contra el régimen ustaša y provocar el paso del Estado croata (NDH) a los Aliados. Él fue liberado después de tres semanas y, al advertirle que corría peligro, dejó la parroquia el 20 de noviembre de 1944 en dirección a Zagreb. Al día siguiente se encontraron rastros de sangre junto al río Sava, en cuyas orillas apareció el cadáver el 10 de diciembre, apuñalado en el pecho y con una cruz marcada en la frente. El 11 de enero de 1994, el Yad Vashem le concedió la medalla de Justo entre las Naciones.

Joël Anglès d'Auriac (22, STO) era de Tolón. El 23 de marzo de 1941 hizo el juramento *scout*. En mayo de 1943 le convocaron para el STO, pero solo se presentó tras la tercera llamada. Forzado a trabajar en una fábrica de armas en los Sudetes (Tetschen, hoy Děčín, República Checa, unos 80 km al norte de Praga), practicó algo de sabotaje pasivo, pero sobre todo resistencia espiritual, creando un grupo (clan) con otros dos *scouts* al que llamaron «patrulla Nuestra Señora de la Esperanza». Tras una reunión el 3 de marzo de 1944 con su grupo, en la que también organizaban visitas a hospitales y actividades de descanso, Joël fue detenido el 10 de marzo y las actividades prohibidas.

Se le condenó porque «debía haber comprendido que participaba en una gran empresa que concierne al mundo entero, que no participaban solamente en una empresa de armamento alemana, sino en la construcción de un mundo nuevo. Pero prefirió hacer lo contrario a conciencia». Condenado el 20 de octubre, lo decapitaron en Dresde el 6 de diciembre de 1944, pudiendo cumplir su deseo de comulgar de manos de un sacerdote al que dijo:

> *Estoy totalmente tranquilo, puedo decir que voy gozoso a la muerte, porque voy a Jesucristo. Él es quien me ha conducido tan bien, y se lo agradezco de todo corazón. Solo me preocupa mi familia.*

A sus compañeros *scouts* les dijo:

> *No estéis tristes, muero con una sonrisa, porque el Señor está conmigo y no me olvido de que un routier (rover) que no sabe morir no sirve para nada. Seguid el camino que os he trazado. Ciertamente es el más fructuoso y conduce a la vida más bella. Adiós, hermanos rovers, mi última palabra: no dejéis el escutismo.*

El 12 de diciembre de 1944 moría en el AEL Zöschen (construido en esa localidad, 11 km al sureste de la fábrica Buna de Schkopau, después de que el 29 de junio el AEL Spergau, situado a la misma distancia al sur de la fábrica, resultara destruido en un bombardeo) el sacerdote francés Pascal Vergez (34, STO). Ordenado en 1935, era profesor del seminario menor en Saint-Pé-de-Bigorre (10 km al oeste de Lourdes). Durante la guerra fue movilizado y preso en el Stalag IV de Mühlberg, de donde lo enviaron a trabajar en Halle en enero de 1941 y en diciembre a la fábrica Buna, donde fue capellán de los trabajadores. El 3 de julio de 1942 se dio a sus compañeros el estatuto de trabajadores libres, que él también aceptó para ser su capellán, pero, según escribía el 18 de julio de 1943, el administrador francés del campo precisó que «en ese campo estaba prohibida cualquier manifestación política o religiosa. Incluso me aconsejó no celebrar misa, ni siquiera en privado».

Vergez siguió asistiendo a los casi 10.000 franceses de la zona, hasta que le detuvieron el 20 de septiembre de 1944. Lo condenaron por celebrar misa sin permiso y hacer «propaganda religiosa». Cuando su compañero Lecerf preguntó al responsable de la Gestapo de Merseburgo el motivo del arresto, le contestó: «Solo por asuntos de la Iglesia». El 21 de noviembre lo enviaron a Spergau-Zöschen, donde murió de tifus y tras una sesión de flagelación.

En el mismo lugar y ocho días después, el 20 de diciembre de 1944, moría el sacerdote canadiense Louis Doumain (24, STO), que volvió con su familia a Francia a los seis años y recibió la nacionalidad en 1941, un año antes de ordenarse sacerdote (19 de diciembre de 1942). Fue profesor en el seminario menor de Annonay hasta que el 8 de julio de 1943 lo llamaron al STO. Trabajó cerca de Leipzig en un horno de aluminio de I.G. Bittterfeld. Por ser sacerdote, le dieron un trabajo tan duro que lo apodaban «el convicto». Decía misa a las religiosas locales y a los trabajadores franceses, preparando a algunos para recibir el bautismo y la comunión. Cuando se prohibieron las misas para extranjeros, dejó de celebrar en la iglesia local y siguió haciéndolo en el convento.

El seminarista y luego sacerdote M. Fortune declaró que Doumain nunca se negó a ningún servicio de Iglesia, aunque por estar prohibidos tenía mucho miedo. Lo detuvieron tras celebrar misa en el bosque el 19 de septiembre de 1944, junto a una cuarentena de responsables jocistas y sacerdotes de Halle-Merseburgo. Según Albin Mazzon, la Gestapo había decidido impedir toda actividad religiosa y detenía cada semana a un centenar de jocistas: «Aunque luego a muchos los soltaban, la prisión central de Halle estaba llena». La Gestapo propuso liberar a Doumain si se comprometía a no celebrar más misas. Lo mandaron el 21 de noviembre a Spergau y Zöschen, donde murió tras una operación de garganta en la que perdió el habla.

En la misma zona murió el 26 de diciembre de 1944, recién cumplidos los 22 años, el jocista André Parsy, responsable de la JOC en su parroquia de Roubaix, cerca de la frontera con Bélgica. Convocado al STO el 12 de marzo de 1943, trabajó en Dicker y Werneburg en Halle, donde organizó una biblioteca y actividades de deporte y tiempo libre para mejorar el ambiente. El 4 de octubre de 1944 lo arrestaron en Eisleben y la Gestapo le espetó como causa que «eres el jefe jocista de Eisleben. Estáis aquí para luchar contra el nacionalsocialismo y por tanto contra la moral de Alemania». A él y otros siete les ofrecieron la libertad a cambio de renunciar a la JOC y servir a la Gestapo. El 21 de noviembre lo mandaron a Spergau-Zöschen. Murió en el hospital «ruso» de Trebitz, unos 50 km al norte de Leipzig.

1945: EN LA CASA DEL PADRE

El régimen nazi entraba en su último año de existencia dejando un rastro de crímenes. En el AEL Zöschen moría el 3 de enero de 1945 el francés Colbert Lebau (22, STO), empleado de banca en Châtellerault (30 km al noreste de Poitiers) y, como responsable federal de la JOC, animador de 250 militantes. Reclamado para el STO el 8 de marzo de 1943, trabajó en una fábrica de carbón en Mücheln-Geiseltal, cerca de Leipzig, donde el sacerdote Clément Cotte le pidió evangelizar a los trabajadores. Detenido el 13 de septiembre de 1944, en la prisión de Halle le repitieron una acusación habitual: «Eres jefe jocista de Mücheln, estás aquí para luchar contra el nacionalsocialismo y contra la moral de Alemania». El 21 de noviembre lo deportaron a Spergau y Zöschen.

Robert Beauvais (22, STO), *scout* de París desde los 14 años, fue requerido para el STO el 5 de marzo de 1943. Participó en la Acción Católica en Berlín, y al compartir fotos de esas reuniones con un compañero llamado Georges Gandon, ambos fueron arrestados el 9 de agosto de 1944 bajo la acusación de «afiliación a un movimiento secreto de resistencia». Pasó por la prisión de la Große Hamburger Straße 26 (antigua sede de la Comunidad Judía de Berlín) antes de ser deportado a Sachsenhausen y de ahí al KZ Neuengamme (menos de 20 km al sureste de Hamburgo), con el número 57.918, donde murió de gripe y neumonía el 10 de enero de 1945.

El 12 de enero de 1945 murió en Dachau el sacerdote francés Victor Dillard (47, STO); ordenado en 1931, fue capitán en la guerra y escapó del cautiverio. Daba cursos y conferencias en Vichy hasta que en otoño de 1943 decidió marchar como capellán clandestino de los trabajadores, con papeles falsos que le dio el padre Riquet acreditándole como electricista y padre de cinco hijos. Trabajó como voluntario desde octubre en Wuppertal, y celebró misa en el hospital de Elberfeld, en la zona sur de esa ciudad 35 km al norte de Colonia. Visitó los campos de obreros y reagrupó a una treintena de militantes de la JOC, celebrando misas, círculos y retiros para sacerdotes. El 22 de abril de 1944 fue acusado de «actividades políticas antialemanas» y detenido por la Gestapo. El 28 de noviembre lo deportaron a Dachau, donde le marcaron el número 134.064.

El 16 de enero murió en Buchenwald el sacerdote francés Jules Grand (39, STO). Ordenado en 1931, fue movilizado como sargento y tras ser apresado el 21 de junio de 1940, lo enviaron al Stalag VI G (Duisdorf, 25 km al sur de Colonia, al este de Bonn) con el número 6.954. Llegó a ser capellán de 17 grupos distintos (*kommandos*), manteniendo relación con otros sacerdotes presos y con el clero y los católicos alemanes que ayudaban a los prisioneros. El 12 de julio de 1944 lo arrestó la policía en Colonia, contraviniendo la Convención de Ginebra que protegía a los prisioneros de guerra. Torturado y preso en Brauweiler, el 17 de septiembre lo deportaron a Buchenwald, de donde pasó a trabajar, unos 100 km al norte, en una hormigonera del KZ Langenstein-Zwieberge, situado al sur de la ciudad de Halberstadt (170 km al suroeste de Berlín), en el que seguirá desempeñando labores de capellán hasta su muerte.

El mismo día que Grand, murió en Buchenwald el francés Gaston Raoul (23, STO). *Scout* desde 1934 en El Havre, en abril de 1943 lo convocaron al STO y desde el 17 de mayo de 1943 lo asignaron a la fábrica Klöcknerwerke de Hagen-Haspe, menos de 20 km al sur de Dortmund, en el Ruhr. Celebraba reuniones de oración, veladas de Navidad o Pascua, etc., con miembros de su organización o de otras como la JOC o la JEC, hasta que lo detuvieron el 9 de septiembre de 1944. Lo acusaron, según su compañero G. Eudier, de ser el «jefe

y principal animador» de un grupo de «resistentes que se prepara-
ban para llevar a cabo acciones subversivas y constituir una red en
Alemania». Fue deportado a Buchenwald el 20 de diciembre y recibió el número 82.888.

También en Buchenwald murió el 19 de enero de 1945 el *scout*
Robert Défossez (24, STO). Soldado de artillería, estuvo detenido en
el Stalag VI G de Duisdorf y se hizo *scout* estando preso. Denunciado
por un compañero, fue detenido por la policía en agosto de 1944, en
contra de la Convención de Ginebra, como reconoció un agente que
dijo al padre Harignodoquy:

> *Hace mucho tiempo que os queríamos arrestar, pero no podía-*
> *mos, a causa de la Wehrmacht. Ahora, tras el atentado contra*
> *Hitler, mandamos nosotros, y vas a saber el precio de traicionar*
> *a Alemania.*

Theodor Haubach (48, M.E.), filósofo y economista, fue diputado del SPD y fundó un movimiento en defensa de la República llamado Club del 3 de Octubre. Pasó a la clandestinidad y en 1934 fue
detenido y deportado al KZ Esterwegen (80 km al oeste de Bremen)
hasta 1936. Contactó con el Círculo de Kreisau, fue detenido tras el
20 de julio de 1944 y ahorcado el 23 de enero de 1945 junto con von
Moltke.

En Buchenwald murió el 24 de enero el hermano Martin (en
el siglo Gérard) Cendrier (24, STO), que había sido *scout* antes de
hacerse franciscano en 1940.

Antoni Świadek (35), sacerdote en Poznan desde 1933, era vicario en Bidgostia al comenzar la invasión alemana, momento en que
se ofreció como capellán de una división, hasta la derrota. Después
lo fue en un hospital para prisioneros de guerra polacos. De regreso
a su parroquia, desafiaba la prohibición de oficiar actos de culto en
polaco, confesar y preparar a niños para la primera comunión. Cuidó
de los pobres y de los jóvenes a los que conocía por haber sido *scout*.
Denunciado por una persona a la que había confesado en polaco, la
Gestapo lo arrestó en verano de 1942 y en octubre ingresó en Dachau

con el número 37.193. Destinado a los trabajos más duros, en 1945 enfermó de tifus y murió el 25 de enero.

Eugène Lemoine (25, STO), bretón de Sant-Brieg (130 km al este de Brest), entró en la JOC en 1936, haciendo equipo con el sacerdote Armand Vallée. Cuando lo convocaron para el STO trató sin éxito de huir a Inglaterra. Trabajó como carpintero de la empresa Albert Fiedler de Wittenberg. Varios testigos dijeron que él los mantenía unidos como grupo católico. Los domingos viajaba para reunirse con católicos de otras ciudades. Del 30 de septiembre al 25 de octubre de 1944 estuvo detenido en Wittenberg y Halle «acusado de continuar con la JOC en Alemania, a pesar de saber que estaba prohibido. Aseguran que conozco personalmente al cardenal Suhard, del que pretenden que es un gran enemigo de Alemania y agente del contraespionaje aliado». Lo soltaron, pero lo volvieron a apresar por dar de comer a un evadido. El 21 de noviembre lo enviaron a Spergau y Zöschen, donde murió el 8 de febrero de 1945.

El jocista francés André Vallée (25, STO), hermano de Roger, marchó voluntariamente al STO en Gotha (Turingia) en noviembre de 1942, ocupando el puesto de un padre de familia. Allí formó un grupo con otros tres miembros de Acción Católica y coincidió con el beato Marcel Callo. En Flossenbürg tuvo el número 28.910 y allí murió el 31 de enero de 1945, aunque el registro señala la fecha del 15 de febrero.

Louis Didion (27, STO), prisionero de guerra en el Stalag VI A (Colonia), fue introducido por otros prisioneros en el escutismo. Lo convirtieron en trabajador civil en verano de 1943, para supervisar el orden de la ciudad durante los bombardeos y así poder enviar al frente a los soldados que vigilaban los campos de prisioneros (Stalags). La policía lo detuvo el 18 de julio de 1944 como sospechoso de mantener relaciones con la Acción Católica local, recluyéndolo en Brauweiler. El 17 de septiembre, lo deportaron con 63 militantes católicos arrestados en Colonia a Buchenwald (número 81.897), donde murió el 16 de febrero de 1945.

René Rouzé (23, STO) descubrió la JOC en 1936. Enviado al STO, trabajó en varias industrias químicas. Fue uno de los tres responsables jocistas en su zona y preparaba una peregrinación a Lourdes. El 4 de diciembre de 1944 detuvieron a 81 franceses «sin otro motivo que la JOC», según René Montaut, amigo de Rouzé, quien añadió que de los 20 STO detenidos en su fábrica, 12 eran jocistas y que «el director de la fábrica intervino para liberar a Rouzé, pero en vano, porque ningún patrón alemán podía controlar al partido nazi». Fue deportado el 18 de diciembre al KZ Groß-Rosen, que, al acercarse las tropas soviéticas, fue evacuado en una «marcha de la muerte» hasta Mittelbau-Dora (donde se construían desde octubre de 1943 los cohetes V2). Llegaron el 11 de febrero de 1945 y a Rouzé le asignaron el número 113.740 durante una semana, ya que murió el 18 de febrero.

Entre las víctimas de los últimos meses de Dachau beatificadas hay que contar a Józef Zapłata (40), que en 1927 ingresó en la Congregación de Hermanos del Sagrado Corazón de Jesús (CFCI) e hizo sus votos perpetuos en 1938. Trabajó en la oficina del primado de Polonia, en la del arzobispo de Poznan, y siendo maestro de novicios en su congregación. Detenido por la Gestapo el 3 de octubre de 1939, pasó por varias prisiones, en agosto de 1940 fue deportado a Mauthausen-Gusen y el 8 de diciembre a Dachau, donde le tatuaron el número 22.099. A muchos impresionó su fe inquebrantable durante cinco años. Se ofreció para cuidar a los enfermos de tifus y para ayudar al regreso a Polonia del primado, cardenal August Hlond. Murió el 19 de febrero de 1945.

Un día después moría en Stutthof la monja dominica polaca María Julia (en el siglo Stanisława Maria Józefa) Rodzińska (45), que había trabajado como maestra durante 22 años. Desde 1934 dirigía un convento y orfanato en Vilna, donde tras estallar la guerra siguió enseñando en secreto religión, así como Lengua e Historia polacas, además de realizar actividades humanitarias. En julio de 1943 la Gestapo la encarceló en Lukiškės (Vilna) y de allí pasó a Stutthof con el número 40.992. Sometida a tortura, aislamiento y humillación, brindó ayuda espiritual a los presos sin distinción de religión o nacionalidad. Los testigos la señalan como «un ángel de bondad. En condiciones de degradación humana, supo dirigirnos a otra dimensión de la vida. Para nosotros, era una santa. Dio su vida por los demás». Murió de agotamiento y enfermedad mientras ayudaba a prisioneros judíos moribundos, el 20 de febrero de 1945.

Se calcula que al KZ Stutthof fueron deportadas en torno a 100.000 personas, en su mayoría polacos no judíos. De ellas, según la *Enciclopedia del Holocausto*, murieron 60.000. En las marchas de la muerte emprendidas para evacuar a los 50.000 presos que quedaban al final de la guerra, murieron 25.000. Cuando los soviéticos llegaron el 9 de mayo de 1945, no encontraron más que a un centenar de presos que habían logrado esconderse.

Marcel Touquet (30, STO), empleado de almacén y jocista en París, fue enviado al STO en diciembre de 1942, recién casado y con su mujer encinta. Trató de enviar información desde Berlín al grupo de resistencia que dirigía el padre Louis en Francia. Detenido por sus actividades católicas (al parecer no por el espionaje) el 25 de agosto de 1944, pasó por el centro de deportación de la Große Hamburger Straße 26, fue enviado a Sachsenhausen, luego a Ravensbrück (número 11.403) y finalmente al KZ Karlshagen I (n.º 11.403) junto a Peenemünde (isla de Usedom, 180 km al norte de Berlín). Allí, él y otros 300 enfermos fueron encerrados en vagones abandonados en el bosque. En ellos murió Touquet antes del 24 de febrero de 1945.

Pierre de Porcaro (40, STO) se ordenó en 1929 y fue vicario en Saint Germain en Laye (20 km al oeste de París) desde 1935. Durante la guerra fue movilizado y, como prisionero, estuvo en el Stalag IX B en Hesse. Repatriado el 4 de agosto de 1940 como capellán militar, su obispo le aconsejó enrolarse en el STO para dar apoyo espiritual a los trabajadores. El 13 de mayo de 1943 salió hacia Dresde, como mano de obra sin cualificar, a pesar de ser profesor de Francés, Latín y Griego. Durante un permiso, dijo a su hermano que sabía quién le había delatado, pero le prohibió decir el nombre. Agradecía el apoyo de sacerdotes alemanes y describía el ministerio de los franceses como «las catacumbas modernas. Somos 22 en Alemania, de ellos han arrestado a seis y a tres de ellos los han devuelto a Francia». El 7 de agosto de 1944 envió a su obispo una carta que, dijo, «seguramente será la última». Creó 15 círculos de estudio entre los trabajadores y reunía a los seminaristas cada domingo. La Gestapo lo arrestó el 11 de septiembre de 1944 en la fábrica, por razón de su trabajo sacerdotal, y lo encerró en la prisión de Dresde. Deportado el 20 de enero de 1945 a Dachau (n.º 138.374), murió de tifus el 12 de marzo en el hospital, tras confiar al padre Beauvais que «ofrezco mi vida por Francia, acepto el sacrificio que me envía el buen Dios».

Tres días después, el 15 de marzo, moría en Buchenwald el hermano Xavier (André en el siglo) Boucher (24, STO), que se había hecho franciscano en 1940.

El 16 de marzo, moría en Mauthausen el seminarista Jean Tinturier (24, STO). Antes de salir para Alemania el 21 de septiembre de 1943 con otros tres seminaristas, hizo un curso de capacitación como fresador y tornero para ocultar su condición de seminarista. Con una jornada de trabajo de 11 horas diarias en Esmalcalda (Turingia, más de 280 km al suroeste de Berlín y a 30 de Gotha, donde conocería al beato Marcel Callo), organizaba una misa mensual en francés a la que asistían 150 de los 800 obreros de esa nacionalidad allí presentes. Organizó reuniones con jocistas y sacerdotes de las localidades vecinas, hasta marzo de 1944, cuando las suspendió por estar prohibidas. Arrestado el 18 de abril por «actividades ilegales», la Gestapo de Gotha lo encarceló con otros 11 compañeros. El 25 de septiembre firmó la confesión que le condenaba «por su acción católica entre los franceses, durante su STO, por la que ha sido un peligro para el Estado y el pueblo alemán». Pasó por los KZ de Flossenbürg (n.º 28.903), Mauthausen (n.º 108.814), Auschwitz (200.000) y de nuevo Mauthausen (n.º 123.558).

El 19 de marzo de 1945 murió el beato francés Marcel Callo (23), *scout*, miembro de la JOC y de la Cruzada Eucarística. Durante el bombardeo aliado del 23 de mayo de 1943, murió en Rennes una de sus hermanas y, aunque él estaba comprometido para casarse, aceptó ser enviado a Alemania en el STO para evitar represalias a su familia y porque lo consideraba una ocasión para evangelizar. En Zelha-Melhis (Turingia, 150 km al noreste de Fráncfort) organizó clandestinamente la vida cristiana de los trabajadores, hasta que el 19 de abril de 1944 lo arrestaron por ser «demasiado católico». Estuvo preso en Gotha antes de ser deportado a Flossenbürg y Mauthausen, donde siguió animando a rezar y dando instrucción religiosa. Estuvo tan mal alimentado —con patatas podridas y agua arenosa— que sus últimos seis meses de vida los pasó en una cama, que a veces tenía que compartir con cadáveres. Murió en medio de fuertes dolores de estómago. Desde la prisión, escribió a su hermano, recién ordenado sacerdote:

Afortunadamente, Él es un amigo que nunca me abandona y sabe cómo consolarme. Con Él, siempre puedo superar los peores momentos. Cuánto agradezco a Cristo por haberme conducido al lugar donde me encuentro ahora.

Jean Lepicier (23, STO), pastelero desde 1936 y jocista desde 1938, fue requerido para el STO el 23 de marzo de 1943. Trabajó en la fábrica de maquinaria Schütte, que aún hoy existe en el distrito de Colonia-Poll. Organizó ceremonias religiosas y reuniones por las que fue detenido el 13 de julio de 1944 junto con 12 franciscanos y el *scout* Bernard Morizot. Deportado el 17 de septiembre al KZ Buchenwald (n.º 81.780), murió de agotamiento el 20 de marzo de 1945.

Lucien Croci (25, STO), trabajador de imprenta, era *scout* desde 1929 y en 1936 fundó la JOC en Vincennes, llegando a ser en 1942 dirigente regional en París. En Alemania desde el 30 de junio de 1943, fue responsable de la Acción Católica en el suroeste de Berlín. Detenido por la Gestapo el 26 de agosto de 1944, le acusaron de «actividad católica no política», encerrándole en la Große Hamburger Straße 26, antes de deportarle el 24 de septiembre a Sachsenhausen (n.º 104.461) y Ravensbrück (n.º 10.996). El 27 de marzo de 1945 murió en el KZ Barth, 130 km al norte de Ravensbrück, embarcado en un convoy de inválidos.

El 30 de marzo de 1945 murió en Ravensbrück Natalia Tułasiewicz (38), nacida en Resovia (Rzeszów, 150 km al este de Cracovia), pero criada en Poznan, donde terminó en 1932 la carrera de filología polaca y fue profesora en varios colegios. En 1927 se comprometió, pero dejó a su novio en 1934 porque hacía propaganda del comunismo ateo:

> *A pesar de mi fracaso, el amor me ataba aún más a la vida. Descubrí que lo que tenía como ideal supremo en mi alma, el amor de Dios, ensancha tanto mi corazón que ningún golpe puede romperlo. Me parece que me dirijo hacia un período de mi vida que es un camino difícil, pero que vale la pena. Hoy amo la vida aún más de lo que la he amado antes. Siempre los he amado en Dios, hoy quiero en cierto sentido vencerlos en Dios. Tengo el valor de querer ser santa. ¡Solo la santidad es el amor más pleno, así que no solo quiero, sino que debo ser santa, una santa moderna, una humanista teocéntrica!*

En su diario espiritual concretó ese deseo:

> *Mi misión es mostrar al mundo que el camino de la santidad también pasa por los mercados y calles ruidosos, y no solo por los monasterios o las familias tranquilas. Quiero la santidad para miles de almas. Y no sucederá, realmente no sucederá, que me vaya sola al cielo. Quiero llevar allí tras mi muerte a muchos de los que mueran después de mí.*

Su familia fue expulsada de Poznan el 10 de noviembre de 1939. Marchó a Cracovia, donde secretamente siguió trabajando en la educación. El 18 de agosto de 1943 llegó a Hannover (capital de Baja Sajonia, 130 km al sur de Hamburgo) para trabajar en la empresa de pinturas Pelikan, además de evangelizar a los trabajadores en la organización clandestina Zachód y ser representante plenipotenciaria (en secreto) del Gobierno de Londres. Allí se confirmó en la urgencia de su misión:

> *Solo aquí me he dado cuenta plenamente de lo preciosa que es para los demás mi soledad vital y mi vocación de apostolado laical. Y me doy cuenta de lo urgente que es salir del escondite de*

*la propia capilla e ir hacia el mundo, para llenar el abismo que
separa de los laicos al santo dentro de su convento.*

El 29 de abril de 1944, el descuido de un mensajero polaco hizo que la descubrieran, encarcelándola y torturándola en Hannover y Colonia durante medio año. Al regresar a su celda escribió:

Dios mismo me apoya. Con él, mi bondad humana normal se puede volver sublime, santa, como la bondad de Dios. Este es un consuelo grande y fundamental, porque incluso los errores que cometo constantemente se vuelven ocasión de cambio con esa actitud del alma. No son patadas, sino enseñanzas de humildad amorosa y alegre.

La deportaron el 28 de septiembre de 1944 con sentencia de muerte a Ravensbrück (n.° 75.188). Trabajó en la construcción del aeródromo y, además de otras ayudas materiales y espirituales, organizó jueves literarios para leer y enseñar a las más jóvenes. Enferma de tuberculosis, al acercarse su muerte escribió:

¿Qué tengo que decirte, Señor mío, en esta hora de tu clamor? Tú me conoces porque te rezo constantemente, rezo con toda mi vida. Aquí estoy, ¡voy! Sé que me bendices.

Murió en la cámara de gas un mes antes de la liberación del campo. En su diario tenía escrito este lema:

¡Salgamos a las calles con la santidad en el alma!

El sacerdote francés Antoine Charmet (38, STO), ordenado en 1932, fue movilizado en 1939 y hecho prisionero el 21 de junio de 1940, pasando al Stalag VI G en Bonn. Desde marzo de 1941 fue asignado como enfermero-capellán al comando 221 de prisioneros de guerra de Colonia y luego al 230, que se disolvió en abril de 1944 a causa de los bombardeos. Aunque se lo ofrecían y lo pedía su familia, no quiso ser repatriado, sino quedar como enfermero. Como suboficial, pudo pedir locales para misas y reuniones, incluso un refugio para los bombardeos, también para los trabajadores del STO. Esas actividades pastorales le supusieron el arresto el 8 de agosto de 1944 por la policía de Colonia, que lo encerró en Brauweiler y lo deportó a Buchenwald (n.º 81.814) contraviniendo la Convención de Ginebra. Por su mala salud sus compañeros pidieron que se le dispensara de trabajar, sin éxito, ya que los cambios de bloques los controlaban comunistas franceses y alemanes que, al saber que era sacerdote, dijeron que el cambio era imposible, según declaró el franciscano Patrick Robert. Murió el 2 de abril de 1945.

Henri Marannes (21, STO), mecánico afiliado a la JOC desde 1936 y desde 1940 miembro de la junta federal, aceptó el 6 de noviembre de 1942 un puesto en el STO para evitar que se llevaran a un compañero casado y con dos hijos. En Gera, Turingia (unos 50 km al sur de Leipzig), organizó reuniones de acción católica con jocistas, *scouts*, etc. A fines de enero de 1943 había enviado 240 cartas y paquetes a Francia. En mayo de 1943 reclutó a un sacerdote prisionero, el padre Rabourdin, para que se hiciera trabajador civil y ayudara a dar sacramentos a los jóvenes. Arrestado el 19 de abril de 1944, firmó el 25 de septiembre en Gotha la acusación de haber hecho «acción católica entre sus camaradas del STO, que le hace peligroso para el Estado y el pueblo alemán». El 12 de octubre lo deportaron a Flossenbürg (n.º 28.902) y al subcampo de Zwickau (110 km al norte), donde lo mataron el 4 de abril de 1945 a golpes, diez días antes de evacuar el campo.

Robert Saumon (26, STO), soldado desde 1937 y prisionero el 4 de junio de 1940 en Dunkerque, descubrió el escutismo con sus compañeros de prisión del Stalag VI G en Bonn. Convertido en trabajador civil, fue responsable de los *scouts* de Colonia, por lo que lo detuvo la Gestapo el 27 de julio de 1944. Torturado en Brauweiler, fue deportado en el convoy de 63 católicos el 17 de septiembre a Buchenwald (n.º 81.803). Trabajó hasta su muerte el 9 de abril de 1945 en el subcampo de Langenstein.

Ewald von Kleist-Schmenzin (55, M.E.), político monárquico que de 1929 a 1933 presidió la Asociación Conservadora, escribió en 1932 un libro titulado *El peligro del nacionalsocialismo*. En enero de 1933 trató de evitar que los nazis entraran en el gobierno, y consideró que la pérdida de votos del NSDAP desde noviembre de 1932 habría llevado a Hitler a la ruina de no haberle apoyado Alfred Hugenberg (empresario del DNVP) y von Papen:

> *Las personas que no tienen coraje para rechazar a un hombre cuyo partido se habría derrumbado si lo hubieran dejado de lado, sin apiadarse de sus locas exigencias, y en cambio, por debilidad y miopía, lo ayudaron a obtener un poder inimaginable, nunca tendrán fuerza para luchar contra él con éxito.*

Sin duda miope fue la respuesta de von Papen al desechar, con las siguientes palabras, las pegas de von Kleist-Schmenzin por el nombramiento como canciller del líder nazi:

> *Cuento con la confianza de Hindenburg. En dos meses habremos arrinconado a Hitler, y ahí se quedará pataleando.*

La respuesta de Kleist-Schmenzin fue abandonar el DNVP y hacerse miembro de la Iglesia confesante (BK). Se acercó al círculo de conspiradores en torno a Beck y en agosto de 1938, durante la crisis de los Sudetes, viajó a Inglaterra para informar sobre las intenciones bélicas de Hitler a políticos como Vansittart, Churchill y lord Lloyd, opuestos a la política gubernamental de concesiones a Hitler llamada «apaciguamiento». También en 1939 viajó, antes de la guerra, a Estocolmo. Con el grupo de Stauffenberg solo tuvo contacto a través de su hijo Ewald-Heinrich, a quien propusieron matar a Hitler en un ataque suicida, lo que consultó con su padre, quien le dijo:

> *Sí, tienes que hacerlo. Si fallas en este momento, nunca volverás a ser feliz en tu vida.*

Apoyó la formación del Comité Nacional para la Alemania Libre (comunistas y prisioneros alemanes en la URSS) y los conspiradores en torno a Goerdeler contaban con que fuera administrador de Pomerania Occidental. Tras el fracaso del golpe, padre e hijo fueron arrestados. Al hijo lo soltaron por falta de pruebas, pero al padre lo condenaron a muerte y lo guillotinaron el 9 de abril de 1945 en Plötzensee.

Maurice Bouchard (29, STO), voluntario durante la guerra y prisionero desde el 23 de mayo de 1940, fue desde el Stalag VI G de Bonn tesorero de la Obra de Asistencia de Prisioneros de Guerra, con la que había enviado en julio de 1943 dos millones de francos a Francia. Allí entró en contacto con los *scouts*, motivo por el que lo detuvo la policía el 22 de agosto de 1943, violando la Convención de Ginebra al meterlo en la prisión de Brauweiler. Deportado a Buchenwald (n.º 81.902), fabricó piezas de aviación para Junkers en el KZ Langensalza (40 km al oeste del principal) hasta que lo fusilaron el 18 de abril de 1945 al producirse cerca de Zelená Lhota (unos 270 km al sureste de Langensalza) una revuelta en el tren en que los conducían hacia Dachau. El tren, que había salido de Weimar el 7 de abril con 5.080 presos, llegó a Dachau el 27 con solo 816 supervivientes, muchos de ellos enfermos.

Con Bouchard murió Raymond Louveaux (30, STO), carnicero y jefe *scout* casado desde 1936 y con una hija. En la guerra fue herido y hecho prisionero el 11 de junio de 1940. A partir de su encuentro en el Stalag VI G compartió la suerte de Bouchard, o más bien lo ganó a él y a otros para la causa *scout* y del cristianismo.

El hermano Roger (en el siglo Paul) Le Ber (25, STO), que se hizo franciscano en 1939, llegó con otros 11 estudiantes de su orden a Colonia en 1943 para trabajar en ferrocarriles. Formaron un coro llamado «Alondras de Francia», que cantaba en festivales y entierros. Bajo la dirección de Gérard Cendrier, hacían actividades de acción católica y visitaban enfermos. Por este motivo los detuvieron el 12 de julio de 1943, interrogándolos en Brauweiler y deportándolos a Buchenwald (n.º 81.747). Con otros 3.000 presos salió del KZ el 9 de abril de 1945 en dirección a Wittenberg (320 km). Le ejecutaron el 12 de abril mientras caminaba. Al día siguiente, las tropas norteamericanas tomaban el KZ Langenstein.

Jean Perriolat (24, STO) se hizo de la JOC en 1937, llegando a ser responsable federal. En marzo de 1943 marchó al STO tras decir, según el testimonio del sacerdote Michel Lemonon:

¿Había que responder a la orden o negarse? Consideramos por un momento esta segunda hipótesis, quedarnos donde estamos y esperar a que venga alguien a ponernos las esposas y salir entre dos gendarmes. Después de unos minutos de reflexión, Jean dijo: No, por diez minutos de gloria, no podemos defraudar a nuestros amigos.

Llegó a Breslavia el 23 de marzo, trabajando con cientos de franceses en una fábrica química. Consiguió que se celebraran misas y fue responsable de la Acción Católica en Baja Silesia, conectando a presos y capellanes para dar círculos de estudios, muchas veces en el convento de monjas de Hirschberg. Lo detuvieron por un chivatazo el 26 de noviembre de 1944, deportándolo el 18 de diciembre a Groß-Rosen, hasta que lo evacuaron ante la proximidad del Ejército Rojo. Llegó a Mauthausen el 15 de febrero de 1945 y allí murió el 14 de abril.

Camille Millet (23, STO), horticultor y responsable de la JOC desde 1940, marchó el 21 de diciembre a Alemania sustituyendo a un padre de familia. En cuanto llegó a Érfurt, ciudad de Turingia entre Weimar y Gotha, organizó un círculo de estudios con otros cinco jocistas. Luego organizó otras cinco secciones locales y una reunión de responsables católicos de la región a principios de septiembre de 1943, aunque su correspondencia llamó la atención de la policía. Al regresar de un permiso en Francia, se llevó una maleta con lo necesario para que los sacerdotes celebraran misa. El 19 de abril de 1944 lo arrestaron y se lo llevaron a Gotha con otros 11 y allí firmó como ellos, el 25 de septiembre, la acusación de que por su acción católica era «peligroso para el Estado y el pueblo» alemanes. Enviado a Flossenbürg el 12 de octubre (n.º 28.901), trabajó desde el día 30 en Zwickau, de donde regresó enfermo, muriendo el 15 de abril de 1945, en la víspera de la evacuación del campo.

Louis Pourtois (25, STO), empleado de banca y jocista, desde su llegada al STO de Eisenach (en Turingia, 28 km al oeste de Gotha) el 7 de diciembre de 1942 se hizo responsable de la Acción Católica, organizando teatro, actividades lúdicas y círculos de estudio, a pesar de tener que dedicar 72 horas semanales a su trabajo construyendo motores de aviones Junkers 52 (según escribía el 21 de marzo de 1944). Participó en un encuentro clandestino el 27 de noviembre de 1943 en Érfurt con el padre Maurice Dubois, quien aceptó dejar de ser prisionero de guerra para ser trabajador civil y administrar sacramentos a los trabajadores, ya que a los sacerdotes alemanes les amenazaba la deportación a Dachau si lo hacían. El 19 de abril fue detenido y llevado a Gotha, donde firmó el 25 de septiembre su condena. El 12 de octubre llegaba a Flossenbürg (n.º 28.908), de donde le transfirieron el día 23 al KZ Gusen, subcampo de Mauthausen, donde murió el 20 de abril de 1945.

Bernard Morizot (21, STO), empleado de banca y *scout*, fue enviado a Alemania el 20 de marzo de 1943 con solo 19 años. Como su hermano, trabajó en una fábrica de caucho del barrio de Zündorf en Colonia. Organizó círculos de estudio y reuniones con sacerdotes, por las que fue detenido el 13 de julio de 1944 en Gemünd junto con 12 franciscanos. Cuando su hermano preguntó a la Gestapo por qué lo detuvieron, le dijeron: «Tu hermano era un fraile». Estuvo preso en Brauweiler hasta que lo deportaron el 17 de septiembre a Buchewald (81.750) y de allí al KZ Langenstein-Zwieberge. Al evacuar el campo, lo mataron el 20 de abril de 1945 en el camino cerca de Jessen (más de 130 km al este).

René Ponsin (21, STO), tendero y simpatizante de la JOC, fue enviado a Alemania en diciembre de 1942, se casó aprovechando un permiso en 1943 y tuvo una hija que nació el 29 de marzo de 1944. Se ponía uniforme para ir a la misa del campo de prisioneros Kommando 624 de Colonia y hacía de correo entre estos prisioneros y los animadores de la Acción Católica. Con sus protestas, consiguió que se cerrara una casa de prostitución que habían abierto con mujeres francesas las autoridades alemanas para que los soldados prisioneros renunciaran a sus derechos y se convirtieran en trabajadores civiles. Fue arrestado por la policía de Colonia el 23 de septiembre de 1943 y deportado el 24 de febrero siguiente a Buchenwald (n.º 20.846), teniendo como último destino el campo auxiliar de Ellrich (cerca del de Dora y 74 km al noroeste de Buchenwald).

Al final de la guerra, durante la marcha de evacuación (que comenzó el 4 de abril de 1945: los norteamericanos llegaron el día 12), la mayoría de presos fueron deportados hacia el norte (Bergen-Belsen y Sachsenhausen). Pero Ponsin fue llevado al sur y según Dominique Morin lo mataron de un tiro el 22 de abril de 1945 en Falkenstein (Alto Palatinado, Baviera, más de 300 km al sureste del KZ Ellrich). Al día siguiente entró en ese pueblo una columna de prisioneros de Flossenbürg (situado 70 km al norte) y se hallaron 30 cadáveres en el camino de Gfäll (aldea 5 km al oeste). Los norteamericanos llegaron el día 24 y el párroco local les entregó el pueblo sin que hubiera que disparar ningún tiro, si bien el alcalde se suicidó.

El mismo día murió en Mauthausen, donde entró el 18 de enero con el n.º 116.174, el *scout* francés Bernard Perrin (24, STO), licenciado en Química, que el 17 de agosto de 1942 había anunciado su vocación sacerdotal, pero que marchó al STO en Alemania ocupando el puesto de un padre de familia. El 9 de junio de 1943 empezó a trabajar en la fábrica de caucho Buna de Schkopau (menos de 30 km al oeste de Leipzig), siendo desde octubre responsable de ayudar a los trabajadores franceses. Asiduo a las misas del padre Vergez en Merseburgo (unos 5 km al sur de la fábrica), lo arrestaron más tarde que a los demás, el 18 de diciembre de 1944, porque la Gestapo arrestó antes por error a otros dos franceses con igual apellido. Lo interrogaron repetidamente en Halle antes de deportarlo a Mauthausen donde, el día de su muerte, pidió a un compañero llamado Georges Hugon, que lo pusiera en el suelo «mirando hacia Francia».

El seminarista francés Jean Duthu (23, STO), cuya intención era ser jesuita, fue requerido para el STO en julio de 1943 al terminar su prórroga estudiantil. El 5 de agosto llegó para trabajar como electricista en una fábrica del entorno del KZ Salzgitter-Watenstedt (unos 50 km al noroeste de Hannover), aceptando ser jefe de equipo en la administración del campo. Después, sin embargo, pasó a la resistencia pasiva, llamando menos la atención. Pero por organizar misas y círculos de estudio fue detenido el 20 de junio de 1944 con otros, denunciados por dos espías belgas. Interrogado en Brunswick (15 km al norte), lo deportaron el 16 de octubre a Flossenbürg (n.º 29.072) y a Zwickau. Ya liberado, murió en Flossenbürg el 23 de abril de 1945.

Jean Chavet (22, STO) se preparaba para hacer el doctorado en Química y estaba comprometido con la Juventud Estudiantil Cristiana (JEC). Por consejo de su padre, se presentó voluntario para el STO a fin de curso (6 de junio de 1943) y lo enviaron a investigar en la fábrica de caucho Buna-Werke de Schkopau. Ayudó a los 1.200 trabajadores STO de la zona, apoyando al capellán Pascal Vergez, y, según atestigua su compañero Guy Barbier, sacrificó su espíritu científico para no transmitir a sus colegas alemanes más que lo imprescindible de sus investigaciones. El 2 de noviembre de 1944, lo detuvieron en la fábrica con el delegado de los trabajadores y el capellán. Torturado, contrajo el tifus en la prisión de Halle. El 2 de marzo de 1945 lo deportaron a Mauthausen, donde lo dejaron junto al crematorio el 23 de abril, momento en que se despidió de un compañero con el que planeaba peregrinar a Lourdes: «Si no puedo ir a Lourdes en la tierra, iré en el cielo». Al día siguiente lo arrojaron al horno, sin que se sepa si aún vivía.

Henri Euzénat (24, STO), calderero, se adhirió a la JOC en 1940. Los ferrocarriles (SNCF) lo mandaron a trabajar a Alemania el 13 de octubre de 1942 en virtud de la ley de Vichy del 4 de septiembre anterior sobre envío de personal cualificado. Trabajó en la fábrica de máquinas de coser Excelsior de Karlsruhe. Ayudado por sacerdotes alemanes, organizó misas en francés y círculos de estudio en conventos de religiosas, acogiendo incluso a un sacerdote francés clandestino, el padre Laugeois. El 29 de enero de 1944 lo arrestó la Gestapo por el chivatazo de un espía. Lo encerraron en la prisión de Bruchsal, 30 km al sur de la ciudad, antes de deportarlo a Dachau (n.º 76.389), Mauthausen (89.394) y a otros subcampos. Enfermo de tuberculosis, su cuerpo fue quemado el 25 de abril de 1945 en Mauthausen.

Al tomar los rusos la prisión de Berlín-Plötzensee el 25 de abril de 1945, los soldados de la SS dispararon a cuantos trataban de huir. Entre ellos estaba Heinrich Körner (52, M.G.), que había sido sindicalista cristiano desde 1911 y desde 1926 fue gerente de los sindicatos cristianos de Colonia. Los nazis lo encarcelaron una semana en mayo de 1933 tras disolver los sindicatos. Pertenecía al Círculo de Colonia, que a veces se reunió en su casa. Tras el atentado del 20 de julio de 1944, fue detenido el 1 de septiembre y de nuevo el 25 de noviembre. Condenado el 5 de abril de 1945 a 5 años (el juez Roland Freisler había muerto en un bombardeo el 3 de febrero y ya no todas las condenas eran a muerte), fue conducido el 23 de abril a Plötzensee, muriendo en el tiroteo al tratar de escapar dos días después.

El hermano Louis (en el siglo Joseph) Paraire (25, STO), que se había hecho franciscano en 1938, fue uno de los 12 religiosos franceses enviados en 1943 al STO ferroviario en Colonia y recibió en Buchenwald el número 81.758. En Colonia le habían apodado «el buen Luis» por su espíritu de comunidad y calor fraterno, creando un ambiente simpático en el barracón. Fue el último de los franciscanos en morir en el tren de Weimar a Dachau, el 26 de abril (víspera de la llegada), de hambre y agotamiento, si bien había sido el primero en enfermar de disentería.

Jean Préhu (25, STO), *scout* y de la JEC, se enroló en el ejército en 1938, fue hecho prisionero el 17 de junio de 1940 y enviado al Stalag VI G de Bonn, donde colaboró en la organización de círculos católicos. Deportado el 17 de septiembre de 1944 con Robert Défossez a Buchenwald (n.° 81.817), pasó el 12 de noviembre al KZ Langensalza. Murió al ser ametrallado el tren de Weimar a Dachau el 27 de abril de 1945 en Schwabhausen, 46 km al oeste de Múnich, por aviones del escuadrón francés «Navarra». En ese ataque murieron 140 prisioneros y entre 400 y 500 se escondieron en el bosque antes de que el tren repartiera sin ellos.

Múnich fue la única gran ciudad de Alemania en la que se produjo un alzamiento para derrocar al nazismo. Se materializó en la mañana del 28 de abril de 1945, cuando el grupo Acción por la Libertad de Baviera (FAB), creado por Rupprecht Gerngross, declaró desde la emisora de radio del Estado que la guerra había terminado. Esa misma tarde, una unidad de la SS retomó la ciudad, aunque para abandonarla sin lucha al día siguiente frente a las tropas norteamericanas. Entremedias los nazis mataron a 40 personas.

Entre los ciudadanos alemanes víctimas del nazismo cuyo ejemplo presenta el Martirologio Germánico (M.G.) se cuentan algunos de los que trataron de liberar la ciudad de Altötting, sede del santuario mariano de la Patrona de Baviera, así como de evitar la destrucción de la fábrica Wacker, siguiendo el ejemplo de Múnich. Entre ellos estaba el comerciante Hans Riehl (42), el sacerdote Adalbert Vogl (69), administrador de la Santa Capilla desde 1924 y organizador principal de la canonización de Conrad von Parzham en 1934, el librero Adam Wehnert (54), el molinero Josef Bruckmayer (49), el inspector administrativo Martin Seidel (46), el cerrajero jefe Ludwig Schön (61), que se sublevó en la empresa química Wacker de Burghausen —junto con el cerrajero Josef Steigmair (59) y el contable Jakob Scheipel (52, este no incluido en el M.G., porque no era católico), también fusilados—, y el que actuó como líder del grupo, Josef Kehrer (35).

Kehrer era concejal de Altötting y amigo de la universidad de Rupprecht Gerngross y lideró el levantamiento tomando el ayuntamiento —el alcalde nazi, Karl Lex, optó por suicidarse antes de ser detenido—, pero los oficiales de un hospital cercano (Neuötting), ayudados por la SS retomaron el ayuntamiento. Kehrer resultó herido y murió el día 30. El resto de personas ejecutadas se habían distinguido por su resistencia frente al nazismo y estaban en una lista que llevaba consigo el jefe nazi del distrito, Fritz Schwägerl. La SS ocupó tanto la parroquia como el convento capuchino. El 1 de mayo, al acercarse las tropas norteamericanas a Altötting, hubo una manifestación pidiendo la rendición sin lucha. Para disolverla, los nazis sacaron de ella al electricista Max Storfinger (41), y lo mataron.

Herbert W. Wurster reconoce que es difícil distinguir en qué medida lo sucedido en Altötting y Burghausen fue un «sacrificio cristiano» o «un sacrificio sangriento de motivación ética», concluyendo que «la orientación eclesial» de los dirigentes de ambos alzamientos no era improvisada y a ella se le oponía un «odio a la fe que al menos fue parcialmente motivo para la sangrienta represión del alzamiento». Según este autor, durante el alzamiento y antes de morir, el sacerdote Vogl dijo:

> *Si perdemos la vida en esto, sería un gran don de Dios. Muramos como hombres alemanes. Vamos hacia Jesús.*

Después de que los norteamericanos liberaran Dachau el 29 de abril, murió el 1 de mayo René Boitier (28, STO), carnicero y casado, que se hizo *scout* en el campo de prisioneros Stalag VI G de Colonia, por influjo del sacerdote Maurice Rondeau. Organizó teatro, fiestas, círculos de estudio y misas, hasta que lo detuvieron el 8 de agosto de 1944, encerrándolo en Brauweiler y deportándolo el 17 de septiembre a Buchenwald (n.º 81.809) y el 17 de noviembre a la pequeña filial de Rothenburg (77 km al noreste del KZ), donde se fabricaba munición.

Uno de los que llegaron vivos en el tren de Weimar a Dachau fue el citado sacerdote Maurice Rondeau (33, STO), ordenado en 1936, movilizado en la guerra y prisionero en el Stalag VI G de Bonn, donde animaba la moral de los demás con un periódico y actividades lúdicas además de las religiosas. En septiembre de 1943 se hizo trabajador civil en la empresa de cristales Saint Gobain de Stolberg (60 km al oeste de Bonn), cuyo patrón le facilitó la tarea de ser capellán de los trabajadores franceses. El 7 de agosto de 1944 le apresaron en Aquisgrán junto a varios *scouts*, acusándole la Gestapo de formar un grupo «paramilitar» y reconociendo su acusador que «a esta comunidad la hemos detenido por odio al Evangelio».

Después de pasar por Brauweiler, Rondeau fue deportado con otros 63 a Buchenwald (n.º 81.805). Distribuía la comunión en el hospital del campo (*Revier*) y, como presentó su carné de obrero, no lo juntaron con los sacerdotes de Colonia que en diciembre de ese año fueron enviados al bloque de párrocos de Dachau para privar de auxilio sacerdotal a los presos. Llegó en el tren de Weimar a Dachau con una tuberculosis de la que murió el 3 de mayo de 1945 en el hospital de Cham, 140 km al este, en la montaña fronteriza con Bohemia.

Marcel Carrier (23, STO), jocista casado y con tres hijas, fue enviado a Weimar en agosto de 1943, participando en dos reuniones clandestinas de la JOC regional (15 de agosto y 4 de septiembre en Érfurt). Organizó una biblioteca, aunque estaba prohibido recibir libros de Francia, y junto con Jean Tinturier era el principal dirigente de la JOC en Turingia. Detenido el 17 de abril de 1944, se reunió con los otros 11 detenidos en Gotha y el 25 de septiembre firmó su condena como «peligroso para el Estado y el pueblo» alemanes. El 12 de octubre recibió el número 28.905 en Flossenbürg, tras cuya evacuación morirá el 6 de mayo de 1945 en Neustadtl (Stráž u Tachova, 30 km al este del KZ, en la República Checa).

Jean Batiffol (38, STO), licenciado en Derecho y catedrático de Historia, se ordenó sacerdote en 1938 y siguió siendo profesor en el liceo francés de Coblenza. Movilizado y capturado en la guerra, estuvo preso en dos campos de oficiales, el último en el sur de Austria (Carintia), donde dejó el Ofglag XVII A para ser capellán de hospital en Graz y atender a los soldados rasos:

> *Éramos 16 sacerdotes para 900 oficiales (en el Oflag), mientras que los 20.000 hombres del Stalag estaban terriblemente desprovistos de ayuda. Esa consideración me decidió a aceptar esa ocasión única que se me ofrecía para salir.*

Desde el 7 de noviembre de 1943 fue capellán general del Stalag XVIII A, donde el doctor Richard anotó:

> *Como francés y como sacerdote consciente de sus deberes, en colaboración con el médico jefe del Stalag XVIII A, comenzó a reagrupar de manera moral y material a los prisioneros franceses del Stalag. Decidieron extender esa actividad al conjunto de los trabajadores civiles de Carintia. En el curso de esa actividad, en la que tuve mi pequeña parte, dimos sucesivamente ocasión para que nos arrestaran.*

Un representante de los trabajadores civiles franceses lo denunció a la Gestapo por su actividad religiosa y se lo llevaron del hospital de Graz, donde había sido herido por un bombardeo norteamericano, a la prisión local. Deportado el 19 de febrero de 1945 a Mauthausen (con el n.º 132.648), continuó la labor del padre Riquet (que fue deportado a Dachau) como capellán clandestino. Murió el 8 de mayo.

René Giraudet (37, STO), sacerdote de la Obra de Misiones Extranjeras desde 1930, respondiendo al ruego del cardenal Suhard, pidió a su obispo que le dejara marchar a Alemania como capellán de trabajadores clandestino, bajo la apariencia de obrero voluntario. Estuvo empleado en Berlín en la imprenta Deutscher-Verlag y otras empresas. Reconocido porque administraba sacramentos, lo detuvieron el 12 de junio de 1944 en casa de las Hermanas de la Caridad, acusándole de «prácticas religiosas» y encerrándole en la sede central de la Policía (Alexanderplatz). Deportado el 23 de septiembre a Sachsenhausen (n.º 104.467) y a Bergen-Belsen, contrajo el tifus. Tras la liberación del campo (15 de abril de 1945) fue evacuado a Francia en un avión sanitario, pero murió en el Hospital de Kremlin-Bicêtre, en el sur de París, el 12 de junio. Está enterrado en el pueblito del que fue párroco, Saint Hilaire du Bois, 26 km al noreste de Luçon, en la Vendée, donde la calle de la iglesia lleva su nombre.

Jean Bernier (24, STO), agricultor y desde 1938 soldado, fue hecho prisionero y enviado al Stalag VI G de Bonn, donde conoció los *scouts* y ayudó a un grupo católico con teatro, orquesta y coro en la misa dominical. En 1943 se hizo *scout*, ampliando con apostolado su labor de enfermero, además de enviar correo clandestino a Francia. Detenido el 6 de agosto de 1944, le acusaron de «constituir una asociación prohibida en Alemania y atentar contra la seguridad del Estado». Deportado el 17 de septiembre a Buchenwald (n.º 81.900) y al KZ Langensalza, sobrevivió al tren de Weimar a Dachau, pero murió el 16 de junio de 1945 en el hospital de Emmendingen, ciudad alemana en la frontera con Francia (50 km al sur de Estrasburgo).

RESISTENCIA Y MARTIRIO

La Iglesia católica venera como santos solo a dos mártires víctimas del nazismo: san Maximiliano Kolbe y santa Teresa Benedicta de la Cruz (Edith Stein). Como beatos, Venera a otras 142 víctimas (hay otros dos beatos, Rupert Mayer y Clemens von Galen, que no se proponen como mártires, sino confesores).

En lo que hoy sigue siendo territorio alemán había durante el Tercer Reich (1933-1945) 25 diócesis y 12.000 parroquias católicas, con 27.000 sacerdotes diocesanos, 15.000 religiosos y 90.000 religiosas. Según la Tabla n.° 1 publicada por el *Anuario Eclesiástico* de 1955 (reproducida por Christoph Kösters, p. 6), fueron ejecutados o asesinados 36 sacerdotes y otros 65 murieron en campos de concentración o al poco tiempo de salir de ellos (serían el 21 % de los deportados a KZ); otros 644 sufrieron prisión, 790 más estuvieron detenidos, 6.593 fueron sometidos a interrogatorios, a 2.250 se les prohibió dar clase y a 93 se les prohibió predicar. 855 casas parroquiales fueron asaltadas.

A petición del entonces papa Juan Pablo II, la Iglesia en Alemania propuso desde 1999 a cerca de un millar de personas como mártires del siglo XX en su *Martyrologium Germanicum* (citadas aquí con las siglas M.G.). En la 6ª edición del libro que con el título *Zeugen für Christus* (*Testigos de Cristo*) publicó Helmut Moll, eran 908, de las cuales 415 fueron víctimas del nazismo (46 %, el resto lo fueron del comunismo, de la pureza o misioneros). En la 3ª edición (2001), los propuestos como mártires del nazismo eran 334: 160 sacerdotes diocesanos (48 % del total y una cifra notablemente superior al centenar que registraba el *Anuario Eclesiástico* en 1955), 60 religiosos (18 %), cuatro religiosas (1 %) y 110 laicos (33 %).

En Polonia, donde se calculan en 2.800 los sacerdotes católicos asesinados durante la ocupación alemana, además de las 108 personas beatificadas en 1999 y las 11 monjas que lo fueron el año 2000, existe un proceso de beatificación y canonización de 122 personas (Henrik Szuman y 121 compañeros) de la diócesis de Pelplin (casi 50 km al sur de Gedán, antigua diócesis de Chełmno).

Tres de los mártires beatificados eran austríacos (Jakob Gapp, Otto Neururer y Carl Lampert; cuatro, si contamos al tirolés del sur Josef Mayr). Dos eran italianos (Odoardo Focherini y Teresio Olivelli; más Josef Mayr, por su ciudadanía). Francia cuenta con un beato mártir del nazismo (Marcel Callo) y 51 hombres más una mujer en proceso de beatificación. Holanda cuenta con un beato (Titus Brandsma), cuya canonización puede estar próxima. Además, hay una beata mártir húngara (Sara Schalkház). Numerosos mártires polacos vivieron en las actuales Lituania, Bielorrusia y Ucrania, y uno —Emiliano Kovč— es un sacerdote grecocatólico ucraniano.

La Iglesia protestante, si bien no de modo oficial, considera mártires, según la obra publicada en 2008 por Harald Schultze y Andreas Kurschat, a 229 víctimas germanas del nazismo, entre ellas algunos implicados en intentos de asesinato de Hitler, y entre estos al menos uno del que no se puede decir que fuera creyente (el comunista Georg Elser), y otro (Erich Hoepner) que mostró más rigor que el propio Hitler al ordenar fusilar a los comisarios políticos soviéticos. La Iglesia ortodoxa rusa incluye dentro de sus *nuevos mártires* a uno de los miembros de La Rosa Blanca y a los cuatro «mártires de París» canonizados en 2004 por la Iglesia ortodoxa de Constantinopla. La Iglesia ortodoxa serbia ha canonizado a víctimas de los colaboradores *ustaše* de los nazis y a fieles de la Iglesia ortodoxa checoslovaca.

¿Tienen católicos, ortodoxos y protestantes el mismo criterio para llamar a una persona mártir? Para que el testimonio (que eso significa la palabra martirio) cristiano merezca ese título, según la Iglesia católica, se deben cumplir dos requisitos fundamentales: sufrir la muerte a manos de otras personas, criterio que podríamos llamar subjetivo, porque ha de cumplirlo la persona que padece; y que el motivo objetivo por el que actúan quienes le dan muerte sea el odio a la fe.

El mártir se identifica con Cristo mediante una semejanza peculiar: se opone al mal de una forma excelsa, con el bien supremo, que es el amor hasta aceptar la muerte violenta. Oponerse al régimen nazi no convierte en mártir, según este criterio, a quien se ha embarcado en una actividad de resistencia. No basta oponerse a un régimen perverso, sino que hay que estar motivado por el amor a Dios, y el perseguidor tiene que castigarlo por ese motivo.

El mérito a los ojos de Dios no depende del éxito o fracaso temporal, aparente o real desde el punto de vista humano. También Stalin se opuso a Hitler, y de hecho le venció, pero eso, sin negar que pueda ser meritorio y digno de recuerdo, no es automáticamente algo bueno: se puede oponer al mal un mal menor, equivalente, o incluso mayor, y eso no lo convierte en bien.

El mártir prefiere sufrir él un mal pasajero, incluso la muerte, antes que hacer a otros o a su propia alma un mal intolerable (el pecado), un acto con el que perdería un bien mayor e irrenunciable: la salvación eterna de la propia alma y de otros. El mártir no es tanto un resistente o un opositor al mal, cuanto una persona que elige hacer el bien incluso en circunstancias en que otros no saben, no pueden, o no quieren elegirlo.

El criterio para considerar a alguien mártir no es, por tanto, la oposición más o menos exitosa al mal: Cristo no cometió pecado, pero tampoco opuso aparente resistencia a quienes quisieron hacerle mal, y sin embargo, con su muerte destruyó el pecado, porque el amor es más fuerte que la muerte y que el pecado.

Por mucho que admiremos la actividad y la resistencia frente al mal, el cristianismo afirma que con nuestras propias fuerzas no podemos resistir al pecado, o desde luego no de forma permanente: el hombre hace el bien si deja actuar a Dios en él y a su vez Dios no puede hacer con nosotros el bien si no le dejamos. La interacción entre gracia y voluntad humana es un misterio que nunca podremos resolver absolutamente, por lo que nunca se podrá dar una definición del mártir y habrá que observar la historia y la actuación concreta de las personas.

Lo mismo que oponerse a una injusticia no convierte a una persona en mártir, aunque quizá sí en héroe, aceptar cristianamente la muerte tampoco es suficiente para ser mártir, aunque sí santo. Aquellos a los que la Iglesia católica da el título de mártir son quienes han visto reconocido el carácter martirial de su muerte mediante un decreto del Santo Padre, seguido después por la ceremonia de beatificación.

El odio a la fe tiene que ser motivo (objetivo) de los que causan la muerte del mártir. Pero ¿odiaban la fe quienes condenaron a muerte a Jesucristo, los sumos sacerdotes y miembros del Sanedrín? Incluso los responsables de dirigir al Pueblo de Dios pueden incurrir en el rechazo a Dios, hasta condenarle a muerte. Y eso, naturalmente, sin que medie una declaración de odio a la fe: es más, acusando al Hijo de Dios como blasfemo.

Como hemos visto, en el caso de san Maximiliano Kolbe, hasta después de su beatificación, no se quiso considerar su muerte como un martirio, ya que el acto por el que fue condenado a muerte —sustituyendo voluntariamente a otro condenado—, no fue propiamente un acto de odio a la fe, sino la represalia por una fuga.

Con los mártires del siglo XX, la Iglesia católica ha aplicado el criterio de que el odio a la fe debe ser una causa imprescindible y necesaria —*sine qua non*— de la muerte del mártir, pero que no se requiere una manifestación de odio a la fe en la condena, ejecución, asesinato e incluso muerte por enfermedad, sino que basta probar que esa persona, el mártir, no habría muerto de esa forma y en ese momento de no haber sido por su condición de cristiano: morir anticipadamente a causa de los sufrimientos impuestos por la persecución de quienes odian a la fe también es martirio.

San Maximiliano Kolbe no habría sido apresado de no haber vivido con otros monjes en un convento cuyos moradores fueron apresados por ser monjes, y de no haberse dedicado intensamente a actividades de formación católica. Y ello al margen de que los nazis odiaran esas actividades por ser religiosas o por ser parte de la cultura del país (Polonia) que habían invadido. La fe, tal como la vivían sus víctimas, era una de las cosas que odiaban los perseguidores. Y sin ella, las víctimas no habrían hecho esas actividades por las que fueron perseguidas.

Maximiliano Kolbe fue finalmente declarado mártir en su canonización, es decir, en el momento en que la Iglesia confirma la santidad de alguien ya beatificado, elevando su categoría de beato —al que se venera de forma local— a santo, que ha de ser venerado en toda la Iglesia.

Hay mártires que no murieron a manos de sus perseguidores, pero sí a causa de la persecución: basta con que su vida se haya visto notablemente acortada por esos sufrimientos. Es el caso de Karl Leisner, lo mismo que entre las víctimas del comunismo lo es el del cardenal Stepinac. Pero, puesto que los criterios no se aplican de forma automática, el beato Rupert Mayer, que bien hubiera podido ser declarado mártir, no lo fue, y como había pasado con Maximiliano Kolbe, se prefirió en su caso estudiar su vida en conjunto y probar no solo el hecho heroico de estar dispuesto a dar la vida por Cristo, acto supremo de caridad que constituye a la persona en mártir, sino la heroicidad de todas sus virtudes hasta el momento final.

Hay pues un amplio campo de discusión acerca de quién es o no mártir, y la Iglesia católica adopta hoy día un criterio, si bien no tan restrictivo como en tiempos de la beatificación de Kolbe, sin duda más restrictivo que el de los teólogos protestantes, que quieren premiar la oposición activa al régimen de Hitler.

¿Qué actitud se espera de la Iglesia y de los cristianos frente a un régimen político malvado? ¿Intransigencia o disimulo? ¿Oposición abierta o resistencia pasiva? Seguramente sea imposible cerrar este debate. Pío XII parece hoy día a muchos un hombre apocado, aunque se opuso con tesón al nazismo en los ámbitos en los que era experto, como el derecho canónico —tratando de poner muros legales a la arbitrariedad nazi— o la diplomacia: y esta no entendida como capacidad de pactar con cualquiera, sino de implicarse discretamente, en su caso, incluso en una conspiración para derrocar a Hitler. Aunque pueda dudarse, en su caso como en el de cualquiera, si la vía que eligió fue la mejor posible, los hechos conocidos son incompatibles con una actitud de transigencia y aún más de colaboración o connivencia con el nazismo por parte de Pacelli.

Cierto automatismo da por supuesto que una denuncia más sonora y clara del nazismo hubiera evitado el Holocausto y, por tanto, era lo correcto. Pero no podemos acusar a alguien de lo que no es consecuencia directa de sus acciones u omisiones. Tampoco podemos, en el otro extremo, despreciar las circunstancias que influyen en la moralidad de los actos, decidiendo al margen de ellas que la denuncia del antisemitismo siempre es un absoluto moral equivalente al «no matarás», y que hay que ejercerla sin considerar su probabilidad de éxito, es decir, de mejorar o empeorar la situación de las víctimas.

Las personas no pueden ser juzgadas en bloque ni aplicándoles clichés, ni siquiera cuando un régimen, como el de Hitler, parece atacar en bloque a los creyentes de una religión. Como revela el caso de Franz Jägestätter, incluso cuando los jerarcas de la propia Iglesia consideran que no hay ámbito para la libertad personal (y que es preciso seguir las órdenes del régimen), la conciencia, formada libremente en el amor a Dios, es siempre el juez cuya voz no se puede dejar de escuchar. Y por eso mismo ningún ser humano puede juzgar la conciencia de otro, aunque sí se puedan calificar y juzgar algunos actos.

La excelencia de los mártires, según la Iglesia católica, no procede de que su actitud fuera la más exitosa con criterios humanos (entonces la violencia sería la solución), sino de que el amor, que actúa mediante el sacrificio y el perdón, supera y anula al odio. Y no es una actitud o conclusión a la que se llega por cansancio después de vivir una espiral de odio y represalias. La ventaja de los mártires como pacificadores sociales es que aplican un remedio en el mismo momento en que se está produciendo el mal. Y lo aplican cuando se les está haciendo a ellos mismos: perdonan y aman a sus propios perseguidores y asesinos.

Si no podemos juzgar la conciencia, ¿cómo hablar entonces de mártires? Una vez más, intervienen la fe y la intuición. La intuición y la experiencia nos enseñan que la bondad no surge de la nada, y que quien ha superado el mal con un gesto extraordinario, desprovisto de odio y de beneficio humano, ha sido inspirado y ayudado por Dios hasta alcanzar un grado supremo de amor al que llamamos martirio. Y la fe somete esos datos de experiencia al juicio de la Iglesia, a la sabiduría del pueblo cristiano que admira a los mártires, y a la confirmación del juicio humano con las manifestaciones de la gracia divina que se llaman milagros.

Si el odio y la guerra son frutos desgraciadamente *naturales* de la maldad humana (del daño producido libremente por el hombre en su propia naturaleza), el testimonio de los mártires nos habla de la presencia y actuación *sobrenatural* de Dios.

El conocimiento de los mártires del nazismo, como todo conocimiento histórico, es lección de vida, y en ese sentido se puede decir que los mártires son una vacuna contra el nazismo. Decir vacuna, por una parte, nos advierte de que el mal presente en la historia humana no se puede eliminar de un plumazo, como sin duda nos sentimos tentados a desear, y que, al modo de ciertas enfermedades y pandemias, va a estar siempre presente entre nosotros.

Vacunarse hace también referencia al hecho de que el mal es personal y se combate en cada persona, y puede ayudar a evitar cierta admiración frente a una respuesta violenta —quizá la que buscamos al preferir a los «combatientes de la resistencia» frente a quienes tuvieron una respuesta que parece pasiva, sin darnos cuenta de que es en la conciencia de cada persona donde se juega la lucha decisiva entre el mal y el bien. En este sentido, la referencia a la vacuna, con su caducidad y la necesidad de repetirla, nos recuerda que siempre hemos de estar alerta porque la capacidad de reproducirse del mal no desaparece.

Por fin, la referencia a la vacuna puede tener un aspecto que parece negativo, y es el de que sea una mera reacción frente al mal, cuando el ideal de la vida no puede ponerse en un mero rechazo de lo malo. En este sentido, el ejemplo de los mártires, en cuanto remite al de Jesucristo, nos recuerda que también a Cristo lo llamamos Salvador ante todo porque nos redime, nos limpia del pecado, y no simplemente por su perfección divina. Es su actuación al librarnos de un mal del que no podíamos vernos libres la que recordamos al indicar que la cruz es la señal del cristiano.

No es por tanto hacer de menos proponer a los mártires como vacuna o reacción al nazismo, aunque sabemos que el sacrificio, el perdón y en definitiva el bien aportado por Jesucristo con su vida, pasión, muerte y resurrección no es una compensación, un pago, ni siquiera una eliminación del mal, sino una superación que nos eleva a un grado de perfección y vida muy superior. Con tal de que no pretendamos ignorar el pecado y creernos limpios de él antes de tiempo. Ahí es donde el cristiano sabe que tiene que estar dispuesto a soportar una victoria temporal de mal, y que incluso para quienes han consentido en ese mal y lo han realizado, existe la posibilidad de ser perdonados y redimidos, de borrar la huella del pecado... Aunque nunca de forma completa durante la existencia temporal.

BEATIFICACIONES Y CANONIZACIONES

17 de octubre de 1971: beatificación de Maximiliano Kolbe por san Pablo VI en Roma.

10 de octubre de 1982: canonización de Maximiliano Kolbe por san Juan Pablo II en Roma.

3 de noviembre de 1985: beatificación de Titus Brandsma por san Juan Pablo II.

1 de mayo de 1987: beatificación de Teresa Benedicta de la Cruz (Edith Stein).

3 de mayo de 1987: beatificación (no como mártir) de Rupert Mayer en Múnich por san Juan Pablo II.

4 de octubre de 1987: beatificación de Marcel Callo en Roma por san Juan Pablo II.

23 de junio de 1996: beatificación de Karl Leisner y Bernhard Lichtenberg en Berlín por san Juan Pablo II.

24 de noviembre de 1996: beatificación de Jakob Gapp y Otto Neururer en Roma por san Juan Pablo II.

21 de junio de 1998: beatificación de Maria Restituta Kafka en Viena por san Juan Pablo II.

11 de octubre de 1998: canonización de Teresa Benedicta de la Cruz (Edith Stein).

13 de junio de 1999: beatificación de 108 mártires polacos por san Juan Pablo II en Varsovia.

5 de marzo de 2000: beatificación en Roma de 11 Hermanas de la Sagrada Familia de Nazareth.

27 de junio de 2001: beatificación de Omelian Kovč por san Juan Pablo II.

7 de octubre de 2001: beatificación de Nikolaus Groß, por san Juan Pablo II en Roma.

9 de octubre de 2005: beatificación de Clemens August von Galen (no mártir).

17 de septiembre de 2006: beatificación de Sara Salkaházi en Budapest.

26 de octubre de 2007: beatificación de Franz Jägestätter en Linz, por José Saraiva Martins.

15 de mayo de 2011: beatificación de Georg Häfner en Wurzburgo.

13 de junio de 2011: beatificación de Alojs Andricki en Dresde (cardenal Angelo Amato).

25 de julio de 2011: beatificación de Hermann Lange, Eduard Müller y Johannes Prassek (Lubeca).

13 de noviembre de 2011: beatificación de Carl Lampert en Dorbirn (cardenal Angelo Amato).

15 de junio de 2013: beatificación de Odoardo Focherini en Carpi por el cardenal Angelo Amato.

24 de septiembre de 2016: beatificación de Engelmar Unzeitig en Wurzburgo.

18 de marzo de 2017: beatificación de Josef Mayr-Nusser en Bolzano.

3 de febrero de 2018: beatificación de Teresio Olivelli en Vigevano (cardenal Angelo Amato).

15 de septiembre de 2019: beatificación de Richard Henkes en la catedral de Limburgo.

20 de noviembre de 2021: beatificación de Jan Macha (Katowice, Polonia).

BIBLIOGRAFÍA

Adolph, Walter: *Die Katolische Kirche im Deutschland Adolf Hitlers*. Berlín, Morus, 1974, 195 páginas.

Altman, Linda Jacobs: *Adolf Hitler: evil mastermind of the Holocaust*, Enslow Publishers, Berkeley Heights, Nueva Jersey: 2005, 166 páginas.

André, Gianlucca: ver Italia.

Andrzejewski, Roman: *Horacy i męczennik*. Publicado el 19 de enero de 2001. Disponible en: *https://www.niedziela.pl/artykul/66192/nd/Horacy-i-meczennik* (fecha de consulta: 29 de julio de 2021).

Ballhorn, Franz: *Die Kelter Gottes. Tagebuch eines jungen Christen, 1940-1945*. Münster, 1946.

Bayard Morris, Warren: *The Weimar Republic and Nazi Germany*. Nelson-Hall, Chicago, 1982, 392 páginas.

Becker, Josef: «Zentrum und Ermächtigungsgesetz 1933», en *Vierteljahreshefte für Zeitgeschichte*. Institut für Zeitgeschichte (IfZ), Múnich-Berlín, número 9 (1961), páginas 195-210.

Benz, Wolfgang: *Der deutsche Widerstand gegen Hitler*. C.H. Beck, Múnich, 2014, 127 páginas.
Handbuch des Antisemitismus. Judenfeindschaft in Geschichte und Gegenwart. Band 6. Publikationen. Walter De Gruyter, Berlín-Boston, 2013, 816 páginas.

Blom, Philipp: «Das Reichskonkordat. Fauler Handel mit der Kirche». *Cicero, Magazin für Politische Kultur*, 20 de agosto de 2013. Disponible en: *https://www.cicero.de/kultur/reichskonkordat-1933-fauler-handel-mit-der-kirche/55334* (fecha de consulta: 22 de junio de 2021).

Braun, Hermann Josef: «Das Bistum in der Weimarer Republik und in der Zeit des Nationalsozialismus», páginas 1199-1260 de *Handbuch der Mainzer Kirchengeschichte*, dirigida por Friedhelm Jürgensmeier. Echter Verlag, Maguncia, 2002.

Browning, Christopher: *The Origins of the Final Solution. The Evolution of Nazi Jewish Policy, September 1939-March 1942*. Arrow Books, Croydon, 2005, 640 páginas.

Chadwick, Owen: *Britain and the Vatican During the Second World War*. Cambridge University Press, 1988, 344 páginas.

Chapa, Damian: *Pater Rupert Mayer* (película de dos horas de duración). Producida por Nicola Mayerl, Munich International Pictures, 2014.

Cianfarra, Camille Maximilian: *The Vatican and the War*. E.P. Dutton&Company, Inc., Nueva York, 1945, 344 páginas.

Coppa, Frank J.: *Pope Pius XI's Crusade for Human Rights and His hidden Encyclical «Humani Generis Unitas», against Racism and Anti-Semitism*. Disponible en: *https://catholicismpure.wordpress.com/2012/07/28/pope-pius-xis-crusade-for-human-rights-and-his-hidden-encyclical-humanitas-generis-unitas-against-racism-and-anti-semitism/* (fecha de consulta: 6 de julio de 2021).

Corsten, Wilhelm (editor): *Kölner Aktenstücke zur Lage der katolischen Kirche in Deutschland 1933-1945*. Bachem, Colonia, 1949, 351 páginas.

Czerwińska, Ewa: *Polscy święci i błogosławieni*. Foksal. Varsovia, 2013, 499 páginas.

De Toro Muñoz, Francisco Miguel: *Nazismo y resistencia en Austria. Oposición, disentimiento, consenso y policía política. Viena (1938-1942)*. Tesis doctoral, Departamento de Historia Moderna y Contemporánea, Universidad Autónoma de Barcelona, 2006, primera parte 506 páginas; segunda parte 693 páginas. *https://www.tdx.cat/handle/10803/4802* (fecha de consulta: 1 de julio de 2021).

Delestre, André: *GRANDET Maurice*, en: *https://maitron.fr/spip.php?article240418* (fecha de consulta: 25 de julio de 2021).

LEMAIRE Bernard, en: *https://maitron.fr/spip.php?article240419* (fecha de consulta: 25 de julio de 2021).

Denton, Edgar: *Limits of Loyalty*. Wilfrid Laurier University Press, Waterloo, Ontario, Canadá, 1980, 128 páginas.

Fitzsimons, M. A. «Die Deutschen Briefe: Gurian and the German Crisis.» *The Review of Politics*, vol. 17, n.o. 1, 1955, pp. 47-72. JSTOR, *www.jstor.org/stable/1405100.* (fecha de consulta: 3 de agosto de 2021).

Floer, Bernd: *Kollektiver Widerstand gegen den Nationalsozialismus aus dörflich-katholischem Milieu im Erzbistum Köln. Ein Fallbeispiel aus dem Jahre 1935.* Trabajo de diplomatura, 2003, 176 páginas.

Franken Kurzen, Clemens August. «La cercanía espiritual de Gertrud von le Fort con Edith Stein y Teresa de Ávila». *Jornadas Diálogos: Literatura, Estética y Teología. La libertad del Espíritu*, V, 17-19 septiembre 2013. Universidad Católica Argentina. Facultad de Filosofía y Letras, Buenos Aires. Disponible en: http://bibliotecadigital.uca.edu.ar/repositorio/ponencias/cercania-espiritual-gertrud-von-le-fort.pdf (fecha de consulta: 20 de junio de 2021).

Füllenbach, Elias H.: «Die Kirche und die Judenfrage (1937)», pp. 400-403 de Benz, Wolfgang (ed.): *Handbuch des Antisemitismus*, volumen 6.

Gailus, Manfred. «Bruderkampf Im Eigenen Haus: Die Evangelischen Pfarrer in Berlin Und Der Nationalsozialismus.» *Kirchliche Zeitgeschichte*, vol. 13, n.o 1, 2000, pp. 20-44. Disponible en: *https://jstor.org/stable/43750883* (fecha de consulta: 9 de agosto de 2021).

García Pelegrín, José M.: *La Iglesia y el nazismo. Cristianos ante un movimiento neopagano.* Digital Reasons, 2015, 140 páginas.
La Rosa Blanca. Los estudiantes que se alzaron contra Hitler con su única arma: la palabra. LibrosLibres, Madrid, 2006, 173 páginas.

Gerlich, Fritz: *Der Kommunismus als Lehre vom Tausendjährigen Reich,* Verlag Hugo Bruckmann, Múnich, 1920, 288 páginas. Disponible en: *https://opacplus.bsb-muenchen.de/title/BV005119179* (fecha de consulta: 4 de julio de 2021).

Geyer, Martin H.: *Verkehrte Welt: Revolution, Inflation und Moderne, München 1914-1924.* Vanderhoeck&Ruprecht, Göttingen, 1998, 451 páginas.

Gołaszewski, Marcin: *Clemens August Graf von Galen: ein politischer Prediger im Nationalsozialismus : Analysen der Predigten und Hirtenbriefe.* Peter Lang, Fráncfort, 2010, 289 páginas.

Gordon, Harold: *Hitler and the Beer Hall Putsch.* Princeton University Press, 1972, 684 páginas.

Griech-Polelle, Beth A.: *Bishop Von Galen: German Catholicism and National Socialism.* Yale University Press, 2002, 272 páginas.

Gritschneider, Otto: *Ich predige weiter. Pater Rupert Mayer und das Dritte Reich.* Rosenheimer Verlaghaus, 1987, 207 páginas.

Hamann, Brigitte: *Hitlers Wien. Lehrjahre eines Diktators.* Piper, Múnich, 1996, 652 páginas.

Hehl, Ulrich von: *Priester und Hitlers Terror: Eine biographische und statistische Erhebung.* F. Schöningh, Paderborn, 1996, 1968 páginas.

Hitler, Adolf: *Monologe im Führerhauptquartier 1941-1944.* Notas de Heinrich Heim, editado por Werner Jochmann, A. Knaus, Hamburgo, 1980, 491 páginas.

Hoffmann, Peter: *History of the German Resistance, 1933-1945.* McGill-Queen's Press, Montreal, 1996, 853 páginas.
Stauffenberg und der 20. Juli 1944. C.H. Beck, Nördlingen, 1998, 103 páginas.

Hohmann, Friedrich Gerhard: *Deutsche Patrioten in Widerstand und Verfolgung 1933-1945: Paul Lejeune-Jung, Theodor Roeingh, Josef Wirmer, Georg Frhr. von Boeselager. Ein Gedenkbuch der Stadt Paderborn.* F. Schöningh, Paderborn, 1986, 76 páginas.

Italia, Ministero degli Affari Esteri, Commissione per la pubblicazione dei documenti diplomatici: *Documenti diplomatici italiani: Ottava serie, 1935-1939, Vol. VIII. (1.o gennaio - 23 aprile 1938)*. Roma, Imprenta del Estado, 1999.

Jägerstätter, Franz: *Gefängnisbriefe und Aufzeichnungen. Franz Jägestätter verweigert 1943 den Wehrdienst*. Veritas, 1987, 248 páginas (editado por Erna Putz).

Jakisch, Barry A.: *The Pan-German League and Radical Nationalist Politics in Interwar Germany, 1918-39*. Routledge, Oxon-Nueva York, 2016, 220 páginas.

Jetzinger, Franz: *Hitlers Jugend. Phantasien, Lügen – und die Wahrheit*. Europa Verlag, Viena, 1956, 308 páginas.

Jikeli, Günther; Werner, Frederic (editores): *Raketen und Zwangsarbeit in Peenemünde – Die Verantwortung der Erinnerung*. Friedrich-Ebert-Stiftung, Schwerin, 2014, 358 páginas.

Keller, Gustav: *Der Schüler Adolf Hitler. Die Geschichte eines lebenslangen Amoklaufs*. Literatur Verlag, Berlin 2010, 128 páginas.

Kloidt, Franz: *Verräter oder Martyrer?: Dokumente katholischer Blutzeugen der nationalsozialistischen Kirchenverfolgung geben Antwort*. Patmos, Düsseldorf, 1962, 235 páginas.

Kösters, Christoph, y Kuhn, Thomas K.: *Katholische Priester als Opfer des Nationalsozialismus: Gedenktag für die Opfer des Nationalsozialismus am 27. Januar 2020 in Greifswald*. Greifswalder Universitätsreden Neue Folge, Nr. 152, 2020, 38 páginas.

Krieg, Robert: *Catholic Theologians in Nazi Germany*. Continuum, Nueva York-Londres, 2004, 244 páginas.

Kühlwein, Klaus: *Die Enzyklika «Mit brennender Sorge" 1937*. 12 de abril de 2007. *https://www.zukunft-braucht-erinnerung.de/die-enzyklika-mit-brennender-sorge-1937/* (fecha de consulta: 4 de julio de 2021).

Leidinger, Hannes, y Rapp, Christian: *Hitler* - prägende Jahre: Kindheit und Jugend 1889-1914. Residenz Verlag, Salzburgo-Viena, 2020, 224 páginas.

Lelotte, Fernand: *Heimkehr zur Kirche: Konvertiten des 20. Jahrhunderts*, volumen 2, Rex Verlag, Múnich, 1957, 256 páginas.

Mata, Santiago: «Lugares martiriales del nazismo. Mapa de Google Earth con la geografía martirial de las víctimas del nazismo». Publicado el 1 de diciembre de 2021 en *El mártir de cada* día (*https://martires.centroeu. com/lugares-martiriales-del-nazismo/*).

Mee, Richard Charles: *The Foreign Policy of the Chamberlain Wartime Administration, September 1939-May 1940*. Tesis para el grado de doctor en la School of Historical Studies de la Universidad, de Birmingham, diciembre de 1998, 310 páginas. Disponible en: *https://core.ac.uk/download/pdf/76822.pdf* (fecha de consulta: 8 de julio de 2021).

Meiswinkel, Wilfried: *Johannes Flintrop, Martyrerpriester, 1904-1942*. Katholische Pfarrgemeinde Sankt Lambertus, 2013, 75 páginas.

Mikat, Paul: «Zur Kundgebung der Fuldaer Bischofskonferenz über die nationalsozialistische Bewegung vom 28. März 1933», páginas 209-235 del tercer volumen de la revista *Jahrbuch für Christliche Sozialwissenschaften*. Universidad de Münster, 1962, Aschendorff Verlag.

Moll, H. (ed.): *Testimoni di Cristo. I martiri tedeschi sotto il nazismo*. San Paolo, Cinisello Balsamo-Milán, 2007, 654 páginas.

Morin, Dominique: *Biographies de 50 martyrs catholiques de France au sein de l'Allemagne nazie*, en: *https://resistchretfmorin.files.wordpress. com/2016/07/50-martyrs-plus-avant-propos.pdf* (fecha de consulta: 25 de julio de 2021).

Morsey, Rudolf (editor): *Das «Ermächtigungsgesetz» vom 24. März 1933. Quellen zur Geschichte und Interpretation des «Gesetzes zur Behebung der Not von Volk und Reich»*. Droste, Düsseldorf, 1992, 223 páginas.

Mueller, Michael: *Canaris. Hitlers Abwehrchef*. Propyläen, Berlín, 2006, 575 páginas.

Noakes, Jeremy; Pridham, G.: *Nazism 1919-1945. Volume 3. Foreign Policy, War and Racial Extermination*. Oxford University Press, 2001, 648 páginas.

Noss, Peter: *Martin Albertz (1883-1956). Eigensinn und Konsequenz: Das Martyrium als Kennzeichen der Kirche im Nationalsozialismus*. Neukirchener, Neukirchen-Vluyn, 2001, 632 páginas.

Pío XI: *Con viva preocupación*. Encíclica 14 de marzo de 1937. *https://www. vatican.va/content/pius-xi/es/encyclicals/documents/hf_p-xi_enc_14031937_ mit-brennender-sorge.html* (fecha de consulta: 4 de julio de 2021).

Prinz, Claudia: *Das Reichskonkordat 1933*. Deutsches Historisches Museum, Berlín, 2 de mayo de 2002. Disponible en: *https://www.dhm.de/lemo/ kapitel/ns-regime/aussenpolitik/reichskonkordat-1933.html* (fecha de consulta: 22 de junio de 2021).

Putz, Erna: *Franz Jägestätter: Besser die Hände als der Wille gefesselt*. Veritas, Linz, 1985, 327 páginas.

Ralph Lewis, Brenda: *Hitler Youth: The Hitlerjugend in War and Peace 1933-45*. Amber Books Ltd., Londres, 2019, 192 páginas.

Rauscher, Anton: *Wider den Rassismus: Entwurf einer nicht erschienenen Enzyklika (1938). Texte aus dem Nachlass von Gustav Gundlach SJ*. Ferdinand Schöningh, Paderborn, 2001, 208 páginas.

Revelaciones sobre la «encíclica escondida» de Pío XI contra el racismo. Entrevista en Zenit, 6 de abril de 2001. Disponible en: *https://es.zenit.org/2001/04/06/revelaciones-sobre-la-enciclica-escondida-de-pio-xi-contra-el-racismo/* (fecha de consulta: 7 de julio de 2021).

Reichhold, Anselm, OSB: *Die deutsche katolische Kirche zur Zeit des Nationalsozialismus (1933-1945)*. Eos Verlag Erzabtei St. Otilien, 1992, 286 páginas.

Reuth, Ralf Georg: *Hitler, una biografía política*. La Esfera de los Libros, Madrid, 2012, 792 páginas.

Salaverri, José María: *Santiago Gapp. Pasión por la verdad frente al nazismo*. PPC, Madrid, 2009, 240 páginas.

Salvarani, Francesco: *Edith Stein. Hija de Israel y de la Iglesia*. Palabra, Madrid, 2012, 381 páginas.

Schenk Sanchis, Juan Eduardo; y Cárcel Ortí, Vicente: *Pío XII: ¿defensor de los judíos?* Edicep, 2002, 254 páginas.

Schuhladen-Krämer, Jürgen: *Zwangsarbeit in Karlsruhe 1939-1945: ein unbekanntes Kapitel Stadtgeschichte*. Badenia, Karlsruhe, 1997, 170 páginas.

Schultze, Harald; Kurschat, Andreas y Bendick, Claudia (editores): *Ihr Ende schaut an. Evangelische Märtyrer des 20. Jahrhunderts*. Evangelische Verlagsanstalt, Leipzig, 2008 (2ª edición), 816 páginas.

Sellier, André: *A History of the Dora Camp: The Untold Story of the Nazi Slave Labor Camp That Secretly Manufactured V-2 Rockets*. Ivan R. Dee, Chicago, 2003, 544 páginas.

Slapnicka, Harry: *Hitler und Oberösterreich. Mythos, Propaganda und Wirklichkeit um den «Heimatgau des Führers»*. Edition Geschichte der Heimat, Grünbach, 1998, 213 páginas.

Stasiewski, Bernhard: *Akten deutscher Bischöfe zur Lage der Kirche 1933-1945*, Schöningh, Maguncia, 1968, tomo I, LII + 969 páginas.

Stein, Edith: *Estrellas amarillas*. Editorial de Espiritualidad, Madrid, 1992, 424 páginas.

Tomberg, Friedrich: *Das Christentum in Hitlers Weltanschauung*. Fink, Paderborn, 2012, 206 páginas.

Weber, Thomas: *Wie Adolf Hitler zum Nazi wurde. Vom unpolitischen Soldaten zum Autor von «Mein Kampf»*. Propyläen Verlag, Berlin, 2016, 528 páginas.

Wolf, Hubert: «Reichskonkordat für Ermächtigungsgesetz?», *Vierteljahrshefte für Zeitsgeschichte*, 2012, cuaderno 2, páginas 169-200, Institut für Zeitsgeschichte, Múnich-Berlín.

Yad Vashem: *Shoá. El Holocausto. ¿Cómo fue humanamente posible?* Disponible en: *https://www.yadvashem.org/yv/es/exhibitions/ready2print/pdf/shoah-all-panels.pdf* (fecha de consulta: 22 de junio de 2021).

ÍNDICE ONOMÁSTICO

311

MAPA
Campos de concentración, prisiones
y lugares citados en el texto

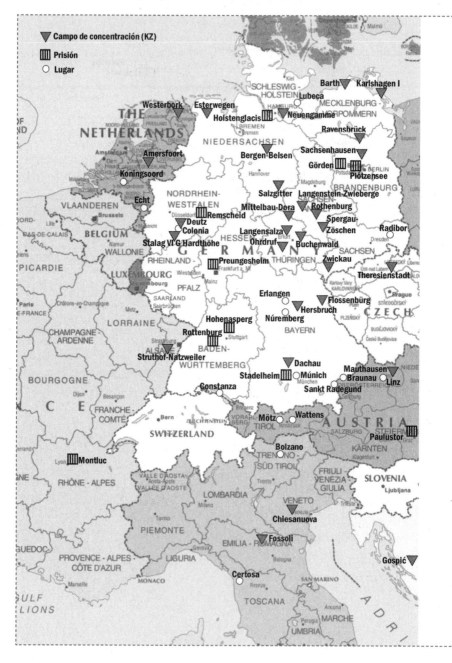